JN033865

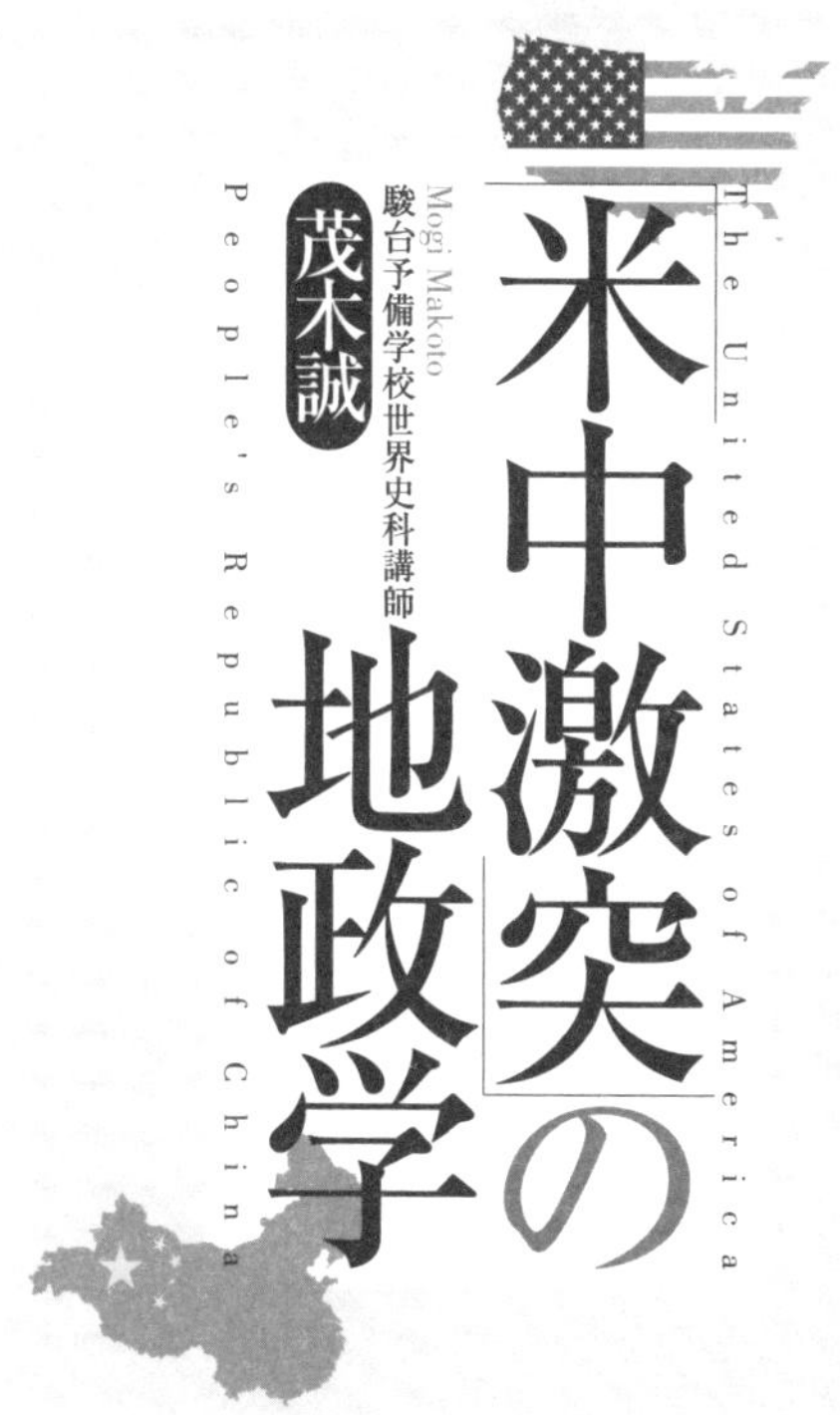

The United States of America

「米中激突」の地政学

People's Republic of China

駿台予備学校世界史科講師
Mogi Makoto
茂木誠

WAC

「米中激突」の地政学◆目次

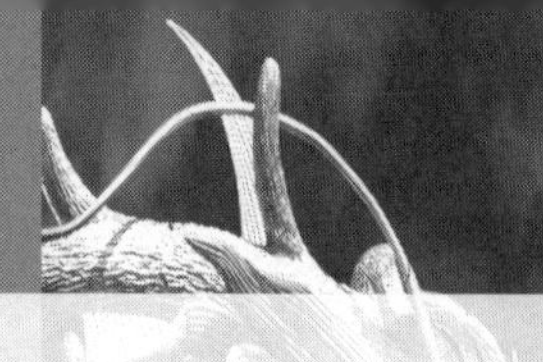

序章
疫病と地政学
コロナ禍が加速する米中衝突

第1章
対立の経緯
なぜ米中二大覇権国は衝突したのか

第2章
二大強国の宿命
地政学で見る米中衝突の必然

第3章

中国思想編

ランドパワー大国の国民性

第4章 米国思想編
シーパワー超大国のイデオロギー

第5章 米中外交史
太平洋に面した二大国「170年史」

終章
日本の戦略
大国に挟まれた日本の生きる道

イラスト・図案◆
茂木誠
編集担当◆
原田明
編集協力◆
篠崎哲哉
本文DTP・校正◆
有限会社メディアネット
装幀◆
日下充典
翻訳提供◆
海外ニュース翻訳情報局

序章

疫病と地政学

コロナ禍が加速する米中衝突

一抹の不安が瞬く間に現実の脅威に

「令和」に改元されて最初の記念すべき年明けとなった二〇二〇年一月。各種メディアは、この一年を展望するさまざまな特集を組んでいました。なかでも二〇二〇年最大のイベントとして注目されていたのが、七月に開幕が迫る東京オリンピック・パラリンピックでした。日本が金メダルをいくつ獲得するのかといった予想から、日本にもたらす経済効果が何十兆円になるのかといった皮算用まで、オリンピックイヤーの始まりを賑々しく盛り上げていました。

オリンピックイヤーということは、アメリカ大統領選挙の年でもあるのですが、こちらのほうはトランプの再選が予想され、少なくとも日本での関心はもう一つ、低調なように思われました。

そんななか、私はある情報が気になっていました。「新唐人テレビ」で報道されていた「中国の武漢で新型肺炎の感染が拡大している」という情報です。

「新唐人テレビ」というのは、法輪功が二〇〇二年にニューヨークで開設したテレビ局です。法輪功とは、中国伝統の呼吸法である「気功」をマスターして健康増進を図る民間団体でしたが、共産党政権によって「邪教」とされ、徹底的な弾圧を受けている組織です。「新唐人テレビ」はネット配信により世界各地で視聴でき、日本語版もYouTubeで見ることができます。中国

「新唐人テレビ」では、2020年1月4日の時点で「中国・武漢で原因不明の肺炎～SARS再来の懸念」というニュースを報道していた。

国内では絶対に報道されない生の情報を速報しているため、中国事情を知る有力な情報源として、私も日頃から注目していました。

その「新唐人テレビ」が武漢での異変を最初に報道したのが、二〇二〇年の一月四日でした。それはこのような内容でした。

「中国・湖北省武漢市で原因不明のウイルス性肺炎の発症例が増え続けています。昨年十二月三十一日時点で発症者は二七人でしたが、年明けの四日には四四人に増えています。地元病院関係者のグループチャットによると、七人が重症急性呼吸器症候群（SARS（サーズ））と確診されましたが、当局はデマを流したとしてネットユーザー八人を拘束しました」

日本のメディアでも、武漢で新型肺炎が蔓延しており、その原因が「新型コロナウイルス」であることが報道され始めましたが、「対岸の火事」という扱いでした。

私は知り合いの内科医にインタビューを行い、二月二日のYouTube「もぎせかチャンネル」にアップしました。ウイルスと細菌の違いといった初歩的な知識から、感染を防ぐには手洗いとマスクが有効なこと、飛沫感染は二〜五メートルの範囲内で起こりうること、電車のような密閉空間は要注意といった有益な情報を語ってもらいました。コロナウイルス関連としては、かなり早い時期の情報発信だったと思います。

この間、武漢での感染は深刻な状況となり、中国政府も情報隠蔽ができなくなりました。一月三十日、世界保健機関（WHO）が「緊急事態」を宣言すると、アメリカ政府は翌三十一日、「最近中国へ渡航した履歴がある外国人および中国からの渡航者の入国を禁止する」と発表しました。

二月一日、日本政府が中国からの入国制限を発表しましたが、対象となったのは、「二週間以内に中国の湖北省に滞在していた外国人」と「湖北省発行の中国旅券を持つ外国人」のみです。米国と違い、中国全土を対象とした入国禁止措置は取りませんでした。二月四日、安倍首相は中国向けの春節（旧正月）お祝いの動画メッセージの中で、「一層多くの中国の皆様の訪日を歓迎します」とアピールしていました。また日本政府は、習近平国家主席を国賓として招く準備を進めていました。

この国の為政者には、情報収集能力がないのか、本気で国民の命を守る気があるのかと、私は憤りを覚えました。

このままでは、日本でも感染爆発が起こると私は確信しました。毎年三月に勉強会を開催しており、今年も会場を押さえていたのですが、二月初めの段階で予約をキャンセルしています。また出版社との打ち合わせや取材も、二月の時点で対面からネットを通じたリモート方式に切り替えました。

そのあとのことは、読者の皆さまがご承知のとおりです。年初に私が抱いていた一抹の不安は、瞬く間に現実の脅威となり、世界を覆ったのです。東京オリンピック・パラリンピックは吹き飛び、アメリカ大統領選の行方も混沌としてきました。

「アテネの疫病」が信仰とモラル崩壊をもたらす

人類の歴史をひも解けば、感染症が特定の地域に蔓延するエピデミックや、世界規模で感染爆発が起こるパンデミックが、大国の運命を左右した例をいくつも見出すことができます。覇権国家が感染症によって衰退に向かった例も少なくありません。

記録に残っている最古のエピデミックは、紀元前五世紀の「アテネの疫病」です。

当時ギリシアでは、アテネとスパルタの二大都市国家が覇権を争っていました。ペロポネソス戦争（前四三一～前四〇四年）です。陸軍強国スパルタに圧倒された海軍国アテネの指導者ペリクレスは、籠城戦を決意します。ペリクレスはアテネ市を要塞化し、周辺の住民もアテネ市内に収容しました。

その頃のアテネの領域は、現在の日本でいえば、千葉県ぐらいの広さでした。その全域の住民を千葉市の中に収容したようなものです。市内は異常な過密状態となりました。そこを感染症が襲ったのです。アテネ市民の三分の一がこれによって死亡したといわれています。

その病気を「ペスト」と記している本もありますが、ペストを表す英語の「プレイグ(plague)」には「疫病」「伝染病」という意味もあって、アテネを襲った病気がペストだったかどうかはわかっていません。

ただ、ペロポネソス戦争の詳細な記録の『戦史』を残したトゥキディデス自身がこの疫病に感染し、その症状を淡々と克明に記しています。その中に発疹が現れたという記述があるため、アテネの疫病はペストではなく、発疹チフスか天然痘だったという説が今では有力です。

やがて最高指導者ペリクレスもこの疫病に感染して死亡します。その後は大衆に迎合する煽動政治家が続出し、アテネの民主政治は衆愚政治へと堕していきます。そして紀元前四〇四年、アテネは降伏して、ペロポネソス戦争はスパルタの勝利で終わりました。

疫病の蔓延はアテネに宗教心とモラルの崩壊をもたらしました。助けを求めてオリュンポス一二神にいくら祈っても無駄だと思い知らされ、人々は信仰を失っていきます。家族が全滅した家の財産を横領する者も出てきます。死者の出た家では一刻も早く遺体を処分しようと、他家の火葬に勝手に家族の遺体を紛れ込ませるなど、葬式の習慣も壊れていきます。

人々が宗教心を失い、既存のモラルが崩壊するなか、「神なんていない。世界は原子（アトム）でできている」というデモクリトスの唯物論が出てきます。その一方で、新しいモラルを構築しようとしたのがソクラテスやプラトンなどの哲学者でした。古代ギリシアに起こった思想的な大変革には、この「アテネの疫病」が大きな影響を及ぼしています。アテネとスパルタの覇権争いについては、第2章で詳述します。

疫病が覇権国家の交代を引き起こした

二世紀には、五賢帝最後のマルクス・アウレリウス・アントニヌス（在位一六一～一八〇年）治下のローマ帝国を疫病が襲っています。皇帝の名を取って「アントニヌスの疫病」といわれるエピデミックです。当時、ローマ帝国はパルティア（古代イランの王朝）と交戦中で、このパルティア戦役から帰還した兵士が病原体を持ち帰ったと思われます。この疫病は、記録された症状から天然痘だといわれています。

当時のローマ帝国の人口は約五〇〇〇万人でしたが、その一〇％の五〇〇〇万人がこの疫病で死亡しました。五賢帝時代にローマ帝国は最盛期を迎えていましたが、アントニヌスの疫病以降、衰退に向かい、三世紀には軍人皇帝が乱立する内乱の時代に突入します。

マルクス・アウレリウス・アントニヌス：
第16代ローマ皇帝（在位：161-180年）

ローマでも疫病の蔓延以降、古い信仰が廃れ、ペルシア起源のミトラ教やパレスチナで興ったキリスト教などの新興宗教が広まります。とくにキリスト教徒は死をも恐れず病人を献身的に介護したため、ローマ政府に見捨てられ、ローマの神々にも見捨てられた市民たちの間でキリスト教が急速に普及していきました。

同じく二世紀の後半、中国の後漢王朝では、桓帝（在位一四八〜一六八年）・霊帝（在位一六八〜一八九年）の時代に繰り返し疫病が流行ったという記録があります。そして一八四年には張角を教祖とする新興宗教・太平道の信者たちが黄巾の乱を起こし、ここから後漢王朝は滅亡に向かいます。太平道というのは道教の源流となる宗教で、張角は病の治療を謳って信者を集め、やがて世直しを訴えて反乱を起こしたのです。太平道と黄巾の乱については、第3章で再論します。

後漢末に流行った疫病の正体はわかっていませんが、同時期のローマを襲った「アントニヌスの疫病」とつながっているかもしれません。後漢・桓帝の一六六年に「大秦国王安敦」の使者が、後漢統治下の日南郡（ベトナム中部）に入貢したという記録があるからです。大秦国とはローマ帝国、その国王・安敦とは皇帝マルクス・アウレリウス・アントニヌスのことです。ローマ帝国と後漢統治下のベトナムで交易が行われていたとすれば、人々の往来・接触があったはずです。もし後漢末期に流行った疫病がローマ帝国由来であったとすれば、アントニヌスの疫病は世界で最初のパンデミックだったことになります。

六世紀にはエジプトで始まった疫病が東ローマ帝国に広まり、都のコンスタンティノープルを襲っています。東ローマ帝国の人口の四〇％が死亡した「ユスティニアヌスの疫病」といわれるこの感染症は、記録に残る症状から黒死病（ペスト）だったことが判明しています。黒死病はその後、ヨーロッパをたびたび襲っていますが、このときの大流行が記録に残る最初の黒死病パンデミックでした。

当時、東ローマ帝国はササン朝ペルシアと交戦中でしたが、ペストは両国を同時に襲い、ともに国力を著しく消耗させました。二大帝国が弱体化した時期にアラビア半島に興り、急速に勢力を拡大したのがイスラム教徒でした。彼らは七世紀半ばまでにササン朝ペルシアを滅ぼし、東ローマ帝国の広大な領土を制圧しました。

歴史の教科書には、「東ローマ帝国とササン朝ペルシアの戦争に乗じてイスラム勢力が勃興した」と記されていますが、砂漠の一遊牧民にすぎなかったアラブ人が、なぜ二大帝国を圧倒しえたのかよくわかりません。最大の原因は、二大帝国がともに黒死病のパンデミックによって衰退していたからです。両帝国の狭間にあったアラブ人には、もしかしたら免疫があったのかもしれません。

ユスティニアヌスの疫病も、覇権国の衰亡と新興勢力の台頭をもたらしたのです。

二〇二〇年の新型コロナウイルスのパンデミックが、覇権国家アメリカと、これを脅かす新興国・中国との抗争にどのような影響を与えるのか、注目したいと思います。

中国が隠蔽しＷＨＯが協力——トランプ大統領の告発

二〇二〇年のコロナ禍で最大の被害を被っているのがアメリカです。一月末にいち早く中国からの渡航者の入国を禁止したにもかかわらず、ウイルスが猛威を振るっています。中国・武漢発の新型コロナウイルスはすでに世界に拡散しており、中国からの入国禁止措置だけでは間に合わなかったのです。

一九六〇年代のベトナム戦争で死亡したアメリカ兵は、およそ六万人といわれています。その倍以上のアメリカ人が、半年にも満たない短期間に、新型コロナウイルスによって死亡しているのです。

新型コロナウイルスが世界経済に与えた打撃も深刻です。米国の実質ＧＤＰは二〇二〇年上半期に一〇％程度縮小する見込みです。二〇〇八～〇九年の世界金融危機でのＧＤＰ減少が約四％ですから、コロナショックの衝撃がいかに激しいかがわかります。四～六月期の失業率は二〇％台前半まで跳ね上がる見込みで、潜在的な失業率は四〇％近くに上ると見られています（三菱総研「新型コロナウイルス感染症の世界・日本経済への影響」より）。

こうした惨状の責任がすべて中国政府にあると、トランプ大統領は痛烈に告発しています。まず、中国政府がウイルスについての情報を隠蔽したことをトランプ大統領は糾弾します（以下、トランプ大統領の発言は、二〇二〇年五月二十九日の記者会見より引用。原文はホワイトハウスの公式サイト掲載、"Remarks by President Trump on Actions Against China", https://www.whitehouse.gov/briefings-statements/remarks-president-trump-actions-china/ 日本語訳は茂木）。

《中国政府の不正行為の結果、世界はいま苦しんでいる。中国の武漢ウイルスの隠蔽によってこの病気が世界中に広がり、一〇万人以上のアメリカ人の命、世界中では一〇〇万人以上の命を代償にする世界的なパンデミックを引き起こした。中国当局者はＷＨＯへの報告義務を無視し、中国当局が初めてこのウイルスを発見したとき、世界をミスリードするようＷＨＯに圧力をかけた》

要するに、中国は武漢における新型コロナウイルスの発生を隠そうとし、ＷＨＯも中国の隠蔽に協力した、と批判しているわけです。

次に、中国が事実上ＷＨＯを支配していること、ＷＨＯがアメリカの要求する改革に応じなかったことを非難します。

《WHOに米国は年間、約四億五〇〇〇万ドル拠出している。これに対し、中国は年間四〇〇〇万ドルしか払っていないにもかかわらず、WHOを完全に支配している。私たちはWHOが実行、関与すべき改革について詳細を示してきたが、彼らは行動することを拒否した。……私たちは今日、WHOとの関係を終わらせ、それらの資金を世界的で価値のある、他の切迫した公衆衛生ニーズに振り向ける》

トランプ大統領は当初より「中国の操り人形だ」とWHOを批判していて、五月十八日には、テドロス事務局長に書簡を送り、三十日以内に実質的な改善が見られなければ、資金の拠出を恒久的に停止し、加盟についても考え直すと通告していました。しかし、WHOに改革の意思がないと判断し、ここにきて関係の終了を宣告したのです。

《世界はウイルスに関する中国からの回答を必要としている。私たちには透明性が必要なのだ。中国はなぜ、武漢から中国の他の地域への感染者の移動を遮断したのか？……その一方で中国は、感染者がヨーロッパやアメリカを含む世界中を自由に旅行することを許していた。このことが引き起こした死と破壊は計り知れない。私たちのためだけではなく、全世界のた

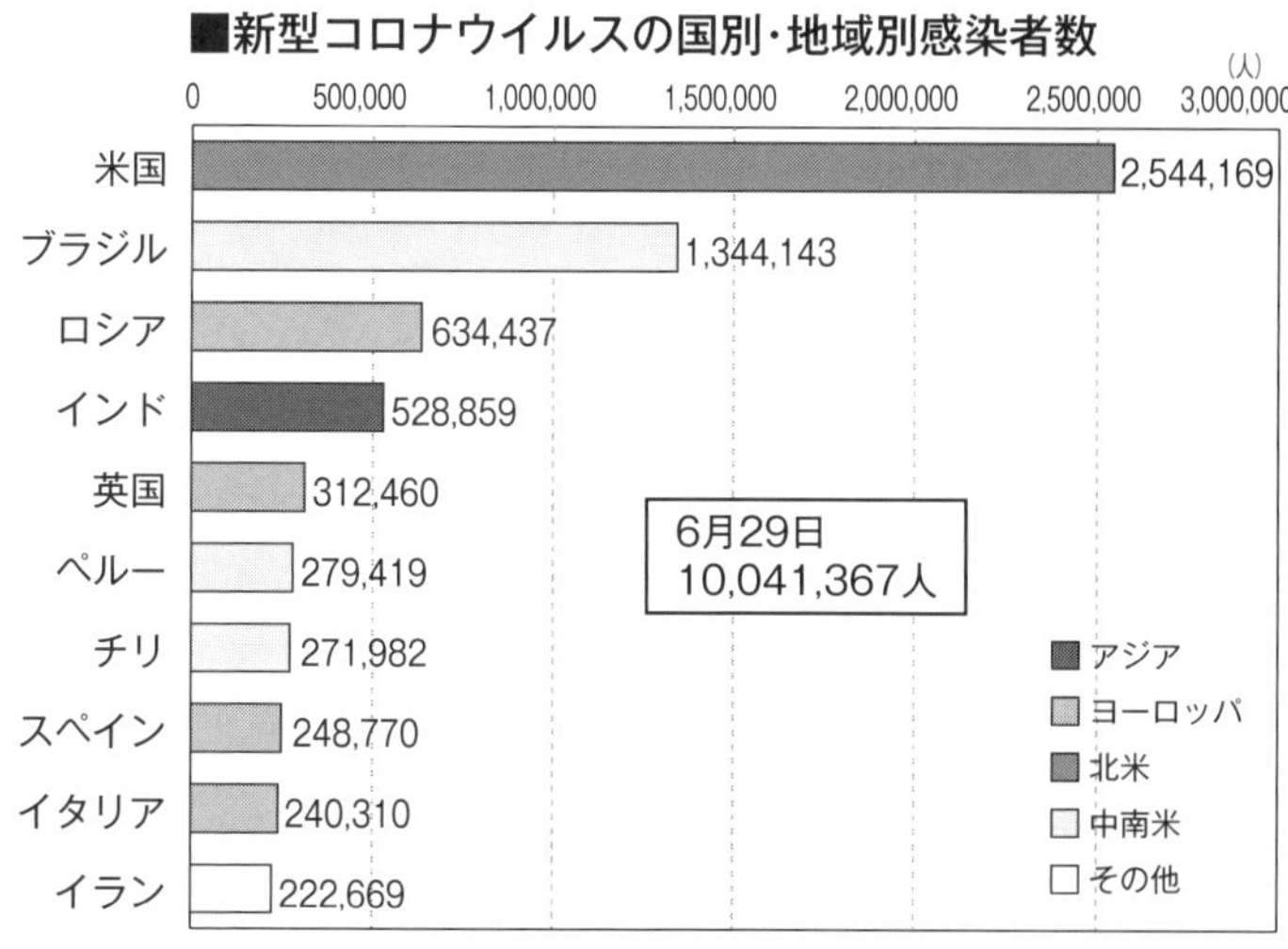

出所：日本経済新聞（2020/6/29）

めに、答えを知る必要があるのだ》

「中国は情報を隠蔽した」という批判に対して、中国政府はこれまで一貫して「透明性は十分だ」と反論し、中国は新型コロナウイルスを制圧した、とまで宣言しました。

中国での感染者数は三月に八万人の大台に乗ってから頭打ちになり、三月末には米国がこれを抜いて世界最大の感染者数を更新し続けています。これは要するに、「中国政府は新型コロナウイルスに関する完璧な情報統制に成功した」と見るべきでしょう。

これまでの国別感染者数の増減については、「日本経済新聞」のサイトで、動画で見ることができます。

「香港国家安全法」で加速する対中対決姿勢

新型コロナ問題におけるトランプ大統領の中国叩きを、「自身の失政の責任を他に転嫁するもの」と批判する声が米国の主要メディアには根強くあり、つねに米国メディアに追随する日本のメディアでも、こういう論調が主流だと思います。

しかし五月になると、反トランプ陣営も中国批判に同調せざるを得ない問題が出てきました。香港への統制強化、反体制運動の禁止を可能にする「香港国家安全法」の審議が、北京の全人代（全国人民代表大会）で始まったからです。これについてトランプ大統領は、五月二十九日の会見でこうコメントしています。

《今週、中国は香港の安全保障に対して一方的なコントロールを強制した。これは一九八四年の英中共同宣言に基づく条約上の義務と、香港基本法の明確な規定に対する明白な違反である。これらは今後二十七年間、有効だったにもかかわらず》

一九八四年の英中共同宣言で、イギリスは一九九七年に香港の主権を中国に返還し、香港は中国の特別行政区として完全な自治を認められると定めました。共産党政府は五十年、つまり二〇四七年まで「一国二制度」を維持し、香港では一党独裁を適用しないことを約束しました。一国二制度を担保しているのが、香港の憲法に相当する香港特別行政区基本法（通称、香港基本法）です。

つまり二〇四七年までの〝あと二十七年〟、香港基本法および「一国二制度」は国際法上有効であり、中国政府による香港への「国家安全法」導入は、国際的な義務に抵触する、とトランプ大統領は批判しているのです。

《中国は〝一国二制度〟を、〝一国一制度に〟置き換えてしまった。だから私は、香港に付与してきた優遇政策を撤廃する手続きを始めるよう、わが政府に指示する》

二〇四七年まで維持されるはずだった「一国二制度」の香港に、米国はこれまで投資や貿易における優遇措置を与えてきました。実際、外資による対中投資の七割は、香港経由のものだったのです（二〇一九年九月、中国商務部発表）。

しかし今、中国政府が香港を「一国一制度」に組み込んでしまった以上、そのような優遇措置を廃止すると明言したのです。その見直しが及ぶ範囲について、トランプ大統領は次のように説明しています。

《本日の私の発表は、犯罪人引き渡し条約から軍民共用技術の輸出規制まで、あらゆる領域の合意に影響し、例外はほとんどない。国務省による香港への渡航勧告についても、中国治安当局による監視と刑罰のリスク増大を反映して、これを見直す》

全人代が「香港国家安全法」の審議を始めた直後に、早くもトランプ大統領はこのような対応を見せたのです。米国の「対中対決姿勢」の本気度が伝わってきます。

続いて六月二十五日、米上院は「香港自治法案」を全会一致で可決しました。これは、香港の自治侵害に関与した中国当局者や組織、海外の金融機関に対し、米政府が制裁を科すよう求めるものです。このあと下院も可決し、トランプ大統領がこれに署名して同法は成立しました。

この法案を提出したのは超党派の議員グループです。これを上院は全会一致で可決しました。つまり、香港の「一国二制度」撤廃は認められないというのは、もはやトランプ大統領個人や与党共和党の思惑を超えて、野党民主党をも含めたアメリカという国家の意志でもあるのです。

これに先立って六月十八日、すでにウイグルでの人権抑圧に関わっている中国当局者に対して制裁を科す「ウイグル人権法案」を米国議会が可決し、トランプ大統領が署名しています。

このようなアメリカの動きに、中国共産党政府は「内政干渉だ」と猛反発しています。米中の確執は、抜き差しならない事態にまで立ち至りました。

トランプ政権発足以来続く米中対立は、二〇二〇年、「新型コロナウイルス」と「香港国家安全法」という新たな重大問題の発生によって、急速に激化しているように見えます。この状況について識者は、「米中〝新冷戦〟の懸念が高まっている」、あるいは「米中〝新冷戦〟がいよいよ始まった」と解釈しています。二〇二〇年五月二十九日のトランプ大統領の会見を、「怒りの『対中』宣戦布告！」と報じた日本のメディアもありました。はたして、今の米中関係をどう見ればいいのでしょうか。

「米中新冷戦」は、二〇一八年にすでに始まっていた、というのが私の見解です。

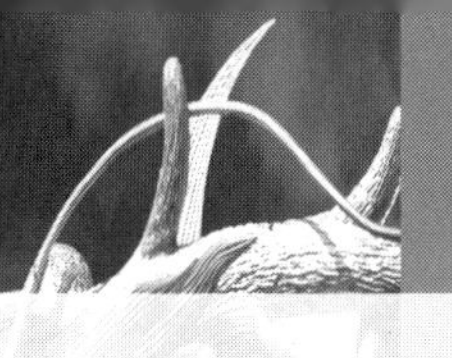

第1章 対立の経緯

なぜ米中二大覇権国は衝突したのか

参戦四年前に敵を定めた「隔離演説」

歴史的な大事件が起こったとき、その時代に生きている人々は、意外とその重要性を理解できないものです。大国の指導者が、時代の大転換をもたらすような決断を表明しても、国民の多くが事の重大さに気づかず、あとになって「ああ、この流れはあのとき始まったのだな」と思い返すこともよくあります。

二〇一八年十月四日、アメリカ合衆国トランプ政権のマイク・ペンス副大統領が、ハドソン研究所で行った約五十分にわたる演説は、まさにそのようなものでした。一九七二年にニクソン大統領が訪中し、毛沢東と会見したときに始まった「米中蜜月時代」の終わりと、「米中冷戦」の始まりを宣言したものだったからです。原文はホワイトハウスの公式サイトで見ることができます（"Remarks by Vice President Pence on the Administration's Policy Toward China" 〈ホワイトハウス・ホームページ〉）。

十九世紀を「英国の時代」――パクス・ブリタニカ――と呼ぶならば、二十世紀は「米国の時代」――パクス・アメリカーナ――でした。二つの世界大戦で連合国を勝利に導いたアメリカは、老大国イギリスから覇権国家の地位を奪い取りました。この地位を脅かす新興国（チャレンジャー）に対しては、容赦なく鉄槌を下してきたのです。

アメリカ大統領がチャレンジャーを名指しし、事実上の「宣戦布告」をした例が過去に二回あります。

一度目は一九三七年十月五日、フランクリン・D・ローズヴェルト大統領がシカゴで行った「隔離演説」です。このときのチャレンジャーを想像しながら読んでみましょう。

《現在の恐怖と国際的無法状態の時代は、2、3年前に始まった。……宣戦布告もなく、また如何なる警告も正当な理由もなく、女性や児童を含む一般市民が、空からの爆弾で容赦なく殺害されている。いわゆる平時にありながら、船舶が理由も通告もなく潜水艦によって撃沈されている。ある国々は、これまで彼らに害をなしたこともない国々における内戦を煽動し、加担している。ある国々は、己の自由を要求しておきながら、他国に自由を与えることを拒否している。罪なき人々や国々は残酷にも、正義感も人道的配慮も欠如した、力と覇権への貪欲さの犠牲となっている。……

世界的無法状態という疫病が広がりつつあるというのは、残念ながら真実らしい。体の病の流行が広がり始めた場合、共同体は病の蔓延から共同体の健全性を守るため、患者の隔離を承認し、これに参加するのである。……

宣戦布告されようがされまいが、戦争というものは伝染病である。それは、戦場から隔絶した国家や国民を呑み込みかねない。我々は戦争に関わらないと決意したが、それでも戦争の破滅的影響や戦争に巻き込まれる危険性から身の安全を保障することはできない。……平和維持に向けて、積極的に努力せねばならない。米国は戦争を憎む。米国は平和を望む。故に米国は、平和を求めて活発に取り組んでいるのである》(wikisource：隔離演説)

一九三七年十月といえば、同年七月に盧溝橋事件が起こって、すでに日華事変が始まっていますし、ヨーロッパではその前年からスペイン内戦が始まっており、そこにドイツ、イタリアが軍事介入しています。つまり、第二次世界大戦はまだ始まっていませんが、その前哨戦が中国とスペインで始まっている状況です。

そうした時代背景から、ローズヴェルトは名指しこそしていませんが、「内戦を煽動し加担している」ドイツとイタリア、そして「宣戦布告もなく」中国での軍事行動を拡大し続けている日本を非難していることは明白です。

「世界的無法状態という疫病」を引き起こしている日独伊の三カ国を隔離しなければならないと説くこの「隔離演説」から、アメリカの対日政策が大転換したのです。

しかし一九三七年当時、米国内の世論は孤立主義が支配的で、この演説は不評でした。ヨーロッパやアジアの紛争に関わるべきではないというのが、多くの米国民の意思だったのです。ローズヴェルトも国民世論を無視して軍事介入することはできませんでした。

代わりにローズヴェルトが何をしたかというと、武器貸与法を議会で通過させ、イギリスや中国に対する大規模な軍事援助を始めるとともに、対日経済封鎖によって日本を追い詰めていったのです。日本人から見れば、何とも困った大統領です。一九三九年の日米通商航海条約破棄通告に始まり、一九四〇年九月には屑鉄の全面禁輸、一九四一年八月には日本の在米資産を凍結し、九月には石油の対日全面禁輸に踏み切ります。トドメは日本軍の中国全土および仏領インドシナからの全面撤兵などを求める十一月のハル・ノートでした。これを最後通牒と見なした日本は、対米開戦を決意します。

十二月七日（現地時間）の日本軍による真珠湾攻撃によって、アメリカ国内を覆っていた孤立主義的ムードは消し飛びました。隔離演説から四年あまり、ついに米国は対日・対独戦への参戦を果たしたのです。

振り返れば、一九三七年十月のローズヴェルト大統領の隔離演説は、アメリカが対決すべき「敵＝日独」の存在を明らかにし、孤立主義からの転換を国民に訴えた歴史的演説だったのです。

冷戦の開始を告げる宣戦布告

二番目は一九四七年三月十二日、ハリー・S・トルーマン大統領が連邦議会の上下両院合同会議で行った特別教書演説です。彼が敵と認めたのは、いかなる勢力でしょうか。

《数千の武装した人々のテロ活動によって、今やギリシアという国家の存在そのものが脅かされている。……ギリシアは、自立し尊厳ある民主主義国になろうとするならば、援助がなくてはならない。……ギリシアの場合と同様に、トルコが必要とする援助を得るためには、合衆国がそれを与えねばならない。我が国は、そうした援助を供与できる唯一の国である。……

合衆国の外交政策の主たる目的の1つは、我々及び他国民が圧政に縛られない生活様式を営めるような条件を創出することにある。これがドイツ及び日本との戦争における根源的な問題であった。……最近、世界の多くの国の国民が己の意に反して全体主義体制を強制された。ポーランド、ルーマニア、そしてブルガリアにおける、ヤルタ協定違反の強制と脅迫に対し、合衆国はたびたび抗議してきた。……

世界史の現時点においては、ほぼ全ての国が2つの生活様式のうちいずれかを選ばねばならない。この選択は、非常に多くの場合、自由なものではない。

一方の生活様式は多数者の意志に基づくもので、自由な諸制度、代議制、自由選挙、個人の自由の保障、言論と宗教の自由、そして政治的抑圧からの自由によって特徴付けられる。

もう1つの生活様式は、多数者に対して強引に押し付けられる、少数者の意志に基づく。それは恐怖と抑圧、報道規制された新聞やラジオ、八百長選挙、個人の自由の圧迫などに依拠している。……

そこで私は、1948年6月30日までの期間に4億ドルの援助をギリシア及びトルコに供与する権限を与えるよう議会に要請する。……

もし我々が指導力を発揮できないようなことがあれば、我々は世界の平和を危うくするかもしれない。そして必ずや、我が国の繁栄を危うくするであろう》(wikisource：トルーマン・ドクトリン)

内容は、ギリシアとトルコを全体主義の脅威から守るために、四億ドルの軍事・経済援助を供与するよう議会に要請するものです。「全体主義」とは、一党独裁と個人の抑圧を特徴とする政治体制のことで、狭義ではナチズムやイタリア・ファシズムを指しますが、広義では共産党の一党独裁体制をも含みます。明言はしていませんが、ここでトルーマンが敵と認定したのはソ連(ソヴィエト連邦／共産主義ロシア)です。

日本、ドイツとの戦いにおいて、ソ連はアメリカの同盟国でした。ローズヴェルト政権は完全な親ソ政権で、ソ連に膨大な軍事・経済援助を与え続けました。ドイツ、日本との戦いにソ連は貢献しましたが、気がつけばソ連は軍事大国になっていたのです。

一九四五年の第二次世界大戦終結後、わずか二年にして米ソの同盟関係は崩れました。ドイツ軍を叩くという名目で東ヨーロッパを占領したソ連軍が、ドイツ軍を排除したあともそのまま居座って、東欧諸国をあるいは併合、あるいは保護国化して、スターリン型の独裁政権を次々に樹立していったからです。トルーマンがいうところの「全体主義体制の強制」です。

ソ連はポーランド、ルーマニア、ブルガリアを占領し、諸国民の意に反する全体主義体制を強制してきましたが、その脅威がギリシアとトルコにも迫ってきたのです。ギリシアでは親英米政権の王国軍と共産ゲリラとの内戦が続いていましたが、それまで王国軍を支援してきたイギリスが負担に堪えきれず、支援の打ち切りを決定します。また、共産化がトルコに波及し、ボスポラス海峡、ダーダネルス海峡がソ連の手に落ちると、黒海艦隊が自由に通過して地中海の軍事バランスが崩れる恐れも出てきます。

ギリシア、トルコをアメリカが支援しなければ、共産化のドミノ現象が欧州各地で起こり、その影響は世界中に及ぶと訴えたのが、この演説です。

この共産主義封じ込め政策、およびそれを表明した演説を「トルーマン・ドクトリン」といいます。ここからアメリカを中心とする自由主義陣営とソ連を中心とする共産主義陣営の対立、すなわち米ソ冷戦が始まったのです。

つまりトルーマン・ドクトリンとは、「米ソ蜜月時代」の終わりと、ソ連に対する冷戦の開始を告げる事実上の宣戦布告だったのです。一九四五年に核兵器開発に成功し、広島と長崎に投下した米軍の最高司令官である大統領が、ソ連を敵視する演説を行ったことにソ連の独裁者スターリンは震撼したはずです。彼はいち早く核開発を命令し、対米戦争に備えました。

ちなみに、冷戦時代の到来をいち早く警告した演説としては、トルーマン・ドクトリンの一年前、一九四六年三月にイギリスのウィンストン・チャーチルが米ミズーリ州フルトンで行った「鉄のカーテン」演説が有名です。しかし、このときのチャーチルは首相を退任しており、野党党首という立場でした。かたやトルーマン・ドクトリンは、当事者である合衆国大統領が連邦議会で発した公式のステートメントです。重みが違います。冷戦は、ここから始まったのです。

アメリカに遅れること四年、一九四九年にソ連が原爆開発に成功すると、アメリカはソ連との直接的な軍事対決を避けつつ、長期にわたる経済封鎖――「封じ込め」政策を強化します。こうして武力は用いないものの、米ソ二大陣営が激しく対立する冷戦構造が固定化することになりました。ソ連は経済的に破綻し、米国と軍拡競争に耐えきれなくなり、ついに改革派のゴルバチョフ書記長が登場して、米国に膝を屈しました。

米ソの首脳がマルタ会談で「冷戦の終結」を宣言するのは、トルーマン・ドクトリンからほぼ四十年後の一九八九年のことでした。こうして第二次大戦で日本とドイツを、冷戦でソ連を屈服させたアメリカは、覇権国家の地位を不動のものとしたかに見えました。しかしここに再び新たなチャレンジャーが立ちはだかったのです。

衝撃の「ペンス演説」

それではいよいよ、本題のペンス副大統領演説を読んでみましょう。

「政権の中国政策に関するペンス副大統領の発言」というタイトルからわかるように、トランプ政権の対中政策についての演説です。ハドソン研究所という民間シンクタンクで副大統領が行った演説であり、トランプ政権の公式声明というわけではありませんが、そこで述べられている内容はじつに衝撃的です。

演説全文の日本語訳が「海外ニュース翻訳情報局」というサイトに掲載されています（〈ペンス副大統領演説：全文翻訳〉「中国は米国の民主主義に介入している」：ハドソン研究所にてhttps://www.newshonyaku.com/8416/）。ここでは、その日本語訳からとくに重要な箇所をいくつか紹介します。

ペンス副大統領は冒頭、型通りの挨拶を終えると、まず演説の目的を簡潔に述べます。

《米国国民が知っておくべきことがあり、そのことをお伝えするために私はここに来ました。それは、中国政府が、政治、経済、軍事的手段とプロパガンダを用いて、米国に対する影響力を高め、米国国内での利益を得るために政府全体にアプローチをかけているということで

す。中国はまた、かつてないほど積極的にこの権力を利用して影響力を及ぼし、我が国の国内政策や政治活動に干渉しています》

いきなりのカウンター・パンチ炸裂です。中国共産党指導部はのけぞったに違いありません。ペンスは中国政府が行っている数々の不正を米国民に知らせるための演説であることを冒頭で明らかにし、ついで米中友好の歴史を振り返ります。

《中国がいわゆる「屈辱の世紀」の最中に憤りと搾取に苦しんでいたとき、アメリカは参加を拒否し、「自由貿易」政策を提唱しました。それは、中国との貿易を自由化し、中国の主権を守るためです。……第二次世界大戦が勃発したとき、我々は帝国主義との戦いで同盟国として団結しました》

マイク・ペンス副大統領

「屈辱の世紀」とは、アヘン戦争（一八四〇～四二）に始まり、一九四五年の抗日戦の勝利に至る近代中国の混乱期を指します。「自由貿易政策の提唱」とは、十九世紀末にアメリカ国務長官ジョン・ヘイが発表した「門戸開放宣言」のことです。確かにその間、アメリカは中国分割に参加していません。しかしそれは「中国の主権を守るため」といった美しい理由からではなく、ハワイを併合したり、スペインからフィリピンやグアムを奪ったりしているうちに、中国進出に出遅れてしまった、というのが歴史の真相です。

対日戦争で中華民国（蔣介石の国民政府）を支援し続けたのも、中国市場の確保が目的でした。ところが対日戦争で疲弊した国民政府に背後から襲いかかったのが、武装ゲリラ集団だった中国共産党の毛沢東でした。彼は一九四九年十月に人民共和国（共産党政権）の樹立を宣言すると、恩を仇で返すように米国の影響力を排除し、ソ連と同盟を結びました。それどころか朝鮮戦争では、毛沢東は「義勇軍」の名で人民解放軍を北朝鮮に派遣し、韓国を支援する米軍を苦しめました。良好だった米中関係はこれで一挙に途絶え、険悪な関係が一九七二年まで続きます。

一九七〇年代、ニクソン政権が政策を大転換し（第5章を参照）、両国の外交関係は再構築され、現在に至ったのです。

アメリカの期待は裏切られた

ペンス演説はここからいよいよ本論に入ります。

《ソ連の崩壊後、我々は中国の自由化が避けられないものと想定しました。……（米国の）これまでの政権は、中国での自由が経済的だけでなく政治的にも、伝統的な自由主義の原則、私有財産、個人の自由、宗教の自由、全家族に関する人権を新たに尊重する形で、あらゆる形で拡大することを期待してこの選択を行ってきました。しかしその希望は達成されませんでした》

ニクソン訪中以降、アメリカの歴代政権が採用してきた対中政策の基本は「関与政策」でした。これは中国を自由貿易体制に招き入れ、投資や貿易を通して経済発展に協力することで、国内体制の自由化を促すというものです。豊かになった中国は自由で開かれた国になり、国際社会の責任ある一員になる、というのがオバマまでの歴代政権が描いたシナリオでした。しかし、「期待は完全に裏切られた、関与政策は失敗だった」とペンスは明言したのです。

ここからペンス副大統領は、中国共産党政府がこれまで行ってきた不正の数々を、これでもか、これでもか、とばかりに暴いていきます。まずは貿易・通商分野での不正行為です。

《中国共産党は、関税、割当、通貨操作、強制的な技術移転、知的財産の窃盗、外国人投資家にまるでキャンディーのように手渡される産業界の補助金など自由で公正な貿易とは相容れない政策を大量に使ってきました。……

現在、共産党は「メイド・イン・チャイナ（Made in China）２０２５」計画を通じて、ロボット工学、バイオテクノロジー、人工知能など世界の最先端産業の90％を支配することを目指しています。中国政府は、21世紀の経済の圧倒的なシェアを占めるために、官僚や企業に対し、米国の経済的リーダーシップの基礎である知的財産を、あらゆる必要な手段を用いて取得するよう指示してきました。……最悪なことに、中国の安全保障機関（人民解放軍）が、最先端の軍事計画を含む米国の技術の大規模な窃盗の黒幕です。そして、中国共産党は盗んだ技術を使って大規模に民間技術を軍事技術に転用しています》

中国政府は米国の技術や知的財産の「窃盗」を企業や官僚に指示しており、その黒幕は安全保障機関（人民解放軍）だというのです。ついで、中国の軍事的な横暴を非難します。

《中国は現在、アジアの他の地域を合わせた軍事費とほぼ同額の資金を投じており、中国は米国の陸、海、空、宇宙における軍事的優位を脅かす能力を第一目標としています。中国は、米国を西太平洋から追い出し、同盟国が米国の援助を受けることをまさしく阻止しようとしています。しかし、彼らは失敗します。

中国もかつてないほど権力を行使しています。中国の船舶が、日本の施政下にある尖閣諸島周辺を定期的に巡回しています。そして、中国の指導者は2015年にホワイトハウスのローズガーデン（での記者会見）で、中国は南シナ海を「軍国主義化する意図はない」と発言した一方で、中国は今日、人工島に建設された軍事基地の列島上に、高度な対艦ミサイルと対空ミサイルを配備しました》

演説でペンスが唯一日本に言及したのが、この尖閣諸島に関するくだりです。残念ながら、日本の指導者が中国に対してこのようにはっきりとした物言いをしたのを見たことがありません。また南シナ海では、中国はサンゴ礁の海を埋め立てて人工島を造成し、軍事基地化を着々と進めています。中国の指導者は、ホワイトハウスでの記者会見で堂々と嘘をついたのです。

『1984年』『ターミネーター』の世界

次にペンスは自国民に対する中国政府の異常なまでの統制と抑圧を告発します。

《今日、中国は他に類を見ない監視国家を築いており、時に米国の技術の助けを借りて、ますます拡大し、侵略的になっています。彼らが「グレートファイアウォール（インターネット検閲）」と呼ぶものも同様に厳しくなり、中国人への情報の自由なアクセスを大幅に制限し

ています》

グレートウォールとは「万里の長城」のことです。中国共産党政権はサイバー空間でも長城のような壁を構築し、外の世界からの情報を遮断しています。中国国内ではGoogleに代わって百度（バイドゥ）という検索システムがあり、TwitterやLINEに代わって微信（WeChat）というメッセンジャー・アプリがありますが、いずれも中国共産党の検閲下にあります。百度で「天安門事件」を検索しても何も出てきませんし、微信で不用意な発言をすれば、ブラックリストに載せられます。

習近平政権は、ＡＩ監視カメラのネットワークによる犯罪者追跡システム「天網」の構築を進めていますが、監視しているのは一般の犯罪者だけではありません。思想犯の追跡も重要な任務であり、一四億の人民全体が監視の対象といってよいでしょう。

中央政府には全国民の個人情報がストックされています。これを「檔案（とうあん）」といい、毛沢東時代からありました。内申書みたいなもので、そこにはあらゆる個人情報が集められ、点数化されています。かつては手書きだった檔案がデジタル化され、データベース化されているのです。ネットで共産党を批判すれば、点数が下がります。点数に応じて、たとえば携帯電話が使えなくなり、キャッシュカードが使えなくなり、最後はまともな生活ができなくなるという国家レベルの内申書システムです。

天網では、ＡＩの顔認証システムで街角にいる人物が何者か、即座にわかります。政府はこれを新疆ウイグル自治区で徹底的に利用しました。犯罪やテロの恐れがある「危険人物」として、多くのウイグル人を特定し、法的手続きを経ずに拘束して「教育キャンプ」に収容したのです。二〇一九年には、反中国共産党デモの続く香港でもこれを適用しようとしました。

英国の作家ジョージ・オーウェルのディストピア小説『１９８４年』に登場するビッグ・ブラザーが支配する社会を、中国共産党は本気で実現しようとしているのです。ちなみに「天網」を英訳すれば「スカイネット」、すなわち映画『ターミネーター』シリーズに登場する、人類絶滅を目論むＡＩの名称となります。

中共による宗教弾圧の波

次いでペンスは、中国国内でエスカレートする宗教弾圧を非難します。

《中国政府は先月、中国最大級の地下教会を閉鎖しました。全国的に、当局は十字架を取り壊し、聖書を燃やし、信者を投獄していています。そして、中国政府は、明白な無神論者である共産党がカトリック司教任命という直接的な関与についてバチカンと合意に達しました。中国のクリスチャンにとって、これらは絶望的な時代です》

もともと無神論の中国共産党は、カトリック教会を統制下に置くため、司教の任命まで始めました。本来、カトリック教会では、司教の任免権（叙任権）はローマ教皇（バチカン）の専権事項です。このようなバチカンが任命した司教が率いる教会は、中国では非合法化され、地下教会と呼ばれます。その地下教会を中国政府は徹底的に弾圧しているとペンスは非難しているのです。

ところが二〇一八年九月、アルゼンチン出身のフランシスコ教皇は、中国共産党が司教任命に関与することを事実上容認してしまいます。バチカンは、地下教会のクリスチャンを見捨てたのです。これをペンスは許せないといっているのです。

ここでペンス副大統領がどういう人物かということが重要になります。じつはペンスは、プロテスタント国家アメリカでは少数派のカトリック教徒なのです。それも『聖書』の教えを絶対視する保守派に属しています。妊娠中絶や同性婚は絶対に認めないという立場です。その点では、同じく『聖書』絶対主義を奉じるプロテスタントの保守派である福音派（エヴァンジェリカル）に近く、アメリカのもっともコアな保守層に支持されています（200ページ参照）。

福音派は、米国南部を中心に全米の有権者の三分の一ほどいます。彼らはつねに共和党の大票田であり、彼らに支持されているペンスをトランプが副大統領に取り立てたのは、選挙に有利だからです。トランプ本人はプロテスタント（長老派）ですが、ビジネスライクであり、福音派を引き付ける力はありません。宗教的に厳格なペンス副大統領がこういうスピーチを行うことにこそ意味があり、福音派の人たちの心を打つのです。

中国政府のキリスト教徒弾圧を批判するとき、トランプにとってそれは対中交渉のカードにすぎませんが、ペンスにとっては宗教的行為そのものなのです。「キリスト教徒弾圧は神の御意志に反する。だから絶対に許さない」という論理です。

なぜこの演説をトランプではなくペンスが行ったのか。これは私の想像ですが、トランプが「マイク、君がやったほうが絶対に効果的だ。ぜひ君がやれよ」と勧めたのではないでしょうか。

ペンスのような確固たる宗教的信念を持った人物がいうから凄みがあるのです。

ペンスの主張には、もう一つ特徴があります。自身は熱心なクリスチャンですが、仏教徒もイスラム教徒も同じように信仰を守る権利がある、という確固たる信念を持っていることです。だから、次のような主張が出てくるのです。

《中国はまた、仏教も厳しく取り締まっています。過去10年間で、150人以上のチベットの僧侶が、中国による信仰と文化への弾圧に抗議するために焼身自殺しました。そして新疆ウイグル自治区では、共産党が政府の収容所に100万人ものイスラム教徒のウイグル人を投獄し、24時間体制で思想改造を行っています。その収容所の生存者たちは自らの体験を、中国政府がウイグル文化を破壊し、イスラム教徒の信仰を根絶しようとする意図的な試み

だったと説明しています》

ウイグル人亡命者の証言によれば、習近平政権は新疆ウイグル自治区の独立運動を抑え込むために、巨大な「職業訓練センター」を各地に建設し、反抗的と見なしたウイグル人を次々に送り込んでいます。このような施設の建設は、衛星写真でも確認されています。

内部では共産党と習近平を礼賛することを強いられ、ウイグルの文化、とくにイスラム教を「迷信」として捨てるまで釈放されません。棄教を証明するためにコーランを汚し、豚肉を食することまで強いられています。まるで江戸時代のキリシタン弾圧を見ているようです。

チベット自治区では、チベット仏教の活仏であるダライ・ラマ十四世（インドに亡命中）の権威が徹底的に否定され、中国共産党が各寺院の指導者を任命しています。一九五九年、八九年（天安門事件と同年）、二〇〇八年（北京五輪と同年）に起こった反共産党運動は武力弾圧されましたが、その後も抗議者による焼身自殺という痛ましい事件が続いているのです。

このような悲劇を、アメリカはもう見過ごさない、とペンスは警告しているのです。

「一帯一路」という「借金漬け外交」

次にペンスは中国の対外政策について論じます。

《歴史が証明するように、自国民を抑圧する国がそこにとどまることはほとんどありません。そして、中国政府もまた、より広い世界に範囲を広げることを目指しています。ハドソンのマイケル・ピルズベリー博士が書いたように、「中国は米国政府の行動と目標に反対してきました。確かに、中国は米国の同盟国や敵と独自の関係を築きつつあり、それは中国のいかなる平和的、生産的意図とも矛盾しています」》

自国民を抑圧する国は、他国民も抑圧する。これはナチス・ドイツやソ連の歴史が証明している。中国も同じ道を歩んでいると、ペンスは警告します。

マイケル・ピルズベリー博士というのは、ハドソン研究所中国戦略センターの所長であり、国防総省顧問も務める米国の中国軍事戦略研究の第一人者です。今回のペンス副大統領のスピーチも、このピルズベリーの招きで実現したものと思われます。

ピルズベリーはもともと、「中国を助けてやれば、やがて民主的で平和な国になる」という仮説を信じる楽観論者で、「米国と中国は軍事協力をすべき」とまで主張する親中派でした。

ところがクリントン政権時代に「中国がアメリカを欺く能力と、それに該当する行動」について調査するよう国防総省とＣＩＡから指示され、諜報機関の資料や未発表の書類、中国の反体制派や学者へのインタビュー、中国語の文献などをもとに徹底的に調査を行った結果、ピルズベリーが出した結論は、かつて自分が信じていた仮説は「危険なまでに間違っていた」というものでした（『The Hundred-Year Marathon』、邦訳『China 2049――秘密裏に遂行される「世界覇権100年戦略」』野中香方子訳、日経BP社）。

ピルズベリーはこう警告します。「中国は人民共和国建国百周年の二〇四九年までに、世界の経済・軍事・政治のリーダーの座を米国から奪取することを狙っている」と。

中国は経済発展しても独裁国家という本質は何も変わらない、むしろ経済発展が独裁を強化しているとピルズベリーは気づいたのです。「パンダハガー（親中派）」だったピルズベリーは、「ドラゴンスレイヤー（対中強硬派）」へと一八〇度転身したのです。日本の親中派の皆さんは、いったいいつになったら目覚めるのでしょうか？

続けてペンスは、習近平政権がぶち上げている広域経済圏構想「一帯一路」とリンクさせた「借金漬け外交」を批判します。

《今日、中国はアジアからアフリカ、ヨーロッパ、さらにはラテンアメリカ政府へのインフラローンに何十億ドルもの資金を提供しています。しかし、これらの融資条件は良くても不透明であり、つねにその利益は中国に圧倒的に流れています。

スリランカに聞いてみてください。同国は、商業的価値があるかどうか疑問の余地のある港を中国の国営企業が建設するために巨額の負債を負いました。2年前、その国はもはや支払いの余裕がなく、中国政府はスリランカに新しい港を中国の手に直接引き渡すよう圧力をかけました。それはまもなく、中国の成長する遠洋海軍の将来的な軍事基地になるかもしれません》

中国は一帯一路に参加した途上国にインフラ整備を持ちかけ、巨額の融資を行います。多くの場合、インフラ建設を請け負うのは中国企業であり、資材や労働者まで中国から持ち込むので、地元にメリットはありません。返済能力のない相手国を借金漬けにして、中国は債権者の地位を利用して影響力を拡大し、軍事拠点を確保する――これが一帯一路の本質です。

返済能力を超える融資を行って、借金のカタに港湾や鉄道の使用権などの権益を得るというのは、かつてイギリスやフランスがアフリカ・中東・中国で、アメリカが中南米諸国で行っていたことです。これを「帝国主義」といいます。

米国の民主主義に干渉した中国

ここからペンスは、中国がアメリカ国内で影響力を強めるために行っているさまざまな工作について論じます。演説の冒頭で、「そのことをお伝えするために私はここに来ました」といっていた、まさに演説の肝です。

《最悪なことに、中国はアメリカの世論、2018年の選挙、そして2020年の大統領選挙につながる情勢に影響を与えようとする前例のない取り組みを始めました。率直にいって、トランプ大統領のリーダーシップは機能しています。中国は別のアメリカ大統領を望んでいます。……中国政府は、米国人の対中政策認識を変えるために、秘密工作やフロントグループを動員し、プロパガンダ放送を流しました。我が国の情報機関の上級職員が今週私に語ったところによると、中国が米国内でやっていることに比べればロシア人が行っていることはたいしたことではないとしています。そして、アメリカ人はそのことを知っておくべきです》

「2018年の選挙」とは、この演説の一カ月後、二〇一八年十一月六日に行われた中間選挙のことで、これに影響を与えるため、中国は情報工作を行っているというのです。具体的には、接戦となるアイオワ州の地方紙にトランプ批判記事を掲載させたことです(後述)。

「ロシアが行っていること」とは、トランプが当選した二〇一六年の大統領選挙に、ロシアの情報機関が干渉したとされる件です。

事の発端は、民主党の大統領候補でオバマ政権の国務長官だったヒラリー・クリントンが、国家機密を個人のメールサーバーでやりとりし、しかもそのメールを大量廃棄していた、という事件です。その中には、「アラブの春」で動揺するリビアのカダフィ大佐の暗殺を指示し、崩壊したリビア政府の公金二〇〇億ドルを横領して、今度はシリアのアサド政権を崩壊させるため、過激派組織のイスラム国（ＩＳ）に横流しさせた、という疑惑です。

オバマ政権下の司法省とＦＢＩはヒラリーの国家犯罪を不問に付し、逆にトランプ候補の「ロシア疑惑」の捜査を開始しました。

民主党を支持してきた大手メディアは、「ヒラリー・クリントンの評判を落とすため、トランプ陣営とロシアが共謀したのではないか」と疑っています。いわゆる「ロシアゲート（ロシア疑惑）」です。

トランプ政権は、あえて民主党寄りのモラー特別検察官を任命し、徹底的な捜査を行わせた結果、ロシア人一三人、ロシア企業三社を起訴しました。しかし報告書では、「これに加担したアメリカ人は、一人もいなかった」という結論を下しました。

トランプが「クロ」、という証拠は見つからなかったのです。

にもかかわらず、「疑惑は深まった……」という報道を繰り返す大手マスメディア。こうして全米が何年も大騒ぎしているのですが、ロシアが米国内でやっていることは、中国が米国内でやっていることに比べれば、たいしたことはない。中国政府はそれほど深くアメリカの民主主義に干渉している。そのことを国民は知っておくべきだ、とペンスはいっているのです。

《中国は米国の有権者にも直接訴えています。先週、中国政府は、駐中米国大使の故郷の州の地元紙デモイン・レジスターに複数ページのPR記事を挿入するために代金を支払いました。この州は、2018年（中間選挙）と2020年（大統領選）に重要な州です。この付録記事はニュース記事のようにデザインされており、我々の貿易政策をアイオワ州の人にとって無謀であり有害であるとしています》

ペンス演説に先立ってトランプ政権が発動した「米中貿易戦争」により、中国が米国産農産物に報復関税をかけました。これによって中国向け作物の輸出が減ることに不満を持つ農民層を、「反トランプ」に誘導するのが中国側の工作の中心でした。

中国向け大豆の産地であり、民主・共和両党の勢力が伯仲するアイオワ州では、地元紙「デイモン・レジスター」の紙面を中国の情報機関が買い取り、「貿易戦争はアメリカの農家の利益に反する」というプロパガンダ記事を掲載させました。トランプは即座にTwitterで反撃し、同紙の紙面写真を載せて「中国が、ニュースに見せかけてプロパガンダを投下した！」とTweetしました。この記事は、中国共産党系の英字紙「チャイナ・デイリー」からの転載でした。中間選挙の結果は、与党・共和党が上院の多数派を維持する一方、下院では野党・民主党が多数派に返り咲きました。

アメリカでもネットの普及で新聞離れが加速し、多くの新聞社が経営危機を抱えています。「チャイナ・デイリー」記事を「広告」として載せれば、広告収入を得られるのです。

同じことは、「ニューヨーク・タイムズ」や「ワシントン・ポスト」といった老舗の新聞でも行われています。青地に白い字で「China Watch」と書かれた「チャイナ・デイリー」の広告は、一見すると普通の記事のように見えます。それが狙いなのです。

この手の有権者に対するプロパガンダ工作は、日本でもあり得ることです。経営が苦しい新聞に中国が「広告料」を出して、政権批判記事を掲載させる、というのはあり得ない話ではありません。すでに「毎日新聞」が「チャイナ・ウォッチ」と称する八ページの紙面を折り込んでいますが、これも「チャイナ・デイリー」の記事をそのまま日本語で転載しているものなのです。部数の激減で経営難が続く毎日新聞社は、すでに中国共産党に「買われている」と、私は思いました。もちろんどこから広告費をもらうかは、その新聞社の自由ですが……。

中国による米国内への不当な脅迫

中国政府はアメリカの民主主義に介入しているだけではありません。米国内の至る所に手を突っ込んで、不当な圧力を加えています。

《中国当局はまた、台湾を明確な地理的実体として描いたり、中国のチベット政策から外れていたりする米国企業を脅しています。中国政府はデルタ航空に対し、同社のウェブサイトで台湾を「中華人民共和国の省」と呼んでいないことを公式に謝罪するよう強要しました。そして、チベットに関するツイートを単に好んでいただけの米国人従業員を解雇するよう（ホテル・チェーンの）マリオットに圧力をかけました》

これは日本でもやっています。飛行機の座席前の画面に地図が出ますが、その地図で台湾を独立国家として描くな、中国の一部として描けと中国政府から圧力がかかった結果、日本航空とＡＮＡはこれに〝半分〟屈しました。中国語版の地図は中国政府の意向に従い、日本語版は今までどおりの地図を使っています。お子さんが使っている社会科の教科書や、地図帳を確認してください。国名は赤字で書いてあるのに、台湾だけは黒字になっていませんか？　これも「台湾を独立国として扱うな」という中国政府の圧力に、日本の出版社が屈した結果です。

《中国政府は、ハリウッドが中国を絶対的に肯定的に描くよう、いつも要求しています。応じないスタジオやプロデューサーは罰せられます。中国政府の検閲は、中国を批判する映画をすぐに編集したり違法としたりします。映画「World War Z」では、中国原産のウイルスという部分についての台本をカットしなければなりませんでした。映画「レッド・ドーン」は、悪党を中国人ではなく北朝鮮人にするためにデジタル編集されました》

中国政府の意に沿わない映画は、巨大市場で公開されることはありません。「中国原産のウイルス」という設定は、二〇二〇年のコロナ危機でまさに現実化してしまいました。また、北朝鮮は悪者にしていいというのは、「中国嫌い」の金正恩政権との関係の緊張状態を考えると、興味深いところです。

《メリーランド大学で最近、中国人学生が、自分の卒業式でこういったのです。アメリカの「言論の自由の新鮮な空気」と。共産党機関紙は、すぐに彼女を非難しました。彼女は、中国の厳格に管理されたソーシャルメディアで猛烈な批判の犠牲者となり、故郷の家族は嫌がらせを受けました。大学自体は、中国との交流プログラムが大量にあったものがわずかなものに急激に変化しました》

大学で中国との交流プログラムが減少するということは、留学生が減少することを意味します。これは大学経営に影響を与えます。そうやって圧力をかけているわけです。

中国共産党が後押しする世界の大学向けプロジェクトとして有名なものに「孔子学院」があります。表向きは中国語と中国文化を教育する機関ですが、イギリス保守党の人権委員会は二〇一九年二月の報告書で、「中国の共産主義プロパガンダを世界中に広め、国家安全保障上の懸念となりうる」と警告しました。同年四月には米議会が、「孔子学院には中国政府の意向が働き、学問の自由が保障されていない」として、孔子学院を設置した大学への公的補助を停止する法案を可決。これを受け、各大学は孔子学院の閉鎖に動き始めした。日本では、早稲田大学と立命館大学、それに地方の私立大学など一五校が孔子学院を設立しています。日本の国会では、孔子学院を問題視する議論も見られません。

「新冷戦」の始まりを告げた「ペンス・ドクトリン」

ペンス副大統領は最後に次のような決意を表明します。

《しかし、中国の支配者に対する我々のメッセージはこうです：この大統領は引き下がることはありません。（拍手）アメリカ国民は惑わされません。我々は、中国との関係改善を期待しつつも、我々の安全保障と経済のために引き続き強い態度を維持します》

《中国の偉大な作家である魯迅は、自分の国を嘆いて「外国人を誹謗するか聖人としてみなすか」と書きましたが、「同等だ」とは決して書きませんでした。今日、米国は中国に手を差し伸べています。そして、中国政府がすぐに、米国に対する新たな敬意で言葉ではなく行動してくれることを望んでいます。しかし、安心してください。中国との関係が公平、相互、

そして主権の尊重が基礎となるまで、我々は態度を弱めません。（拍手）》

中国政府が数々の不正を改めないかぎり、米国政府が対中関係で譲歩することはないと断言したのです。以上が、二〇一八年のペンス演説のあらましです。

繰り返しますが、一九三七年、ローズヴェルトは「隔離演説」で日本とドイツ、イタリアを敵と定め、四年後、アメリカはこれらの国との戦争に踏み切りました。一九四七年の「トルーマン・ドクトリン」でソ連を対峙すべき敵と認めたアメリカは、東西冷戦へと突入しました。そしてこのペンス演説は、中国が対決すべき敵であることを明確に断定しました。

この「ペンス・ドクトリン」が、今後数年から数十年に及ぶアメリカの対中政策の指針となると見て、ほぼ間違いないでしょう。

一九七二年のニクソン訪中以後、米中関係は基本的に良好でした。天安門事件で一時的に冷え込んだこともありますが、ソ連（ロシア）が共通の敵で、米中は手を組むという関係がこの半世紀続いてきたのです。しかし、米中は敵対関係になりました。半世紀続いてきた米中の蜜月時代は、もはや終わったのです。

ではこの先、米中戦争が勃発するのか？

中国がすでに三〇〇発近い核ミサイルを保有する核大国である以上、米中が直接武力衝突する「ホット・ウォー（hot war）」が起こる蓋然性は低いと思います。米ソ冷戦と同様に双方が核のボタンに手をかけたまま威嚇し合う「コールド・ウォー（cold war）」が続くケースです。「米中冷戦」が始まるのです。

「ペンス演説」で示されたアメリカの中国への対決姿勢は、決してトランプ大統領個人の気まぐれや選挙目当てから出てきたものではありません。共和党政権全体の意思であり、これを支える産業界の意思でもあることを見誤るべきではありません。

かつてアメリカの製造業は積極的に中国に進出し、安い労働力の恩恵を享受してきました。しかし経済発展に伴って中国人の生活水準が上がり、労働者の賃金も上昇を続けた結果、生産拠点を中国に置くメリットが急速に薄れています。それよりもペンス演説にもあるとおり、国家ぐるみの「強制的な技術移転」『知的財産の窃盗」といったデメリットのほうが大きくなったのです。アメリカ企業の中国離れはこれから本格化すると思われます。

そうなったとき、中国政府はおそらく日本の企業や経済団体にすり寄り、甘言を弄して積極的な対中投資を促すと思われます。いや、その動きはすでに始まっているというべきでしょう。一九八九年の天安門事件のあと、西側諸国の対中経済制裁が続くなか、制裁包囲網から最初に脱落したのが日本でした。

一九九〇年には、海部俊樹首相が西側の現職政府首脳として事件後初めて訪中し、円借款を再開しました。九二年には江沢民の要請を受けて宮澤喜一内閣が「天皇皇后両陛下の中国御訪問」を閣議決定し、両陛下が歴代天皇で初めて中国の土を踏まれました。銭其琛外相は回顧録

『外交十記』の中で、「（天皇訪中は）西側の対中制裁を打破する上で積極的な役割を発揮した」と率直に述べています。この海部政権、宮澤政権を動かしていたのは、自民党最大派閥である経世会（旧田中派）の実力者・小沢一郎でした。

しかし、それで日中関係が好転することはありませんでした。尖閣諸島周辺海域での中国公船の領海侵入が収まることはありませんし、事あるごとに中国政府は「官製デモ」で日本に圧力をかけてきます。「困ったときの媚態（びたい）と甘言」は中国の常套手段です。日本の政官財のパンダハガーの皆さんも、そろそろ目を覚ますべきでしょう。

米国の安全保障を脅かす敵の正体

では、アメリカの対中政策が「関与」から「対決」へと大きく転換した最大の原因は何でしょうか。自由で公正な貿易とは相容れない中国の政策、それに起因する米国の巨額の貿易赤字、国内の宗教弾圧、借金漬け外交による途上国への影響力拡大、米国の民主主義への干渉、米国内でのさまざまなプロパガンダ工作……。ペンス副大統領が演説で糾弾している中国の不正行為の数々は、どれも米国にとっては許し難いものばかりでしょう。

しかし、もっとも重要なポイントを一つ挙げるなら、やはり安全保障の問題だと思います。中国人民解放軍が米国の安全保障にとって重大な脅威になってきた、ということです。

二〇一五年七月、習近平政権は「中国製造2025」計画をぶち上げました。二〇二五年以降、「製造強国」入りを果たし、二〇四九年（建国百周年）までに「製造大国」、すなわちアメリカの地位に取って代わることを目標とし、最重点項目として「①次世代通信技術、②ロボット、③航空宇宙」など一〇項目を挙げています。

とくにアメリカが警戒しているのが、中国のＡＩ（人工知能）と５Ｇ（第五世代移動通信システム）技術です。国家の安全保障にとって通信技術の優位性が死活的に重要なことはいうまでもなく、通信を制する者が戦争を制するといっても過言ではありません。ビスマルク時代のプロイセン軍は電信の実用化によってドイツ統一を成し遂げ、第二次大戦中の米軍はレーダーの実用化で日本軍を圧倒し、湾岸戦争時の米軍は、軍事衛星の実用化でイラク軍を粉砕しました。現在、ＡＩの軍事利用が急速に進んでおり、ＡＩを搭載し自律的に軍事攻撃を行うＡＩ兵器の開発が加速しています。かつて米ソが核兵器の開発を競っていたように、現在は米中がＡＩと情報通信の分野でしのぎを削っているのです。

そこでアメリカが警戒し、ターゲットにしているのが、ファーウェイ（華為技術）をはじめとする通信機器、ＡＩ、監視カメラ等の中国企業です（ファーウェイはＡＩ関連技術の開発も本格化させています）。

アメリカが安全保障上の脅威になると見ているファーウェイの創業者は、元人民解放軍の技術将校・任正非（じんせいひ）です。スマホや通信設備というのは表看板であって、軍事技術の集積が裏の目的と見るべきでしょう。そして、ファーウェイのもう一つの目的が、自国民の監視です。

先ほど中国のＡＩ監視カメラのネットワーク「天網」が、ウイグルや香港で人権抑圧に利用されていることを紹介しました。中国全土に多数のＡＩ監視カメラが設置されていて、たとえば香港では、デモ参加者全員の顔を撮影しています。その膨大なデータを送信してリアルタイムで分析し個人を特定するには、４Ｇでは間に合いません。５Ｇが必要です。だから中国は５Ｇの開発・導入に熱心なのです。「自動運転システム実現のため」などといっており、それも目標の一つでしょうが、メインの目的は人民の監視システムの構築と思われます。この天網に使われている顔認証システムやＡＩなどの基礎部分には、アメリカや台湾の技術が含まれているのです。

トランプ政権は二〇一八年八月に「国防権限法（ＮＤＡＡ）２０１９」を成立させ、安全保障上の脅威になるとして、米国政府機関に対し、中国企業五社からの製品・サービスの調達を禁止しました。その五社とは、通信機器のファーウェイとＺＴＥ（中興通訊）、監視カメラのハイクビジョン（海康威視数字技術）とダーファ（大華）、無線機のハイテラ（海能達通信）です。

米国政府は、輸出管理改革法（ＥＣＲＡ）や外国投資リスク審査近代化法（ＦＩＲＲＭＡ）の制定、対米外国投資委員会（ＣＦＩＵＳ）の機能強化などによって、中国を念頭に技術の流出を徹底して防ぐための防壁を構築しています。

さらに二〇一九年、ファーウェイに加えてハイクビジョンとダーファなど、天網に関係する中国企業を米商務省産業安全保障局が作成する「エンティティー・リスト（EL）」に登録しました。ELとは安全保障・外交政策上、米国の利益に反する活動に関与していると判断された企業・団体・個人が登録されたリストで、登録者には米国からの輸出が禁じられるほか、米国以外の国からも、米国原産技術を一定以上含んだ製品の輸出が規制されることになります。

アメリカがファーウェイなどの中国企業をいかに警戒し敵視しているかが、ここからもわかります。米国市場からそれらの企業を締め出すと同時に、米国の技術がそうした企業に流出するのを防ぐため、米国政府は幾重もの規制をかけているのです。

二〇一八年十二月一日、ファーウェイの創業者の娘でファーウェイの副会長兼最高財務責任者（CFO）の孟晩舟が、アメリカ政府の要請により、カナダの空港で逮捕されました。理由は米国のイラン制裁に違反した容疑ですが、別件逮捕の疑いが濃厚です。孟晩舟被告はその後、八億五〇〇〇万円の保釈金を積んで釈放されましたが、逃亡防止のため片足にGPSを装着されました（カルロス・ゴーンの高飛びを許した日本とは大違いです）。

孟晩舟が逮捕されたのと同じ日、スタンフォード大学の終身物理学教授である張首晟が、五十五歳の若さで自殺しました。

張教授は十五歳で復旦大学に入学した天才。共産党にスカウトされ、量子力学を専攻。桁違いの大量データを処理できる量子コンピュータの開発に関わる基礎研究をしていました。

「中国製造2025」の旗振り役となり、清華大学教授時代には西側諸国から優秀な人材を集める「千人計画」に参加、中国当局からの資金提供を受けて、シリコンバレーで投資会社を設立、ファーウェイと業務提携している米国ベンチャー企業にも出資し、ＦＢＩから監視されていました。

孟晩舟逮捕と同日の張首晟教授の自殺。家族は「うつ病だった」と説明していますが、本当に自殺だったのでしょうか。「米中冷戦」の最初の犠牲者だったのかもしれません。

第2章
二大強国の宿命
地政学で見る米中衝突の必然

地政学とはリアリズムの学問

二〇一八年のペンス演説を機に始まった米中新冷戦。貿易戦争に加え、武漢発の新型コロナウイルスが世界的大流行（パンデミック）を引き起こし、世界経済に大打撃を与えたことについて、米国トランプ政権は、中国が情報開示をしなかったとして、習近平政権に対する責任追及を始めました。このまま対立がエスカレートしていけば、米中の軍事衝突も避けられないという見方も出てきました。この章では、なぜ米中衝突が不可避なのか、世界史の教訓と地政学に基づいて考えていきましょう。

最初に地政学とは何か、簡単に説明します。

地政学とは、「地理的な条件から国家の行動や、国と国との関係を説明する方法論」です。国家というものは地球上の一定の場所に領土を持っているので、地理的条件が重要なのです。

地政学ではそもそも国家と国家は対立するものである、と考えます。国家は人間という生き物が集まった集団であり、生き物の根本的な行動原理は「生存競争」だからです。周囲に自分の行動を邪魔し、縄張りを侵害する集団があれば敵視し、排除しなければ生き残れません。

こうした生物学の行動原理を国際政治に当てはめ、国家を一つの生命体のように考えるのが、「国家有機体説」です。人間は一人では生きていけませんから、必ず集団や国家を形成し、近くにいる他の集団や国家との間で軋轢が生じるのは当たり前、という考え方です。

地政学では、この原則に「地形」という要素が加わります。ある集団が占拠している場所が、敵対勢力から見て地続きなのか、川や山を挟んでいるのか、海を隔てているのかなど、さまざまなケースが考えられます。同じような地理的条件――大陸国家か、島国か――であれば、たとえ民族が異なっていようと、同じような行動パターンをすることが多くなります。地理的条件は時代を超えて不変ですので、国家間の対立が切れ目なく続く国際情勢を理解するには、地政学的なモノの見方が欠かせないのです。

世界の見方には、「アイデアリズム（理想主義）」と「リアリズム（現実主義）」があります。アイデアリズムとは、「こうあるべきだ」という考え方です。

たとえば「平和憲法を守れば戦争にならない」というのがアイデアリズムです。アイデアリズムは主観ですから、同じ現象でもそれを見る主体によって解釈が異なります。たとえば先の大戦が「民主主義とファシズムの戦い」だったのか、「アジア解放の聖戦」だったのかなど、見る人のポジションによって解釈は変わってきます。これでは客観的な学問とはいえません。アイデアリズムに引っ張られるほど、自らの信じる理想によって都合のいい歴史だけを選び、現実を見失うリスクがあります。このリスクは、右派でも左派でも同じことです。

それに対してリアリズムは、理想には関係なく客観的な立ち位置から、単に力の優勢な国家や勢力が勝ち、そうでないものは敗れ去っていったという歴史の現実を踏まえます。

国家は、すべて自己の生存を懸けて相手のリソースを奪うために競争したり、協力したり、敵対したりしているというのが世界の本質であって、それをその時々のもっともらしい理想や宗教、イデオロギーで糊塗しているだけなのです。ロシアはいつの時代にも南下政策を推進してきました。帝政ロシアは「キリスト教（ロシア正教）」、ソヴィエト・ロシアは「共産主義」、プーチンのロシアは「ロシア・ナショナリズム」という別々の看板を掲げていますが、やっていることは同じなのです。

地政学は徹底してリアリズムに基づく学問です。観察者の主観と現象を切り離して考えます。それぞれの国家が、どういう理想を掲げていたかには注目しません。

人類の歴史はランドパワーとシーパワーの闘争史

地政学は十九世紀後半、帝国主義の時代の生き残り戦略として始まりました。大きな流れとしては、「シーパワー（海洋国家）」を目指す英米地政学と、「ランドパワー（大陸国家）」を目指すドイツ地政学とがあります。その代表的な学者を三人紹介しましょう。

イギリス地政学を代表するのが、地政学の祖といわれるハルフォード・マッキンダー（一八六一～一九四七年）です。マッキンダーは地理学者ですが、「人類の歴史は、ランドパワーとシーパワーの闘争の歴史である」と初めて唱えた人物です。代表的な海洋国家として世界各地に植民地を建設した大英帝国があります。最大の脅威は、ユーラシア大陸の内奥から勢力を拡大しつつあるロシア帝国でした。英国は世界最強の海軍国でありながらも陸軍兵力は絶対数が足りないので、ヨーロッパ大陸に上陸してロシアを制圧することはできません。そこで、他の諸国家と同盟してロシアを封じ込めるという戦略を打ち立てました。

英国はこの戦略に基づいて、ロシア帝国領内の革命家や少数民族の独立運動に資金を提供し、ポーランドやバルト三国などを緩衝地帯としてロシアから独立させました。東アジアではロシアと対峙していた日本との日英同盟を締結しました。このロシア「封じ込め」という発想は、第二次世界大戦後に米国が引き継ぎ、米ソ冷戦でソ連を崩壊に導きました。

一方、ランドパワー地政学を代表するのは、ドイツ陸軍の将校カール・ハウスホーファー（一八六九〜一九四六年）です。彼の祖国ドイツは、第一次世界大戦で英国に粉砕されました。英国を最大の敵と考えたハウスホーファーは、ドイツがロシアと「ランドパワー同盟」を組む戦略を考えました。ドイツの弱点は海軍が弱いことです。日露戦争に勝利した日本の海軍力を認め、日本と英国を争わせることがドイツの利益になると考え、駐日大使館付武官として来日、日本語をマスターし、日本研究も始めました。

ハウスホーファーを有名にしたのは、英国を排除して世界を独・ソ・日・米で分割するという「パンリージョン・プラン」です。のちのナチス幹部には、教え子のヘス副総統をはじめ、リッベントロップ外相など、彼の教えに影響を受けた人物が多数存在し、日本では松岡洋右（ようすけ）外相が旗振り役となった「大東亜共栄圏」や「日独伊三国軍事同盟」へとつながりました。松岡は、日独伊＋ソ連の四国同盟案を構想していたのですが、ヒトラーが独ソ戦を始めたため、このプランは破綻しました。ハウスホーファーは妻がユダヤ人だったためナチ党員にはならず、ドイツの敗戦後、まるで日本の軍人のように割腹自殺を遂げました。

「地政学＝軍国主義、無謀な戦争」というイメージが焼きついた戦後の日本では、大学から地政学は排除され、「危険思想」として封印され、駐留米軍による平和が長く保たれました。この結果、「憲法九条さえ守れば、平和を保てる」というお花畑的な理想主義が浸透したのです。しかし、他の主要国では、第二次世界大戦後も熾烈なサバイバルを続けており、地政学的発想は今も生き続けています。

アメリカの地政学を代表するのが、米海軍の将校としてスペインとの戦争に参戦し、退官後は海軍大学校の教官として研究者となったアルフレッド・マハン（一八四〇～一九一四年）です。彼の海軍大学校での講義を基にした『海上権力史論』は、古典的著作として世界中で研究されています。米国はもともと大陸国家ですが、十九世紀末に西部開拓を終えると海外に目を向けました。マハンは、英国をモデルとして海軍力を強化し、パナマ運河の開削、フィリピンやハワイの植民地化により、海洋国家を実現できると米政府に提言しています。

マハンは、同時期に海軍力を強化していたシーパワーの日本と組み、ともにロシアを抑えるべきと唱えました。マハン邸で直接教えを乞うた日本海軍の秋山真之は、連合艦隊参謀として日本海海戦でロシア艦隊を撃破しました。マハンを「育ての親」とする日本海軍が、第二次世界大戦で米海軍と激闘を演じて壊滅し、結果的にランドパワーのソ連・中国の台頭を許したのは歴史の皮肉でした。

第二次大戦後の米国はマハンの戦略に立ち返り、日米同盟（日米安保体制）を構築して中ソに対抗してきたのです。かつて大日本帝国海軍の基地だった横須賀は、米第七艦隊の母港となりました。もし一九三〇年代に日米同盟を構築できていれば、日本は三〇〇万人を犠牲にすることはなかったのです。本質的にシーパワー国家の日本が、米英地政学ではなくランドパワーのドイツ地政学を採用したことが、亡国を引き起こしたのでした。

地政学のごく基本的な知識についてお話ししました。さらに詳しく知りたい方には、小著『世界史で学べ！　地政学』（祥伝社黄金文庫）をお勧めします。

ペロポネソス戦争はなぜ起こったのか

なぜ戦争が起こるのか。それを考えるとき、重要な示唆を与えてくれるのが、古代ギリシアで紀元前五世紀の終わりに起こったペロポネソス戦争（前四三一～前四〇四年）です。

これに先立って、古代の超大国アケメネス朝ペルシアが、ギリシアへ侵攻しました。このときアテネ、スパルタなどギリシアの諸ポリス（都市国家）が連合軍を編成して、ペルシア軍を撃退しました（ペルシア戦争）。とくにサラミスの海戦でアテネ海軍がペルシア海軍を撃破したことが、ポリス連合軍勝利の大きな要因となりました。

サラミス海戦の勝利の後、アテネはペルシアの再侵攻に備えて、「デロス同盟」を結成します。これはアテネを盟主とする都市国家の軍事同盟です。アテネは加盟ポリスに軍船や資金の提供を命じますが、ペルシア軍の再侵攻はなく、やがてデロス島にあった同盟の資金はアテネの国庫に移されます。ペルシアとの和議が成立したあともアテネは加盟国に同盟離脱を許さず、デロス同盟は「アテネ帝国」へと変質していきます。

これに不満を持った各国を糾合し、ペロポネソス同盟の盟主となるのがスパルタでした。ギリシアはアテネ陣営（デロス同盟）とスパルタ陣営（ペロポネソス同盟）に二分され、内戦に突入します。

このペロポネソス戦争については詳細な記録が残っています。アテネの将軍として戦争に従軍したトゥキディデスが記した『戦史』です。彼がすごいのは、祖国アテネを正当化するわけでもなく、戦争の原因を客観的に考察していることです。トゥキディデスによれば、ランドパワーの覇者であるスパルタが、急速に台頭するシーパワーのアテネに対して猜疑心を抱き、不安に駆られて衝突に至ったことがわかります。

アメリカの政治学者グレアム・アリソンは、「新興勢力が台頭し、従来の覇権国家にチャレンジするようになると、戦争が起きる危険性が高まる」という歴史的な経験則を「トゥキディデスの罠」と呼びました。アリソンは次のように警告します。

《トゥキディデスの罠の初めての事例が戦争に発展し、古代ギリシャ世界を揺るがして以来、この力学は2000年以上にわたり国際関係に存在してきた。そして今、世界の二大国家を、どちらも望まない戦争に向かわせようとしている。……数十年以内に米中戦争が起こりうる可能性は、ただ「ある」というだけでなく、現在考えられているよりも非常に高い。……米中のリーダーが過去10年間と同じ言動を続ければ、両国はほぼ確実に戦争に突入するだろう》（グレアム・アリソン『米中戦争前夜――新旧大国を衝突させる歴史の法則と回避のシナリオ』藤原朝子訳、ダイヤモンド社）

米中二大国が衝突するのは「歴史の法則」であり、今はまさに「米中戦争前夜」だというのです。

「覇権争奪戦」はチャレンジャーに不利

「トゥキディデスの罠」という造語が注目される以前から、「既存の覇権国に新興国がチャレンジするとき、戦争が起こる」ということは、よく知られていました。そうした覇権争奪戦は、「ランドパワーvsシーパワー」の対決となるケースが多く、基本的に「チャレンジャーが負ける」という傾向が見られます。歴史上のいくつかの例を紹介しましょう。

一五八八年にアルマダの海戦でスペイン無敵艦隊を壊滅させたイギリスは、十七世紀後半には三次にわたる英蘭戦争でオランダを圧倒し、海上覇権を確立していました。これに挑戦したのがルイ十四世と十五世が率いるフランスで、両国は断続的に軍事衝突を繰り返しました。この一連の戦争を総称して、「英仏植民地戦争」とか「第二次百年戦争」と呼びます。ヨーロッパでフランスが起こした戦争に乗じて、イギリスが北米やインドでフランス植民地を攻撃したのです。

チャレンジャーのフランスは、初めから不利でした。地続きの欧州諸国、とくに不倶戴天の敵であったオーストリアのハプスブルク家との覇権争いを続けながら、北米やインドの植民地でイギリスと戦うという、二正面作戦を強いられたからです。結局、十分な海外派兵ができず、イギリスに完敗しました。イギリスは一連の戦争でフランスを圧倒し、大英帝国の海上覇権と重商主義を確固たるものとしました。

一方のフランスは、北米とインドの植民地を失い、戦費により国庫がカラとなり、臨時課税を試みた結果、貴族は離反し人民は蜂起、フランス革命の大混乱に突入しました。

革命軍の司令官からフランス皇帝の座に上り詰めたナポレオンの秀でた軍事的才能と革命軍の士気の高さにより、フランスは一時、ヨーロッパ大陸の大半を征服しました。

■英仏植民地戦争

北米	ヨーロッパ	インド
ウィリアム王戦争（1689～97年）	ファルツ戦争（1688～97年）	
アン女王戦争（1702～13年）	スペイン継承戦争（1701～13年）	
ジョージ王戦争（1744～48年）	オーストリア継承戦争（1740～48年）	カーナティック戦争（1744～61年）
フレンチ・インディアン戦争（1755～63年）	七年戦争（1754～63年）	プラッシーの戦い（1757年）

しかし今回も、イギリスが他の欧州諸国と同盟してフランスを包囲し（対仏大同盟）、ナポレオンのロシア遠征失敗によりすべてを失うこととなりました。

ナポレオン戦争後のヨーロッパ秩序再建を目指して、オーストリアのメッテルニヒ外相が開催したウィーン会議（一八一四～一五年）では、一国が欧州全体を支配することを阻止するため、五大国（英・仏・普・墺・露）の合議制による「勢力均衡」（バランス・オブ・パワー）により平和を再構築しました。現在の国連安保理五大国の原型のようなシステムです。

この秩序が一八四八年革命によって崩壊したあと、再びヨーロッパの覇権を握ろうとしたのがナポレオン三世のフランスでした。隣のドイツでは小国の分裂割拠が続いており、これを支配下に置くのは簡単なことのように思えました。

■ビスマルク体制の相関図

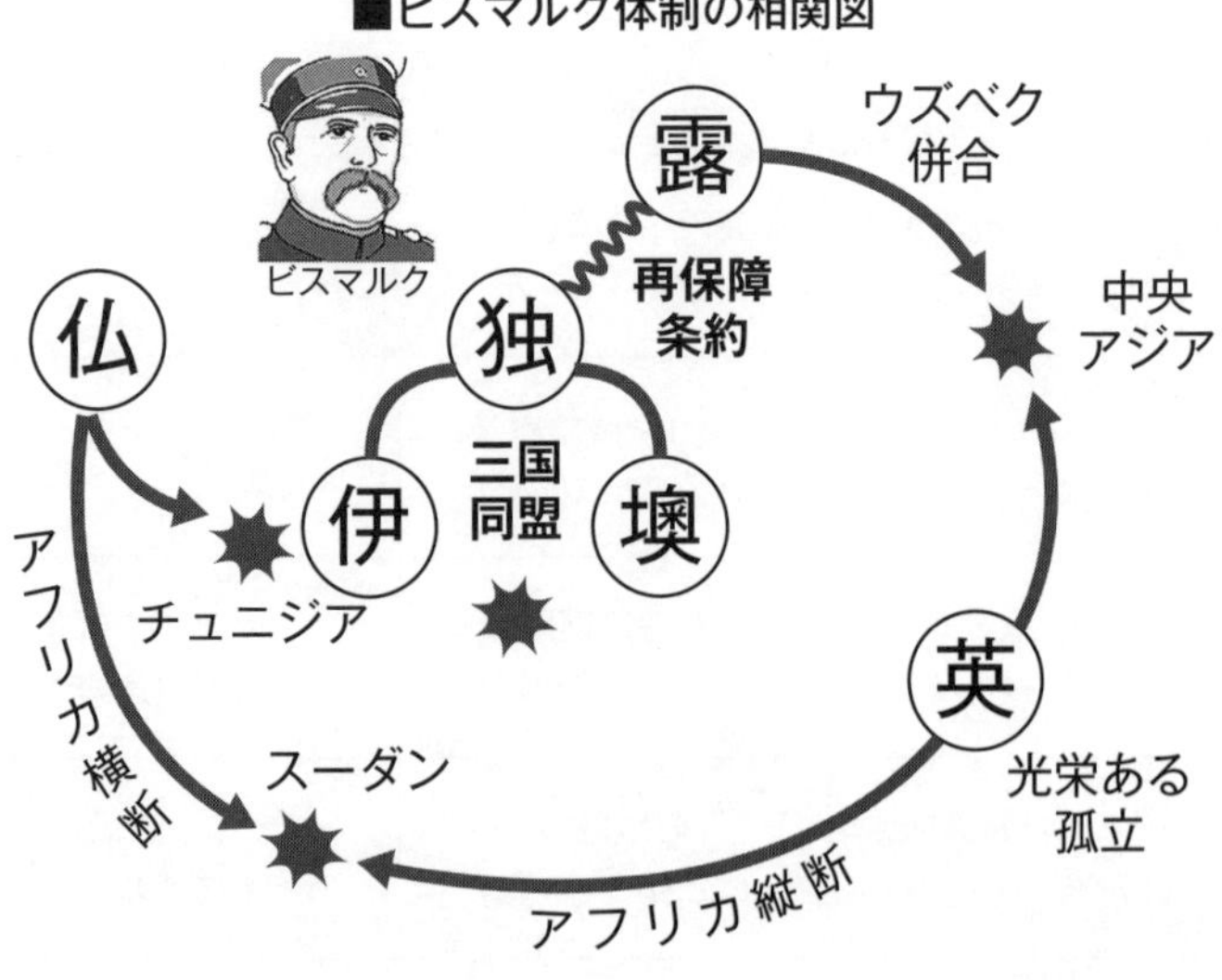

そこに立ちはだかるのが、ビスマルクが率いるプロイセン王国でした。ドイツ統一を掲げるビスマルクは、その最大の障害であるフランスを普仏戦争（一八七〇〜七一年）で破ると、ヴェルサイユ宮殿を占領してプロイセン国王をドイツ皇帝に推戴します。

ドイツ軍の捕虜となったナポレオン三世は失脚、その後のフランスは第三共和政という政情不安の体制が続きます。

「鉄血宰相」と呼ばれたビスマルクは好戦的な人物と誤解されていますが、じつは外交官出身であり、統一後は外交重視の平和主義者に転身しました。彼が目指したのも、やはり勢力均衡によるヨーロッパの安定でした。自分が統一したばかりの弱小国ドイツが他国から侵略されないためには、ヨーロッパの微妙なパワーバランスを保っていくしかないと考えたのです。このためフランス以外の列強との間に、網の目のような条約のネットワークを張り巡らせて、ドイツの安全を保持したのです。これがビスマルク体制です。

このビスマルク体制は見事でしたが、大きな問題がありました。同盟国間の利害関係が錯綜し、ビスマルクのように老練な外交の天才でなければ維持できないデリケートなものだったのです。これを壊したのが、およそ繊細という言葉からかけ離れていた若き皇帝（カイザー）のヴィルヘルム二世でした。一八九〇年、ビスマルクを更迭して親政を開始し、軍備増強により覇権国になろうとしたのです。ドイツを危険なチャレンジャーと見なしたイギリスは、瞬く間にフランス・ロシアと密約を結び、ドイツ包囲網（三国協商）を築き上げました。結局、ヴィルヘルム二世がもたらしたのは、第一次世界大戦の惨禍とドイツ帝国の崩壊でした。

イギリスとロシアの「グレートゲーム」

十九世紀ヨーロッパの勢力図を見ると、前半はウィーン体制の勢力均衡によって、後半はビスマルク体制の勢力均衡によって、平和が保たれていました。一方、ユーラシア大陸では南下政策を進めるロシアと覇権国イギリスの攻防が繰り広げられていました。

イギリスは、中央アジア（ウズベキスタン）へ進出したロシアを英領インドへの脅威と捉え、アフガニスタンがロシアのインド侵攻の拠点になることを恐れ、二度にわたるアフガン戦争

■グレートゲームの構図

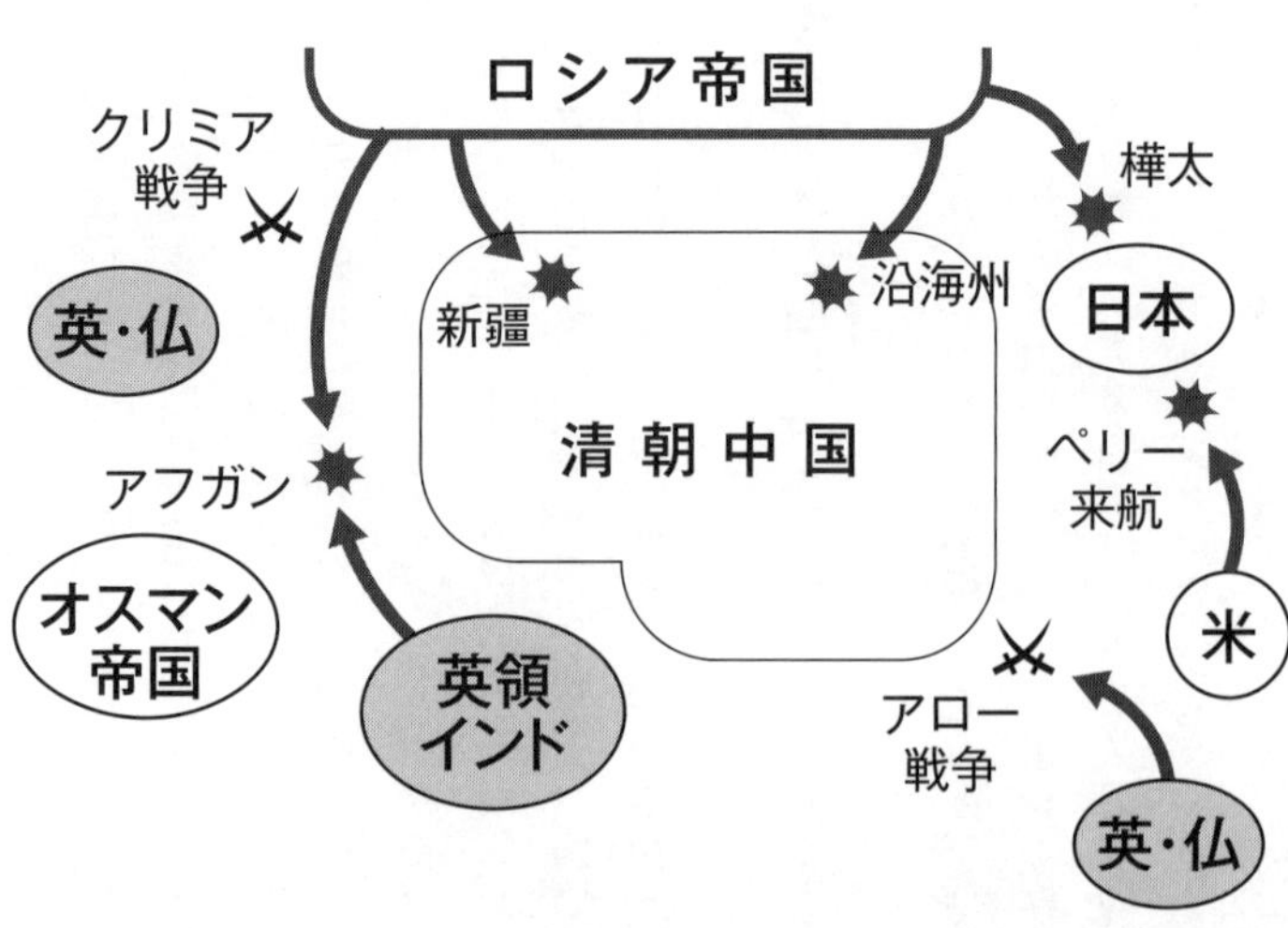

（一八三八〜四二年、一八七八〜八〇年）でアフガニスタンを保護国化します。英露の対立は日露戦争でのロシアの敗北を経て、一九〇七年の英露協商でロシアがアフガニスタンをイギリス勢力圏と認めることで決着しました。

ユーラシア大陸をめぐる英露の駆け引きを、イギリス人は「グレートゲーム」と呼びました。ここでいうゲームとはチェスのことで、大陸をチェス盤とした壮大なスケールのチェスゲームに見立てたわけです。このゲームでチェックメイトをかけたのは、イギリスのほうでした。

ナポレオン戦争以後、最大の戦争となったクリミア戦争（一八五三〜五六年）も、グレートゲームの一環と見ることができます。黒海から地中海方面への南下政策を推し進めるロシアがオスマン帝国に宣戦布告すると、イギリスはフランスとともにオスマン帝国を支援して参戦、黒海北岸のクリミア半島を主戦場として衝突しました。

最新鋭の蒸気戦艦を主力とする英仏連合軍は、旧式のロシア艦隊を駆逐してクリミア半島に上陸し、セヴァストーポリ要塞を包囲、一年に及ぶ攻囲戦の末にこれを陥落させ、ロシアの敗北が決しました。

日露戦争の本質は英露の覇権争い

南下政策を進めるロシアとそれを阻止する覇権国イギリスの対決は、東アジアでも起こっています。舞台は中国です。

一九〇〇年に外国人排斥運動の義和団事件が起こると、清朝政府はこれを鎮圧するどころか「義挙」として称賛し、反乱軍は北京の各国公使館を襲撃しました。このため、八カ国列強が連合軍を編成して北京を占領し、反乱を制圧しました。連合軍の主力となったのは、日本軍とロシア軍でした。各国が撤収したあともロシア軍だけは兵を退かず満洲に居座り続け、事実上、満洲を占領下に置きます。

ロシアはその一方で、韓国から駐兵権や鉄道敷設権、鉱山採掘権、森林伐採権などを取得し、これらの利権を足掛かりに朝鮮半島への南下を進めていました。ロシアが満洲と朝鮮半島を支配下に置こうとしているのは明らかでした。これ以上ロシアの南下を許せば、イギリスは上海や長江流域に持つ権益が脅かされます。ロシアが朝鮮半島を支配すれば、日本の独立が脅かされます。ロシアの南下は許さないという点で、日本とイギリスの利害は一致しました。

十九世紀以来、ロシアの最大の敵は、世界中で南下政策を妨害するイギリスでした。しかし義和団事件に際して、イギリスは南アフリカで起こったダイヤモンド利権をめぐるボーア戦争に忙殺され、大規模な派兵ができませんでした。さらにアフガニスタンでも英露の対立が続いています。今回ばかりは、ロシアの南下を防ぐ余力が、イギリスにはありません。それを見越してロシアは、満洲と朝鮮半島に進出したのです。

ナポレオン戦争の勝利以来、圧倒的な海軍力を背景に「光栄ある孤立」を維持していたイギリスですが、ここに至って、ロシアを牽制しイギリスの中国における権益を守るために、新たな同盟国を求めることになりました。その相手に選ばれたのが日本でした。

一九〇二年一月三十日、日英同盟が成立します。重要なのは次の二点です。

「日英の一方が第三国（ロシア）と交戦の場合、締約国のもう一方は厳正中立を守り、同盟国に対して他国が交戦に加わるのを防ぐよう努める」（第二条）

「日英の一方が二国以上と交戦の場合は、締約国のもう一方は来援して参戦する」（第三条）

第二条によれば、日本とロシアが一対一で交戦する場合、イギリスは参戦せず、好意的中立を守ればいいのです。イギリスはリスクを負うことなく、ロシアの南下を阻止するための戦争を日本にさせることができます。日本が勝てば儲けもの、たとえ負けても、イギリスにとって大して痛手ではありません。日本はいわばイギリスのチェスの駒になったのです。日露戦争は紛れもなく、イギリスのグレートゲームの一環でした。

日英同盟は世界大戦の引き金になりかけた

もっともイギリスは、ただ高みの見物を決め込んでいたわけではありません。露仏同盟に基づき、仮にフランスがロシア側に立って参戦すれば、日本の敗北は明らかです。だから日本の求めに応じて日英同盟第三条で、イギリスが日本側に立って参戦すると規定したわけです。

しかし英仏両国が参戦すれば、日英同盟vs露仏同盟の全面戦争となり、戦場はアフリカや東南アジアに拡大して世界大戦の様相を呈します。どちらが勝つにしても両陣営とも疲弊し、漁夫の利を得たドイツが覇権を握ることになりかねません。

これはイギリスにとって最悪の筋書きです。だから日英同盟成立直後から、フランスに対して参戦阻止の裏工作を開始しました。その結果、日露戦争の開戦直後に英仏協商が成立しました。「協商」とは植民地分割に関する合意を意味します。イギリスのエジプト支配、フランスのモロッコ支配を相互承認し、両国は長きにわたる対立を解消したのです。

英仏が参戦を回避した結果、日本は単独でロシアと戦わなければなりませんでした。国力・軍事力の差を考えれば勝算はほとんどありません。それだけに、日本はなんとか戦争を回避しようと、ロシアとギリギリの交渉を重ねます。ロシアが朝鮮半島を支配する事態だけは、絶対に防がなければなりません。

古来、朝鮮半島は、大陸から日本の喉元に突きつけられたナイフでした。このような朝鮮半島の地政学的重要性は、今も昔も変わりません。日清戦争の目的も、朝鮮半島から清国の影響力を排除することでした。ところが清に代わってロシアが、浸透してきたのです。

日本は、「ロシアの満洲支配と、日本の朝鮮支配を相互承認する」という「満韓交換論」をロシアに提示しましたが、一蹴されます。軍事力に絶対の自信を持っているロシアには、日本に譲歩する理由がなかったからです。

座して死を待つよりは、という悲壮な覚悟で一九〇四年二月、日本は開戦に踏み切りました。ところが世界の大方の予想に反して、日本は善戦します。海上ではロシアの太平洋艦隊とバルチック艦隊を撃滅し、日本はシーパワーとしての存在感を世界に示しました。陸上でも世界有数の陸軍大国ロシアを相手に、互角以上の戦いを繰り広げます。これはイギリス世論にも影響し、イギリスの政財界は単なる「捨て駒」と見ていた日本を、対等な同盟国として評価するようになりました。日本の戦時国債はロンドン市場で完売し、英海軍が世界に張り巡らしたネットワークからの情報が、東京に伝えられました。

日本の継戦能力は限界に近づき、ロシアも国内の革命運動の激化に直面したため、アメリカ大統領セオドア・ローズヴェルトの仲介でポーツマス会議が開かれ、一九〇五年九月に日露戦争は終結しました。

日本は、ロシアを朝鮮半島（および遼東半島）から駆逐して、所期の目的を達成することができました。満洲については、その後の日露協約で両国の勢力圏を確定します。

結果的に覇権国家イギリスは、十九世紀前半から続くグレートゲームで、チャレンジャー・ロシアの挑戦をことごとく退け、その地位を守り通したのです。第二次世界大戦後の冷戦期に覇権国アメリカがソ連を封じ込めたのも、グレートゲームと同じ構図でした。

急成長のドイツが英国の覇権に挑戦

十九世紀末、覇権国イギリスへの新たなチャレンジャーがヨーロッパに登場します。「危険な皇帝」ヴィルヘルム二世が率いるドイツ帝国です。ヴィルヘルム二世はビスマルクを更迭して勢力均衡路線を否定し、積極的な膨張政策、いわゆる「世界政策」を採用しました。

ドイツはビスマルク時代からアフリカや太平洋地域で植民地を獲得していましたが、イギリスやフランスに比べると圧倒的に小規模でした。しかしヴィルヘルム二世治下のドイツは軍備を拡張し、植民地獲得競争に乗り出していきます。遅れて植民地分割に割り込んできたドイツは、世界の至る所で軋轢を生み、中東ではイギリスと、アフリカではフランスと、バルカン半島ではロシアとの対立を深めます。

ヴィルヘルム二世がとくに重視したのが、海軍の増強でした。アメリカの地政学者アルフレッド・マハンの思想に傾倒した皇帝は、ドイツをシーパワー大国にするためイギリスに匹敵する海軍力が必要だと確信し、海軍の大増強に乗り出します。それを支えたのが、ドイツの経済力です。統一以降、ドイツは急速に経済成長を遂げ、一九〇〇年代の初めまでにイギリスを抜いて、ヨーロッパ最大の経済大国になっていました。

イギリスはドイツの海軍増強に危機感を抱き、英海軍の優位を維持するため軍艦建造に力を入れ、英独両国の間で激しい建艦競争が展開します。しかし、ドイツの海軍力がイギリスに追いつく前に、一九一四年七月、第一次世界大戦が始まりました。

きっかけは、ボスニアの首都サラエボで、オーストリア・ハンガリー帝国の皇位継承者フランツ・フェルディナント大公夫妻がセルビア人テロリストに暗殺されたことでした。セルビアはロシアの、オーストリアはドイツの同盟国だったことから、この小さな事件が欧州大戦、世界大戦へと発展したのです。

イギリス、フランス、ロシアを中心とする連合国とドイツ、オーストリア・ハンガリーを中心とする同盟国の戦いは、一九一八年十一月まで四年半にわたって続きます。

ドイツは海軍増強が間に合わず、イギリス海軍に制海権を握られ、海上封鎖されます。そこでドイツ海軍はイギリス海軍との海上決戦をあきらめ、「水の下」から海上封鎖を突破しようと考え、大量の潜水艦（Uボート）を建造して警告なしの商船攻撃、いわゆる「無制限潜水艦作戦」へと方針を転換します。この戦時国際法違反の攻撃によって、多くの民間船が撃沈され、ルシタニア号事件ではアメリカ人も多く犠牲になりました。これを受けてアメリカはドイツに宣戦布告して参戦します。

しかし、アメリカの参戦には別の理由がありました。ヨーロッパへの軍需物資の輸出でアメリカ経済は活況を呈し、ニューヨークの金融機関はイギリスなど連合国側の戦時国債を大量に購入していました。万一、ドイツが勝利すれば、それらの国債が紙屑となります。それを恐れたウォール街（国際金融資本）の意向を受け、ウッドロー・ウィルソン大統領は参戦を決意したのです。しかし、「貸した金を回収できなくなると困るから」という理由だけでは、ヨーロッパの戦場にアメリカの若者を送り込むことはできません。そこでウィルソン大統領は、ドイツの非道を国民に訴えて孤立主義の世論を転換させ、参戦したのです。

トーマス・ウッドロー・ウィルソン：第28代大統領

アメリカの参戦によって戦況は連合国側有利

へと傾きます。ウィルソン大統領がドイツに宣戦布告をしたのは一九一七年四月。アメリカ兵がヨーロッパ戦線に到着し、戦闘に参加したのは一九一八年の春以降でした。

もう一つ、戦局に大きな影響を与えたのが、ロシア革命です。一九一七年三月（ロシア暦では二月）に二月革命が起こり、臨時政府が帝政を廃止してニコライ二世は退位しました。さらに十一月（同十月）、十月革命でレーニンが率いるボリシェヴィキ（共産党）が臨時政府を倒して権力を掌握、一九一八年三月にはドイツと休戦して、連合国側から脱落したのです。

ドイツはロシア・フランスとの二正面作戦から解放され、対フランスの西部戦線で反転攻勢に出ます。ところがまさにそのタイミングでアメリカ軍がフランスに到着したのです。ドイツはアメリカ軍の加わった連合国軍に反撃され、敗戦が決定的となりました。

十一月にはキール軍港の水兵暴動に端を発した兵士・労働者の蜂起がドイツ各地で発生し（ドイツ革命）、ヴィルヘルム二世はオランダに亡命、ドイツの臨時政府は休戦協定に調印して、連合国の勝利で大戦は終結しました。

英国から米国へ——平和的な覇権交代劇

覇権国イギリスに対する新興国ドイツのチャレンジは無残な失敗に終わり、ドイツ帝国は崩壊しました。しかし、イギリスももはや世界の覇権国であり続けることはできませんでした。

第一次世界大戦が終わったとき、気がつけばアメリカが覇権を握っていたのです。これは覇権国同士が戦争に発展することなく、平和的に覇権が交代したという、世界史的にも珍しい例です。

英米の覇権交代はどのようにして起こったのでしょうか。

十九世紀、イギリスは綿工業で産業革命を達成し、世界一の貿易黒字国となり、貿易代金として世界中の金（Gold）がロンドンの金融街シティに集まっていました。

この潤沢な金（Gold）を担保としてイングランド銀行が発行する通貨ポンドは、世界でもっとも信用できる通貨となり、世界中で貿易や金融取引に使われる基軸通貨となったのです。ポンドはスエズ運河やインドの鉄道建設など海外投資にもふんだんに使われ、世界の海を支配するイギリス海軍の軍事費を賄っていました。

一方アメリカは、南部の綿花地帯が経済を支える農業国でした。イギリスはその最大の顧客であり、経済的には完全にイギリスに従属していました。この現状に不満を持ったのが、北部の工業地帯の資本家でした。イギリス製品を排除してアメリカの工業を育成したい北部諸州と、イギリスへの従属を続けて甘い汁を吸い続けたい南部諸州との対立です。

一八六〇年の大統領選挙で、六十年ぶりに北部出身のリンカーン大統領が当選。これを認めない南部一一州が合衆国を離脱したことから、南北戦争（一八六一～六五年）が始まります。

南北戦争で南部が勝利していれば、アメリカは農業国として発展し、オーストラリアのような国になっていたでしょう。イギリスはそれを望んだのですが、勝者は北部でした。

南北戦争で北部が勝利したことにより、アメリカは工業国に転換し、イギリスの地位を脅かすようになります。一八七〇年代には経済規模でイギリスを上回り、十九世紀末には主要工業製品の生産高でもイギリスを上回り、「世界の工場」の地位を奪ったのです。

ニューヨークのウォール街には、ロックフェラー商会、モルガン銀行などの巨大金融資本が成長し、金融分野でもロンドンのシティを脅かします。ウィルソン大統領は彼らに通貨発行権を委ね、ＦＲＢ（連邦準備制度理事会）が設立されました。

第一次世界大戦が始まると、戦場から遠く離れていたアメリカは、イギリスを中心とする連合国への軍需物資や食料の一大供給源となり、貿易代金としてロンドンからニューヨークへと金（Gold）が大量に流れ込みます。長期化する膨大な戦費を、イギリスは戦時国債の発行という形で集めましたが、これを大量購入したのがウォール街でした。この結果、イギリスはアメリカに対して純債務国に転落し、大戦後は国債の償還（返済）を金（Gold）で強いられたのです。

戦争が終わったとき、アメリカは世界一の金保有国になっていました。連合国の勝利を決定的なものにした軍事力のみならず、金融の力においても覇権国家の地位に上り詰め、国際政治においても発言力を強めます。大戦末期の一九一八年一月、ウィルソン大統領は「十四カ条の平和原則」の中で国際連盟の設立を提唱します。大戦後の世界をアメリカが主導することを世界に宣言したのです。

こうして覇権国はイギリスからアメリカへとシフトしました。アメリカの支援でかろうじて戦勝国となったイギリスに世界を差配する力はもはやなく、アメリカに禅譲したのです。

第一次世界大戦後、基軸通貨も英ポンドから米ドルに代わっていきました。世界恐慌と第二次世界大戦がこの流れを加速します。この大戦でもアメリカ本土は戦場にならず、工業はフル稼働して再び連合国側を勝利に導きました。一九四四年のブレトンウッズ協定で、アメリカは米ドルを基軸通貨として認めさせました。その裏付けは、ウォール街がため込んだ金（Gold）で、じつに世界全体の金保有量の八〇％に達していました。

その後、ベトナム戦争で財政赤字に転落したアメリカは、一九七一年に金本位制を停止し、ドルと金（Gold）との交換を停止しましたが、アメリカの圧倒的な国力（軍事力＋経済力）に裏付けられた米ドルは、現在でも最強の基軸通貨（流通量の約四割）としての地位を保っています。

このように覇権国になると、自国通貨を基軸通貨として維持できるのです。現在、中国人民銀行（中国の中央銀行）は「デジタル人民元」の準備を進めていますが、これは米ドル基軸通貨体制への明確な挑戦です。しかし、ポンドから米ドル交代のときとは違い、米ドルは今も健在です。「平和的な覇権国家交代」は難しいでしょう。

〝日英タッグ〟に負け戦なし

日本は日英同盟を理由に、連合国側に立って第一次世界大戦に参戦しています。一九一四年九月にはドイツの勢力圏である中国の山東半島に上陸し、十一月までにドイツ東洋艦隊の根拠地である青島(チンタオ)を占領しました。余談ですが、このときのドイツ人捕虜を日本は国際法に従って丁重に扱ったため、そのまま敗戦国ドイツに戻らず日本に永住したドイツ人捕虜も何人かいます。日本にバームクーヘンを広めたユーハイムもその一人でした。ベートーヴェンの第九交響曲の日本初演は、徳島のドイツ人捕虜収容所で行われました。

日本海軍はイギリスの要請に応え、一九一七年にインド洋と地中海に特務艦隊を派遣し、ドイツUボートの攻撃で大きな被害が出ていた連合国側輸送船の護衛任務に当たっています。クレタ島沖で日本駆逐艦「榊(さかき)」がオーストリア・ハンガリー帝国海軍の潜水艦から魚雷攻撃を受けて五九人が戦死したのをはじめ、地中海全域では七八人の日本軍将兵が戦死しました。日本海軍のこうした活動は連合国諸国から高い評価を受け、日本が国際連盟の理事国(四大国の一つ)になることにも貢献しました。

振り返れば、幕末以来イギリスは、日本の安全保障と縁の深い国でした。薩長同盟によって討幕運動が大きく進展し、明治維新がもたらされましたが、その裏ではイギリスが薩長に武器を提供していました。明治の初めには、兵器から組織、教育までイギリスに倣って帝国海軍が創設されます。日英同盟を締結すると、日本はイギリスの尖兵となって日露戦争を戦い、第一次世界大戦では、連合国のためにインド洋・地中海で同盟国と戦い、どちらも戦勝国となりました。

明治・大正期の日本は、イギリスの使い走りをしていた、と見ることもできますが、イギリスと組んだとき、日本が大きな失敗をしなかったのもまた事実です。日本もイギリスも、大陸のオフショア（沖合）に位置する島国です。日本は同じシーパワー国家である英国と、地政学的に相性がよかったのです。

ここでシーパワーとランドパワーの性格を比べてみましょう。

地政学でいう「シーパワー（海洋国家）」「ランドパワー（大陸国家）」とは、地理的条件による分類ですが、国家の性格や国民性にも影響を与えていると私は考えます。

シーパワーは海外との通商ネットワークに依存するため、航行の自由と自由な通商を求め、海軍国を志向します。その典型が古代のアテネやカルタゴ、中世のヴェネツィアやジェノヴァ、近代になるとポルトガルやオランダ、そしてイギリスでした。

反対にランドパワーは農業生産を基盤とし、強力な権力による富の再分配を国家の目的としています。外部に通商ネットワークを求める動機に乏しく、自国の版図（はんと）を死守します。当然、陸軍国となり、敵が攻めてくれば領内に引きずり込み、消耗戦での勝利を志向します。その典型はロシアや中国、そしてドイツです。

両者を比較すると、シーパワーは個々の商人の才覚に依存し、ビジネスや商売からの利益が国家を支えているので、「どうあるべきか」というイデオロギー（観念論）よりも、「どうすれば得をするか」という経験論、経済合理性を優先します。

これに対してランドパワーは国内権力の維持そのものが自己目的化し、「経済の論理」より「政治の論理」、イデオロギーが優先され、個人の自由意志は抑圧され、そのためには経済発展が犠牲になっても厭わないという傾向があります。

近代の歴史を振り返れば、共産主義イデオロギーを採用した国のほとんどがランドパワーであり、シーパワーの国々ではまったく根付かなかったことがわかります。

ただし地理的条件とは関係なく、国内でシーパワー勢力とランドパワー勢力が争った結果、時代によって国家の性格が変わることがあります。ランドパワー国家を、シーパワーに転換しようとして失敗したのがヴィルヘルム二世のドイツでした。逆にシーパワー国家を、ランドパワー国家に転換しようとして国を滅ぼしたのが、昭和初期の日本です。

ランドパワーと組んでシーパワーに挑戦した日本の悪手

島国の日本は、イデオロギーより経済合理性を優先するシーパワーでした。確かに江戸時代は「鎖国」をしていましたが、幕府は経済活動の自由を保障しており、国内市場は活性化し、大坂の米市場ではすでに先物取引が行われ、明治以降の財閥の原型となる大商人が出現していました。大商人から農民に至るまで、日本人は農業生産の効率化や商品経済化に努め、世界情勢を敏感に読み取り、ペリー来航を機に政治体制を自ら変革していち早く近代化に乗り出しました。これは、大陸アジア諸国にはついに見られなかった日本人の特色です。

日本は開国以降、シーパワーを目指します。明治日本にとって最大の脅威となった国が清とロシアであり、日清戦争、日露戦争に快勝したことで、日本は独立を維持できたのです。ところが日露戦争で朝鮮半島と満洲に権益を持ってしまったことが、運命の分かれ道でした。大正・昭和の日本人は、大陸へ、大陸へと進出します。朝鮮を併合して満洲へ、という流れはランドパワー化そのものです。イギリスは決して欧州大陸に深入りしようとしませんでした。日本はアジア大陸に介入した結果、ランドパワー国家に変容してしまったのです。

日露戦争後のポーツマス条約で、日本は旅順・大連を含む遼東半島南端部の租借権、ロシアが敷設した旅順・長春間の南満洲鉄道をロシアから譲渡され、これらを防備するために旅順に司令部を置く関東軍を設置しました。この関東軍が一九三一年に満洲事変を引き起こし、日本を際限なき大陸での戦争へと引きずり込むことになるのです。

シーパワーからランドパワーへの日本の進路変更には、長州閥の陸軍と薩摩閥の海軍の勢力争いが影響しています。維新後の日本に求められる軍事力は、シーパワーとしての海軍力でした。しかし山縣有朋や桂太郎が率いる長州陸軍閥は、日清・日露戦争の勝利で発言力を強め、国家としての方向性を誤りました。

それでも第一次世界大戦までは、日英同盟がしっかり機能していました。日本はシーパワー大国・英国の補完勢力であり、日本のあるべき国家像を見失うことはありませんでした。ところが第一次世界大戦後の一九二一年に開かれたワシントン会議で日英同盟の解消が決定し、一九二三年に失効します。

日英同盟の破棄を主導したのは、意外にもアメリカでした。東アジアへのロシアの南下を阻む軍事同盟として、アメリカも当初は日英同盟を歓迎していました。ところが一九一七年の革命でロシアが退場すると、中国参入を図るアメリカは、イギリスと日本をライバル視するようになったのです。日本が第一次世界大戦で、太平洋上におけるドイツ植民地の島々を占領し、委任統治領として実質的な植民地にしました。これがハワイ・グアム・フィリピンを領有するアメリカにとって脅威となったのです。ドイツとの戦争で日英同盟の有益性を知っていたイギリスも、巨額の対米債務を抱えていたため、日英同盟の解消に応じたのです。

日英同盟の代替案としてアメリカが提示したのが、「日・英・米・仏が、太平洋上の権益の現状維持などを約束する」という毒にも薬にもならない「四カ国条約」でした。対米協調を重視する日本全権の幣原喜重郎はこれを受け入れ、日英同盟の解消が決定したのです。

代表団の一員でのちの駐米大使・埴原正直はこういっています。

「われわれはウイスキーを捨てて、水を受け取った」

これ以後の日本は同盟国不在となり、昭和恐慌の危機を経て、満洲事変から泥沼の日華事変へとつながり、大陸に深入りしたため、中国市場を死守したいアメリカとの関係は、ますます悪化していきました。

欧州ではヒトラー率いるドイツが、第一次世界大戦の雪辱戦に打って出ました。一九三九年九月、ポーランドに侵攻し、翌年六月にはわずか一カ月の電撃戦でパリを落とします。七月からはイギリス上陸作戦の前哨戦として、ロンドンへの無差別空爆を開始しました。

しかし例によってドイツ海軍は弱体であり、イギリスの海軍力に脅かされていたのです。そこでヒトラーは、日本海軍に英領シンガポールを攻撃させ、イギリスに二正面作戦を強いるつもりでした。

ドイツ軍の破竹の勢いは、松岡洋右外相ら日本国内のランドパワー派を鼓舞します。一九四〇年九月、日本は、典型的ランドパワー国家のドイツと同盟しました（日独伊三国同盟）。翌一九四一年十二月、日本は米英と開戦し、ヨーロッパでもアメリカは第二次世界大戦に参戦します。世界最大の工業国を敵にした結果、日・独は共倒れとなりました。

昭和の日本はランドパワーのドイツと同盟して、シーパワーの米英に挑戦し、敗れたのです。本来シーパワーを目指すべき日本がランドパワー化したことが、そもそもの失敗でした。地理的条件に逆らった日本は、「地政学に復讐」（ロバート・D・カプラン）されたのです。

第二次世界大戦でチャレンジャーの日・独を粉砕した覇権国家アメリカは、続く冷戦でもチャレンジャーのソ連を崩壊に導き（一九九一年）、その覇権に挑戦する国はもはやなくなったかに見えました。しかし、新たなチャレンジャーの中国が、ひそかに爪を研いでいたのです。アメリカ型市場経済を拒絶したソ連・東欧の社会主義体制の崩壊、アメリカ型市場経済を導入した結果、中国国内で起こった動乱（天安門事件）、湾岸戦争で見せたアメリカの圧倒的な軍事力――これらに危機感を抱いた鄧小平は、一九九〇年代の初めに、「韜光養晦」（爪を隠し、目立たないようにして力を蓄えよ、という考え方）を対外政策の基本方針とし、国際社会との協調路線を前面に打ち出しました。以後、中国の歴代指導部はこの路線を守って米中対立を避け、一党独裁体制を維持しつつも外国資本を受け入れて、経済を飛躍的に発展させてきました。

　ところが二十一世紀初頭、中国が日本を追い抜いて「世界第二の経済大国」になった途端、習近平は牙をあらわにして、「中華民族の偉大な復興」のスローガンを打ち上げ、米国に覇権の引き渡しを迫ったのです。これに対するトランプ政権の回答が、本書第1章の「ペンス演説」でした。アメリカはチャレンジャーを許しません。こうして今、米中衝突の危険性が高まっているのです。

第3章 中国思想編

ランドパワー大国の国民性

二十一世紀に入ってからの中国の経済的発展は目覚ましく、共産党政権の公式発表を信じるならば、二〇一〇年にアメリカに次ぐ世界第二位のGDPを達成、これまで長くその地位にあった日本は後塵を拝することとなりました。中国政府は人民の海外渡航を自由化した結果、世界中の主要都市や観光地では騒がしい中国語が飛び交うようになりました。手近な外国として日本にも殺到し、祖国での反日教育はどこへやら、日本観光や「爆買い」で日本経済を潤すことになったのです。

海の向こうの漠然とした中国人が「隣の中国人」になった結果、日中間のカルチャー・ギャップ、文化摩擦が明確になってきたと思います。

一般的な日本人が、一般的な中国人に対して抱くイメージは、

「自己主張が強烈」「声がでかい」「白黒をはっきりしたがる」「損得勘定で動く」「社会的ルールを気にしない」「打たれ強い」「家族を大事にする」「情が深い」……

等々だと思います。

これらはいずれも中国の歴史的、地政学的条件から形成された国民性なのです。

たとえば「損得勘定」と「情の深さ」は相矛盾するように見えますが、同時に存在し得るのです。ある国家の意思決定の背景には必ずその国の国民性があります。本章では、中国人の国民性がいかに形成されたのか、それをベースとした中国の思想とはいったいどういうものなのかについて、考察していこうと思います。

なぜ春秋戦国時代に諸子百家が現れたのか

ある国の行動パターンを予想するには、その国民の多くに共通して見られる思考様式や行動様式、価値観などの特性――国民性を知るのが近道です。アメリカ人の強い正義感、ロシア人の忍耐強さ、アラブ人の計算高さから、アメリカ、ロシア、アラブ諸国の行動様式を予測することができるのです。アメリカという国家を動かすには「大義」が必要ですし、ロシアとの交渉には長い忍耐が、アラブ諸国との交渉では彼らに利益を与えることがポイントなのです。本章では、中国人の国民性から中国という国家の行動パターンを読み解いていきましょう。

初めに、「思想」と「国民性」との関係についてですが、私は思想家や哲学者が打ち立てた思想が民衆に浸透していって、それが国民性になったとは考えません。そうではなく、もともと民衆レベルでの「国民性」があり、それを知識人が抽象化、言語化したものが「思想」だと考えています。

たとえば、孫子が「兵は詭道なり」（戦争とは騙し合いである）と説いたから、中国人がそう考えるようになったのではなく、もともと「騙し、騙され」は当たり前だという国民性があり、それを孫子が思想として洗練させたと考えるほうが合理的だと思います。

そもそもそういう中国人の国民性がどうして生まれたのか、という歴史的な背景をまず理解することが大事なのです。

ギリシア哲学、仏教哲学、中国古代哲学――人類の偉大な思想はすべて、紀元前五世紀前後に出そろいました。この頃の中国は春秋戦国時代（前七七〇～前二二一年）です。したがって、中国人の国民性もこの春秋戦国時代までには生まれていたと考えられます。

春秋戦国時代とは、周王朝の事実上の崩壊から始皇帝の統一までの約五百五十年で、まさに血で血を洗う戦乱の時代でした。地縁血縁で結ばれた地域社会が崩壊し、実力万能主義がはびこっていた当時の社会状況を一言でいえば、「カオス」です。その春秋戦国時代に、諸子百家といわれるさまざまな思想家や学派が生まれているのです。

日本にも戦国時代はありましたが、応仁の乱の始まりから豊臣秀吉の全国統一（一四六七～一五九〇年）までのたった約百二十年です。この間に特筆すべき思想は生まれていません。日本の戦国時代は短すぎ、たとえば武田信玄は孫子の兵法を借りてくれれば事足りました。もし日本でも応仁の乱から明治維新まで約五百年間の戦乱が続いていれば（江戸時代の平和がなかったとすれば）、日本独自のリアルな思想が生まれていたかもしれません。

春秋戦国時代の中国では、従うべき指針もない中で、何百年も血で血を洗う殺し合いがいつ果てるともなく続きました。人々は何とかしたいと思ったでしょう。「戦争とは騙し合いだ」という考え方が広まっても不思議ではありません。カオスの中からさまざまな思考様式や行動原理、国民性が形作られ、それが諸子百家の思想へと昇華していったのです。

古き良き中国――血縁ネットワークだった封建制度

中国人の国民性として、「家族中心主義」「一族中心主義」がよくいわれます。親子の情愛の深さは日本人の比ではなく、家族を超えた一族の結束も日本人の想像を超えています。私は中国人留学生の世話をしたことがありますが、彼のために一族でお金を融通し合って日本へ送り出し、彼が成功すれば、一族でその成果を分かち合おうとします（彼自身は、親戚がめんどうくさいという本音を吐露していましたが……）。

他方で、この縁故主義がマイナスに働くと、官僚の汚職を生み出します。中国社会の病弊ともいうべき汚職がなぜ蔓延するのか？　それは、公僕であるべき官僚たちが、公益よりも身内の利益を優先するからです。ここにも家族中心主義や一族中心主義があるのです。

この「家族主義」は、春秋戦国時代の前の周王朝の時代から存在する社会の仕組みに起源があります。その仕組みというのが、中国社会を読み解くキーワード、「宗族（そうぞく）」です。「宗」とは祖先のこと。宗族とは同じ祖先、同じ姓を持つ父系の同族集団です。宗族は基本、周りを壁で囲った集落に住んでいて、同じ先祖を祀り、いざというときには一緒に戦います。この集落を邑(ゆう)といいます。中国の祖先崇拝の文化の起源もこの宗族にあります。

「宗族」は、日本古代史に出てくる「氏(うじ)」――藤原氏とか、源氏とか――とよく似ていますが、中世以降の「家(いえ)」――武田家とか三井家とか――とはまったく違います。日本の「家」は血縁関係がなくても継承できるので、戦国大名から商家に至るまで養子縁組が盛んに行われてきました。しかし「宗族」は、男系の子孫にのみ継承され、養子制度はありません。女子は嫁に出すので、男子が生まれなければ「断絶」となるのです。

中国共産党政権は人口爆発を制御するために「ひとりっ子政策」を強制してきましたが、これでは女子が生まれると一家断絶になってしまいます。近年、胎児の性別判断が可能になると、女児は堕胎して男子を産むということが続けられた結果、若年層の男女比が六(男)：五(女)というういびつな構造になってしまいました。

中国人女性は結婚しても姓を変えません。これを「中国は夫婦別姓で進歩的だ」と勘違いしている方が少なからずいらっしゃるので、これも説明しておきます。

古代以来、中国社会では「同姓不婚」を原則とします。「同じ姓を持つ一族内での結婚禁止」という習慣です。どの民族でも近親相姦を禁止していますが、日本や欧米ではいとこ婚までは容認されています。しかし「同姓不婚」は、たとえ何親等離れていても、同姓間では結婚できないのです。

年頃の女性は生まれた宗族を出て、他の宗族に嫁ぎます。「嫁入り」という形で女性を交換し、敵対する宗族とのネットワークを結んでいく仕組みです。たとえばAという宗族の女性が、敵対するBという宗族に嫁に行くということは、将来、宗族Aと宗族Bが衝突したときには、女性は人質になるということです。こうやって互いに人質を取ることによって、宗族同士の安全を保障する仕組み——これが宗族社会です。

確認しうる最古の王朝である殷については、史料がほとんど残っていないので、その社会構造は謎のままです。この殷を倒した周王朝では、宗族の存在が確認できます。

周を建てた武王（本名は姫発）は、自分の弟や息子などの一族、あるいは功臣に封土——一定の領地を与えて諸侯に任命し、その地を統治させました。領地の境界には土盛りをして目印とし、これを「封」と呼びました。「封を建てる」から「封建制度」というわけです。このような主従関係は日本にも欧州にもイスラム世界にもあり、主君が臣下に領土を与え、軍役を課すことは共通しています。しかし、君主と諸侯が血縁関係で結ばれているのが古代中国の特徴なのです。信長と秀吉は君臣関係ですが、血縁関係ではありません。つまり周の封建制度は、宗族の存在を前提条件としていたのです。

諸侯は与えられた土地に宗族ぐるみで移り、城郭都市（邑）を建設します。諸侯はもともと周王（「姫」氏）の親族ですから、王家と同じ「姫」という姓を持ち、強い血縁ネットワークで結ばれています。それまで殷に仕えていた敵対宗族に対しては、結婚によってこれを懐柔します。つまり、周の王族である「姫」姓の女性を妻に迎えさせることで、血縁ネットワークを結んでいったのです。余談ですが、「お妃様」のことを「姫」と書くのは、このときの名残なのです。このような宗族の血縁ネットワークによって、周の封建制度は成り立っていました。

しかし、世代を経るにしたがい、血縁は薄れていきます。たとえば周王が自分の弟を諸侯にすれば、二人の関係は「兄弟」です。王に何事かあれば、弟は急いで助けに来るでしょう。

二人が死んで次の世代になると、王と諸侯の関係は「いとこ」になります。三代目になると祖父同士が兄弟で、王と諸侯の関係は「はとこ」になります。さらに四代目、五代目、六代目……と世代を重ねるごとに血縁は希薄になり、限りなく他人に近づいていきます。これは周の封建制度が抱えていた根本的な問題です。

では、「嫁の交換」によって血縁を回復できるかといえば、王と諸侯は同姓なので結婚はできないというジレンマが生じます。こうして封建制度は解体していき、紀元前七七〇年には、内紛と異民族の侵入によって周王朝は崩壊します。皇子の一人が東に逃れて亡命政権（東周）を維持し、その周王の権威だけは維持されていたので、各諸侯は周王の名代として天下を治める「覇者」となることを目指して戦いを繰り広げ、五人の有力諸侯が政権を担いました。この時代の歴史を記した歴史書『春秋』の名から、「春秋時代」と呼ばれます。

この間、鉄製農具の普及による開墾が進んだ結果、経済的合理主義、弱肉強食を肯定するような「下剋上」の思想が生まれ、全土に割拠する諸侯は領土の拡大を図り、隣接する他の諸侯と衝突します。もはや宗族間の助け合いは見られなくなり、祖先の祭祀は忘れ去られ、私利私欲のために親が子を売り、子が親を捨てる時代になったのです。

紀元前四〇〇年頃には周王の権威は完全に失われ、諸侯たちは自らを「王」と称し、他国の征服と自国の存続を賭けて、絶え間なく闘争を繰り広げる戦国時代に突入しました。

その後の二千年に及ぶ歴史の中で、王朝の安定期には宗族が復活し、王朝交代など激動の時代には宗族が崩壊する、というサイクルが見られました。宗族は、国家権力にとっては統治の末端機構として利用価値があり、同時に反政府勢力の基盤ともなりうる厄介な存在でした。

宗族を「封建制の遺物」と考え、徹底的に潰そうとしたのが毛沢東でした。「党」や「国家」よりも「一族」を重視する宗族を社会主義建設の障害と考え、一九五〇年代に「大躍進運動」の一環として農業の集団化を進め、農民を人民公社に組織することで、宗族を破壊しようとしたのです。

しかし、この試みは失敗に終わりました。誰も「公社」のために懸命に働こうとはせず、生産性は低下の一途をたどります。しかも二十年後に人民公社を牛耳っていたのは、かつての宗族だったのです。大躍進運動でも文化大革命でも、宗族を解体することはできませんでした。「改革開放」に転じた鄧小平は人民公社を解体し、農地と労働力を家族に戻したのです。これだけで農業の生産性は飛躍的に向上しました。進学でも就職でもコネ――中国語で「グアンシ

（関係）」がはびこり、今や共産党そのものが、党官僚の宗族によって支えられています。習近平もその一人ですが、「太子党」と呼ばれる世襲政治家が権力を握るようになったのです。

共産党による弾圧にめげず、逆に共産党すらも食い物にしてしまった「宗族」の恐るべき生命力――これを知らずに中国を分析することはできません。

儒家の思想――孔子から孟子、荀子へ

春秋戦国時代には、あらゆる秩序が崩壊し、諸国を回って王たちに国家再建の策を提案する政策アドバイザーの集団――諸子百家が登場しました。「子」は教師、「家」はグループのことで、「たくさんの教師たち、たくさんの政策グループ」という意味です。

諸子百家でもっとも有名なのが孔子（前五五一年頃～前四七九年）でしょう。山東半島の魯の人です。本名は「孔丘」。「孔子」とは、「孔先生」という意味です。

魯は、殷を滅ぼした周の武王の弟である周公旦が開いた国です。小国ながら周王にもっとも血縁の近い諸侯として、権威を保っていました。しかし、孔子が生きた春秋時代の末期には衰え、隣の大国・斉に脅かされていました。また、国内では分家に当たる三人の有力者が魯公をしのぐ権力を振るって国政は大いに乱れました。孔子は下級官僚として仕官しクーデターに巻き込まれて祖国を追われ、弟子を連れて各国を放浪しながら就職活動を続けました。

■戦国時代の中国

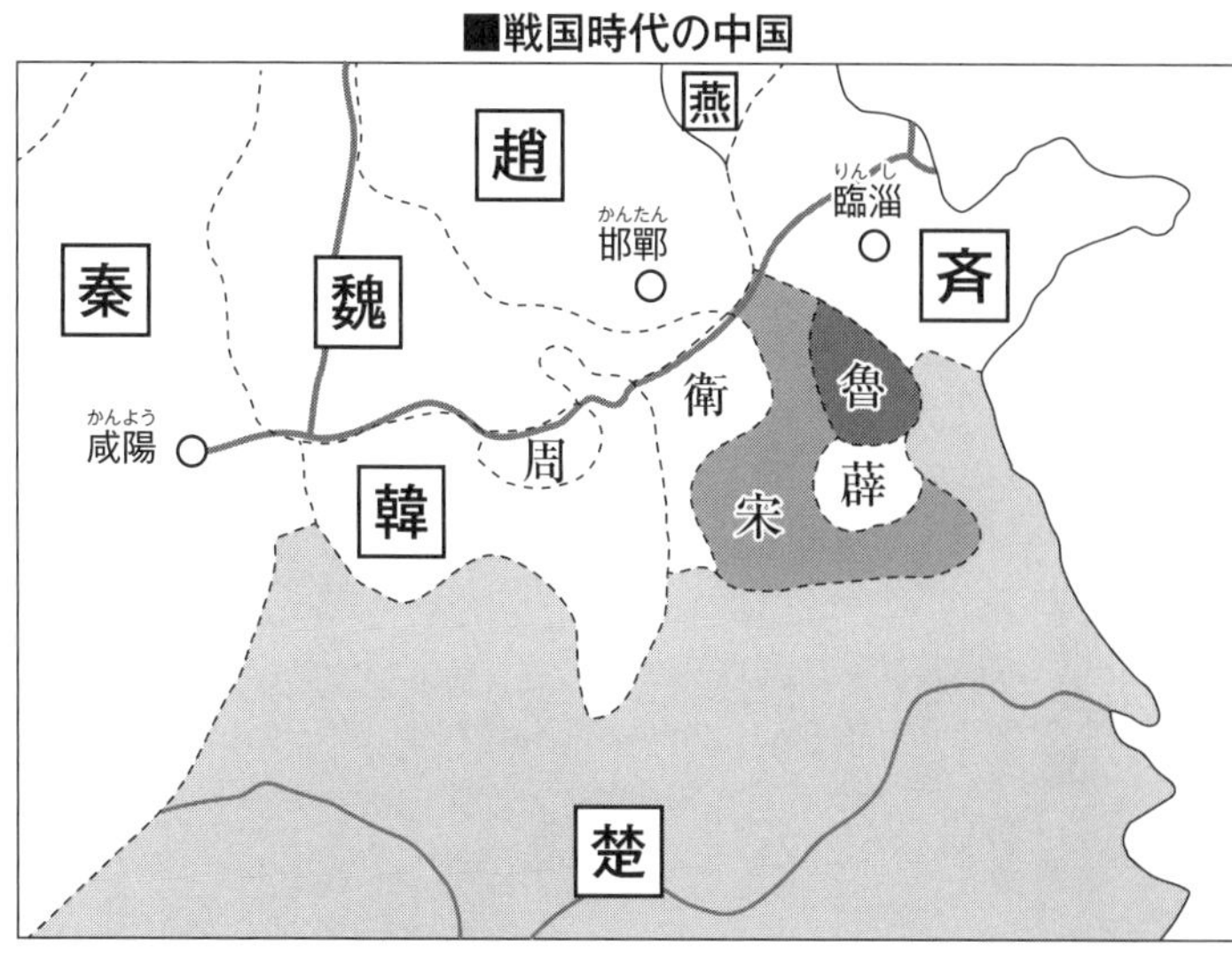

この間、各国に残されていた周の時代の痕跡を確かめた孔子は、周を開いた文王、殷を滅ぼした武王、魯を開いた周公旦による治世を理想の時代と考え、とくに周の諸制度（礼制）を整えた周公旦を理想の聖人として崇め、夢に見るほど憧れていました。

孔子は、「周が素晴らしかったのは、王も諸侯も血縁で結ばれていたからだ」と考えました。しかし封建制度が崩壊したために、今や強い者が弱い者を倒し、臣下が主君に取って代わる下剋上の世の中になってしまった。だから、親は子を愛し、子は親に従う家族愛（「仁」）を国家に当てはめて、父である王が子である人民を慈しみ、子である人民が父である王を敬うべきだと説いたのです。また、周の儀礼を復活させれば、国は自ずと治まると考えました。要するに孔子は、数百年前に存在したらしい周王朝を理想とする「家族的国家観」によって秩序を回復できると考えたわけです。

しかし彼の提言を採用する君主はついに現れず、すでに老境を迎えていた孔子は失意のうちに魯に戻り、門人の育成に専念したあと、多くの門人に囲まれて七十二年の波瀾の生涯を閉じました。

孔子は自らの思想を書き残していません。孔子の死後、師の言葉を弟子たちが聞き書きしたものを集めて一冊の書物にしました。これが『論語』です。弟子たちが書き留めたメモにすぎない『論語』には、「先生はこういわれた」「先生はこう行動された」という断片的な記録があるだけです。ここから、孔子の体系的な思想を汲み取るのは困難です。孔子の教えを奉じる一派は「儒家」と呼ばれますが、弟子たちが孔子の教えをいかようにも「解釈」できるということです。

戦国時代、儒家の中でもその「解釈」が際立って巧みな人物が二人いました。孟子(もうし)と荀子(じゅんし)です。ユニークなのは、ともに儒家として孔子の教えを受け継ぎながら、二人が唱えたのが、真逆の解釈だったことです。

孟子の性善説と荀子の性悪説

孟子〈前三七二年頃～前二八九年〉は、「孔先生は周代のように王のファミリーが国を治めるべきだといわれた。しかし今や諸侯は血縁を無視して、自分の利益のために人を殺し、他国を攻めている。そのような暴君が天下を治めてはいけない。徳の高い人間（有徳者）が治めるべきだ」といいます。

それでは、有徳者かどうかは、誰が決めるのか。

孟子は「天が決める」といいます。

有徳者が出現すると、「お前が天下を治めろ」と天が命令する。これを「天命が下る」といいます。そして、天命を受けた有徳者は、人々を苦しめる暴君を倒してもよい。このような「合法的な政権交代」を孟子は「易姓革命」と名付けました。「天命が革（あらたま）り、王朝交代によって君主の姓が易（か）わる」という意味です。

たとえば、殷の紂（ちゅう）王は暴君だったので、天命を受けた周の武王が立ち上がって紂王を倒したのは正しかった、となります。よって、殷から周への王朝の交代を「殷周革命」と呼びます。ですから孟子以来、中国語で「革命」とは「王朝交代」を意味するのです。

しかしもともと殷は周の主君であり、周の君主は殷の王に臣従していました。したがって、「殷周革命は反逆ではないか」という解釈も当然あり得ます。しかし、孟子にいわせれば、武王に天命が下ったのだから、反逆には当たらない、となるのです。毛沢東時代、文化大革命で叫ばれたスローガンを借りるなら、「造反有理（ぞうはんゆうり）、革命無罪」（反抗するには理由がある、革命は無罪だ）ということです。

しかし、天はしゃべりません。どうして、ある人物に天命が下ったとわかるのでしょうか。孟子は、「民の声が天の声だ」といいます。紂王を倒すために武王が立ち上がったとき、人々が集まって武王に味方しました。これが天の声というわけです。もし人々が集まらなかったら、天が武王を認めていなかったということです。

つまり、人民は天の代弁者である。人民は善であり、つねに正しい判断ができる――これが孟子の「性善説」です。人民は徳の高い人を選ぶ判断能力がある。だから、人民に選ばれた武王は、天に選ばれた有徳者だ、ということになるのです。

すると、一つ疑問が生じます。もし狡猾な人間が人々を煽動し、人民を大動員して王朝を倒したとすると、これも「有徳者に天命が下った」といえるのでしょうか。実際、そんなことを認めたら、謀反人が全部、有徳者になってしまうではないか、とツッコミを入れた人物がいました。それが荀子（前二九八年頃～前二三五年頃）です。

孟子の天命説を認めてしまえば、「革命無罪」でクーデターが頻発し、民の安寧は失われます。では、孟子の思想のどこが間違っていたのか。荀子は、「人民が善という前提条件が間違っている」と考えたのです。

そもそも人民は秩序を求めてなどいない、人間の本性は悪であり、限りない欲望である、と荀子は考えます（性悪説）。そんな人民を放置し、その声に耳を傾けていては、乱世は永久に収まりません。だから天に代わって有徳者たる王が人民に秩序を与えるべきだ、といいます。

■孟子の性善説 vs 荀子の性悪説

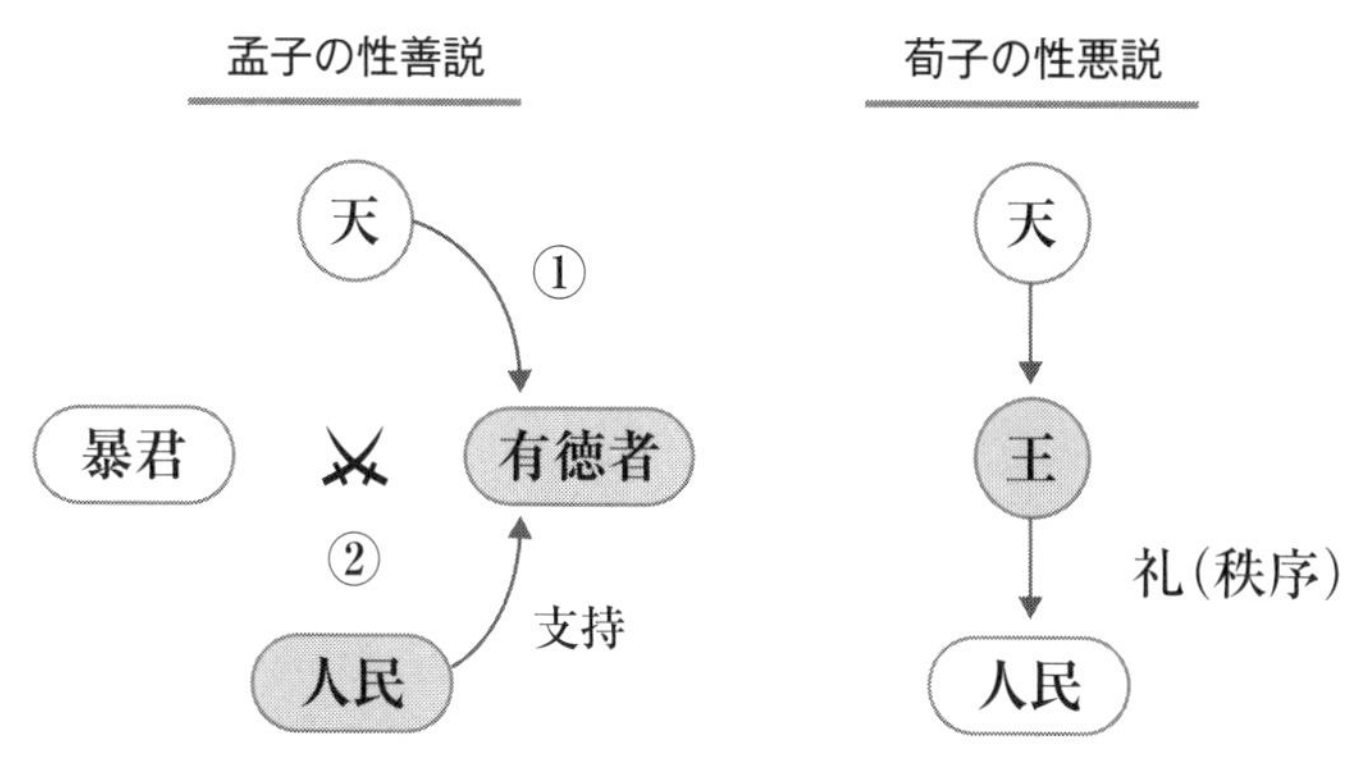

①天命が下り
②王朝が交代
} 易姓（えきせい）革命

この秩序こそ、周公旦が定めた「礼」であり、本来、野獣のようなものである人間の本性を「礼」によって矯正し、文明化しなければならない、というのです。

性善説vs性悪説。これは、あらゆる思想において見られる対立構造です。

たとえば教育において、「子供たちに何も強制せず、のびのびと個性を発揮させるべきだ。だから学校の授業時間を減らし、カリキュラムを削減し、課題を減らすべきだ」と。このような教育における性善説を文部科学省が採用し、実行したのが「ゆとり教育」でした。

これに対し、「とくに初等教育においては、ある程度の強制的な訓練が必要である。〝読み・書き・そろばん〟の訓練をせずに創意工夫だけやらせても、そこからは何も生まれない」と。これが教育における性悪説といえるでしょう。

週休二日制にした「ゆとり教育」の結果、国際比較で日本の子供たちの平均学力の低下が見られました。文部科学省は「ゆとり教育」の行きすぎをようやく認め、元のカリキュラムに戻しました。「性善説」から「性悪説」へと再び舵を切ったわけですが、実験台にされた子供たちは、たまったものではありません。

この考え方は安保政策にも当てはまります。たとえば、「世界の国々は皆、平和を望んでいる。もう軍事力なんか必要ない。日本が軍事力を放棄すれば周辺諸国と和解でき、恒久的な平和が実現される。だから平和を求める諸国民の公正と信義に日本の安全をゆだね、これと矛盾する自衛隊は廃止、日米同盟は破棄すべきだ」という考えです。このような安保政策における性善説が結実したのが、日本国憲法前文と第九条です。

これに対し、「世界の国々はみな強欲であり、勢力拡大を狙っている。弱さを見せればつけ込まれ、離島は奪われ、国民の安全が脅かされる。平和とは、軍事力が均衡するとき、初めて実現する。周辺諸国の軍備増強が止まらない以上、日本は自衛隊と日米同盟を維持すべきであり、現実から乖離した日本国憲法をむしろ改正すべきだ」という考え。このような外交安保政策における性悪説を追求するのが地政学であり、リアルポリティクスなのです。

話を戻しましょう。

荀子の性悪説に基づく礼治主義の弱点は、そもそも礼を定める有徳者を誰が選ぶのか、有徳者がじつは暴君だったらどうするのか、そういったことが曖昧にされているところです。

古代ギリシアのプラトンにも、同様の弱点があります。師のソクラテスが民主制下のアテネで民衆裁判にかけられ、不当な判決で殺された結果、プラトンは民衆を愚劣なものと見なし、衆愚政治に堕した民主政治を批判しています。プラトンが理想の政治形態と考えたのは、エリート（哲人王）が民衆を率いる哲人政治です。エリートの育成機関として、アカデメイアも創設しています。しかし民主主義を否定した以上、誰が哲人王を選ぶのか、プラトンは説明できていません。実際、晩年のプラトンはシチリアの独裁者のもとに身を寄せ、政策アドバイザーみたいなことをやっていました。つまりプラトンは、独裁政治を容認したのです。

民衆の愚かさ（性悪説）を前提として政治を考える点で、プラトンと荀子は似ています。そのような愚劣な民衆を統治する理想的な指導者を想定しながら、それを誰が選ぶのか答えられていない点でも、両者は共通しているのです。

墨家の思想――平和主義とは似て非なる墨子の「非攻」

混乱の続く春秋戦国時代にどうやって秩序を回復するか、人々の生活を守るかを考え、政策アドバイザーの役割を果たしたのが、諸子百家の思想家です。その時代、各国の君主が求めたのは、「富国強兵」に役立つリアルな思想・政策でした。

したがって、仁や徳で国を治め、周の礼を復活させれば理想的な社会になる、と説く理想主

墨子

義者・孔子の思想は、まったく相手にされませんでした。儒家は当時、マイナーな派閥だったのです。これに対し、各国の君主が求めるリアルな思想を説いたのが、孔子のすぐあとに登場し、墨家の祖となった墨子です。

墨子（前四七〇年頃〜前三九〇年頃）とはどのような人物だったのか。世界史や倫理の教科書では、「戦争反対を説いた平和主義の思想家」で終わってしまいます。教科書を執筆している大学の先生が理想主義者ばかりだからこうなるのですが、墨子はものすごいリアリストなのです。墨子ほど日本で誤解されている諸子百家の思想家はいないでしょう。

墨子とは「墨先生」ということですが、「墨」という苗字は奇妙です。「墨」には「入れ墨」という意味があり、入れ墨は刑罰の一つだったことから、墨子は入れ墨を施された犯罪者だったという説、南方の異民族に入れ墨の風習があったことから、出自は辺境の異民族だったという説もあります。いずれにせよ、墨子は出自不明の謎の人物であり、そこから「先生」と呼ばれる存在にのし上がった人物なのです。孔子と同じ魯の国で生き、孔子学派（儒家）の論敵として登場しました。

孔子の家柄は没落した下級貴族の大夫でした。その孔子の思想を墨子は、一刀両断に切り捨てます。

墨子はまず、孔子が称賛する周の封建制度を批判します。王の子は王、貴族の子は貴族、庶民の子は庶民、奴隷の子は奴隷と、個人の能力に関係なく、家柄や血統で身分が決まるのが、封建制度です。墨子はこれを否定し、個人主義、能力主義を主張しました。下層階級から成り上がったといわれる墨子の経歴が、こうした主張の背景にあるのかもしれません。

また、孔子が最高の徳とする「仁」を、自分の家族や一族のみを愛する「別愛（差別愛）」であるとして退け、万人を無差別、公平に愛する「兼愛」を主張しました。父親であろうが、道端のホームレスであろうが、王であろうが、同じ人間ではないか、という思想です。根源的に平等である人間が、個人として利益を求めるのは認めるし、商売や学問で切磋琢磨し、競い合うことをよしとします。しかし、武力を使って争う戦争は否定します。

これが、墨子学説のもっとも重要な部分である「非攻」です。そのため現在の日本では、墨子は平和主義の思想家と誤解されているのです。

なぜ戦争はいけないのか。人を一人殺せば罪になる。一〇人殺せば一〇倍の罪になる。ところが千人、万人殺した者は罪人ではなく、英雄と呼ばれ、王と呼ばれる。これは間違っている。一人殺すのが罪なら千人、万人殺すのは千倍、万倍の罪である。ゆえに戦争は罪だ、というのが墨子の論法です。だから攻めてはいけない。これが「非攻」です。

ここで終わるなら、墨子はただの平和主義者ということになりますが、話はそれほど単純ではありません。墨子は、「攻めるな、だが守れ」と主張したのです。しかも彼は、言葉だけの口舌の徒ではありませんでした。彼の教団（墨家）は、優秀な傭兵集団だったのです。

墨家が面白いのは、侵略戦争を非難しながら、自分たちは戦争のプロであり、新兵器を開発し、戦法を研究し、困っている国があれば助けに行く傭兵集団だったという事実なのです。

戦争のプロ・墨子のリアリズム

墨子の思想をまとめた『墨子』の「公輸（こうしゅ）篇」には、戦争のプロとして、彼がどのような活動をしていたのかを物語る、痛快なエピソードが出てきます。

南方の大国・楚は、戦術家の公輸盤（こうしゅはん）が発明した攻城兵器・雲梯（うんてい）を使って小国の宋を攻めようとしました。中国の都市は高い城壁で囲まれていますが、ここをよじ登るための新兵器です。宋から援軍を求められた墨子は、さっそく弟子の傭兵隊三〇〇人を宋に派遣するとともに、自身はたった一人で楚に乗り込みました。

墨子は公輸盤に面会し、大国の楚が小国の宋を攻めることの非を諄々（じゅんじゅん）と説きます。しかし公輸盤は、「すでに楚王が決定したことであり、作戦準備も整っているので、侵攻を中止することはできない」と、説得に応じません。

■攻城マシーンの「雲梯」

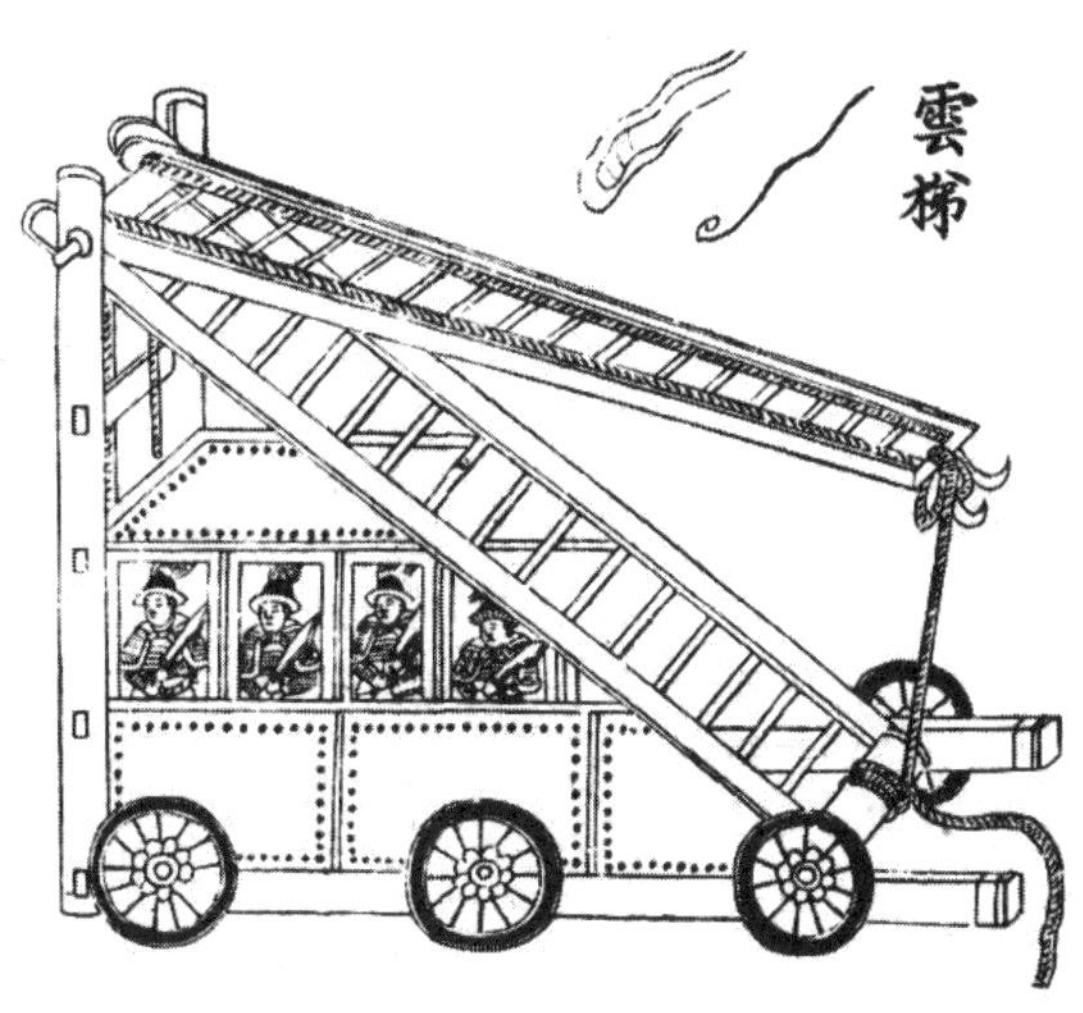

そこで墨子は楚王に面会を求め、宋への攻撃をやめるよう説得します。王は墨子の諫言に理解を示しながらも、「公輸盤は余のために雲梯をつくってまで、宋を攻め取るといっているのだから」と、攻撃を中止しようとしません。

すると墨子は帯を解いて床に四角の囲いをつくり、これを宋の城壁に見立てます。そして、部隊に見立てた木札を使って、公輸盤にこの城を攻めるようといいます。公輸盤と墨子は、楚王の前で宋城攻防戦のシミュレーションを行うことになったのです。今でいう図上演習です。

結果は、公輸盤が九度、城を攻めますが、墨子はことごとく攻撃を跳ね返しました。公輸盤の木札（攻撃部隊）は尽きましたが、墨子の手元にはまだ木札（防御部隊）が残っていました。万策尽きた公輸盤は、最後に捨て台詞を吐きます。「確かにここまでは負けたが、私にはあなたに勝つ秘策がある。それについてはここでいわないほうがいいだろう」と。

すると墨子が返します。「私はあなたの秘策を知っている。それはこの場で私を殺すことだ。私が死ねば、私の考えた防御作戦も失われ、あなた方は勝てると思っているのだろう。しかし、それは甘い。すでに私の弟子三〇〇人が私の考案した防御兵器を携えて宋に赴き、あなた方の攻撃を待ち構えている。ここで私を殺しても、宋を攻め落とすことはできないだろう」と。

それを聞いた楚王は、決断します。「よくわかった。作戦は中止する」。

墨子は弁舌によって侵略戦争を防ぎ、小国・宋を守ったのです。

「非攻」とは、戦争を放棄することではありません。こちらからは攻め込まないが、攻められれば徹底的に戦う。それが「非攻」の本当の意味です。もし初めから戦争というオプションを放棄していたらどうなるか。外国軍隊に蹂躙（じゅうりん）され、家は焼かれ、財産は奪われ、民は奴隷にされます。墨子はそのような現実を実際に何度も見てきたのでしょう。そうならないためには、戦うしかない。「専守防衛に徹して、断固戦え」。それが墨子の教えです。

ちなみに、この墨子の故事から生まれたのが、「墨守（ぼくしゅ）」という言葉です。今では「前例や古い習慣などを意固地に守る」というネガティブな意味合いで使われることが多いのですが、本来「墨守」とは「墨子が宋を守ったように、固く守り抜くこと」です。必ずしも否定的な意味を持つ言葉ではありません。

『墨子』の「号令篇」には、墨子の人物像がよくわかる記述があります。この篇では、城が敵に囲まれたときにどうやって守るかを論じています。ここでいう城とは、城壁に囲まれた当時の都市のことです。そこに住む一般の住民をどうやって守城戦に動員するかがテーマです。

墨子が強調するのは、「敵に内通する者に気をつけろ」ということでした。攻城戦においては、敵は攻め込む前に必ず内通者をつくります。城内の情報を得たり、城門を内側から開けさせたりするためです。防御側にとって一番恐ろしいのが、この内通者の存在です。ですから徹底してこれを取り締まります。

もし内通者が明らかになれば、当人はもちろんその一族すべてを死罪にせよ、と墨子はいいます。そして内通者の遺体を城壁の外に吊るし、内通者を利用する企てが失敗したことを敵に見せつけろ、というのです。

これが墨子のリアリズムです。血で血を洗う戦乱の時代に、国を守るとは、こういうことなのです。

この墨家が戦国時代にどういう活動をしていたかを理解するうえで非常に参考になるのが、墨家の傭兵の苦悩と活躍を描いた酒見賢一の歴史小説『墨攻（ぼっこう）』（新潮文庫）であり、のちに漫画化され（『墨攻』森秀樹作画、久保田千太郎脚本、小学館文庫）、さらには映画化もされています（『墨攻』ジェイコブ・チャン監督、アンディ・ラウ主演、二〇〇六年）。

とくに漫画版と映画版は、日本人には馴染みの薄い中国戦国時代の都市国家の構造や攻城戦の様子を映像として知ることができるので、お勧めします。

墨家は、戦国時代には法家と並ぶ一大勢力となって隆盛しますが、秦の天下統一前後に忽然と姿を消します。指導者の命令に絶対服従の戦闘集団だったため、いずれかの戦いで玉砕したという説や、秦の始皇帝に疎まれて消されたという説などがありますが、墨家消滅の真相はわかっていません。

法家の思想——儒家の荀子から韓非子へ

儒家の荀子は、人間の本性は悪だから、有徳者たる王が礼によってこれを矯正し、社会に秩序をもたらすべきだと主張しました。しかし、本性が悪だったら、礼を教えても人民は従わないだろう、という人が出てきます。これが法家の思想家たちです。

人民に対して君主が強制力を持たなければ、国家は成り立たない、君主たるもの天に代わって悪である人民を、法と賞罰で治めるべきである、というのが法家の考え方です。

法家の代表的な思想家が韓非子（?〜前二三三年）です。司馬遷の『史記』によれば、韓非子は荀子の門下生であり、のちに秦の始皇帝に仕えた李斯とは同門でした。韓非子は韓の王族でしたが、子供の頃から吃音がひどかったために政治の道へは進まず、学問に没頭した結果、法家を代表する思想家となったのです。

韓非子が生まれた韓は、戦国末期まで生き残った「戦国七雄」の一つですが、七カ国の中では最弱で、しかももっとも強大な秦の隣国でした。秦をそのような強国にしたのが、法家の政治家・商鞅（?～前三三八年）でした。秦に仕えた商鞅は、法治主義に基づく改革を断行して富国強兵を実現したのです。

紀元前二三〇年、韓は六カ国の中で最初に秦に滅ぼされますが、それ以前から秦に侵略され、属国状態となっていました。そのような国家存亡の危機にあっても、韓では有力な臣下による権力の独占が続いていました。そこで韓非子は、法によって臣下をコントロールし、分断された王の権力を一元化して、強国になるべきだと考えました。法家の思想を集大成して、そのための方策を論じたのが、『韓非子』に収められている言説の数々です（ただし、すべてが韓非子の著作ではなく、後学のものも含まれています）。

ところが、それを読んで韓非子の思想に共鳴したのは、韓の支配層ではなく、眼前の敵である秦王の政、のちの始皇帝でした。秦王は韓非子との面談を望んで、秦に呼び寄せます。そのとき秦の宰相になっていたのが、かつて荀子のもとでともに学んだ李斯でした。

これからは秦の時代だと真っ先に見抜いた李斯は秦王にすり寄り、宰相に上り詰めていたのです。李斯は、秦王が韓非子を呼び寄せたと知って戦慄します。学者としては韓非子がはるかに上であることを李斯はわかっています。もし秦王が韓非子を採用したら、自分はお払い箱になるのではないかと恐れたのです。そこで李斯は秦王に讒言します。

「私は韓非子をよく知っておりますが、彼は何をしでかすかわからない男です。彼は韓の王子ですから、秦王様を恨んでいます。お側に置くのは危険です」

猜疑心の強い秦王政は李斯の言葉を信じて、せっかく呼び寄せた韓非子を投獄します。生かしておいては危ないと思った李斯は、獄中の韓非子に毒を飲ませて殺してしまいました。

紀元前二二一年、天下を統一した秦の始皇帝（政）は、実用書以外の書物を焼き捨て、四六〇人あまりの儒家と方士（後述）を拷問し「坑」の刑に処します。悪名高い「焚書坑儒」（前二一三〜前二一二年）です。これを始皇帝に進言したのも李斯でした。

儒家の学者は国を乱す害虫

始皇帝以後、歴代中華皇帝がその統治の要として採用したのが法家の思想です。ここでは『韓非子』の「五蠹篇」から、法家の考え方がよくわかる一節を紹介します。

「蠹」とは「木を食い荒らす虫」のことで、「五蠹」は「国を乱す五種の木食い虫」ということです。「五種の木食い虫」とは、「学者」「言談の徒」「遊俠の徒」「私人（公民ではなく、豪族に服属して公の義務を果たさない者）」「商工の民」を指します。秦王政はこの「五蠹篇」を読んで感銘を受け、韓非子を秦に招いたといわれています。

韓非子がとくに糾弾しているのが儒家の学者です。

儒家にとっては、「孝」（親孝公）も、「忠」（主君に対する忠誠心）も、ともに重要な徳目です。では「孝」か「忠」か、二者択一を迫られたとき、どうすればいいのか。なかなか悩ましい問題です。

『論語』の「子路第十三」にこういうエピソードが出てきます。こちらは、儒家が何を大切にしているかがよりストレートに表現されています。

正直者の躬（きゅう）という男がいました。村に羊泥棒が出るので、待ち伏せして捕まえて見たところ、何と自分の父親でした。愕然とした躬は、心に鞭打って父親を役人に差し出し、刑に服させました。楚の国の有力者からこの話を聞いた孔子は、反論します。

《わたしどもの村の正直者はそれとは違います。父は子のために隠し、子は父のために隠します。正直さはそこに自然にそなわるものですよ》（金谷治訳注『論語』子路第十三、岩波文庫）

「父は子のために子の罪をかばい、子は父のために父の罪をかばう」――国よりも家族。忠よりも孝、子は父の犯罪を隠すのが正しい、と孔子は主張しているのです。これが儒家の真髄です。

これと同じエピソードが『韓非子』にも出てくるのですが、解釈は真逆です。

《楚の人で正直者の躬（きゅう）というものがいたが、その父親が羊を盗んだときにそれを役人に知らせた。楚の宰相は「こやつを死刑にせよ」と命じた。君に対しては正直であるが、父に対しては悪いと考えて、これを捕えて罰したのである。このことからすると、君に対して正直な臣下というものは、父にとっては手に負えぬ子供なのである》（金谷治訳注『韓非子〈第四冊〉五蠹篇、岩波文庫）

父親が羊を盗んだと、正直に役人に知らせました。法家の韓非子からすれば、これは臣民として法に従って正しいことをしたわけです。にもかかわらず楚の宰相は、儒家の進言を受け入れて、親不孝者として躬を罰しました。これは宰相自らが法を曲げて、儒家の教えに従ったということです。これでは国家が成り立たないと。これこそ、儒家の学問が国を乱す好例だ、と韓非子はいっているのです。

韓非子は、家族への「仁」よりも国家への「忠」を優先しました。親孝行よりも法。これが法家の思想です。これを突き詰めると、恐るべき一党独裁、言論統制国家となるでしょう。

始皇帝の焚書坑儒を礼讃し、儒学を「封建道徳」として嫌悪していた毛沢東は、血縁集団の宗族を解体して人民公社を組織し、子が親を密告する社会をつくり上げました。文化大革命時代、「反党分子」「右派」「走資派」として拷問、殺害された者は数千万人ともいわれます。この毛沢東モデルをカンボジアに導入したのがポル・ポトで、自国民の四分の一を殺害しました。

現在の中国人に孔子と韓非子、どちらにシンパシーを感じるか質問すれば、圧倒的多数が孔子を支持するはずです。宗族は今も中国社会に生きています。中国人にとって、もっとも大切なものが家族なのです。家族のためだったら、法も破る。賄賂も受け取る。孔子の時代から中国人の価値観は変わっていません。

鄧小平の「改革開放」以降、孔子が再評価されるようになり、習近平政権は「孔子学院」の世界展開を支援しています。しかし一党独裁体制と儒家思想とが本質的に矛盾することを、彼らは理解しているのでしょうか？

法家的一党独裁体制と儒家的「宗族」とのせめぎ合い。これが現代中国を理解するための、一つのカギとなるでしょう。

縦横家の思想——蘇秦と張儀の合従連衡策

法家を採用する秦が強大化した戦国時代に、諸国の君主に外交政策を説いて回った縦横家と呼ばれる一派がいました。思想家というより外交官、あるいは策士と呼ぶのがふさわしい人々です。秦の始皇帝が天下統一する百年ほど前に活躍した蘇秦と張儀の論争が有名です。彼らの議論をまとめた本が『戦国策』で、「戦国時代」の名はここに由来します。

戦国七雄といわれる有力な七カ国の中でも、秦が商鞅の法家思想に基づく改革で強国になった時代に、他の国々が秦とどういう外交関係を結ぶべきかを説いたのが、蘇秦と張儀というライバル関係の二人です。

蘇秦（?～前三一七年頃）は、その名とは対照的に秦を敵視していました。

「このままだと、強国の秦に他の六国が各個撃破されてしまうのは目に見えている。六国が連合して秦に対抗すべきだ」と主張したのです。西方に位置する秦に対して他の六国が同盟を結んで、縦に防波堤を形成し、秦の進出を食い止めようという戦略で、これを「合従策」といいます。この「従」は「縦」を意味します。つまり「合従」とは、「縦に合わさる」ことです。蘇秦は実際に六国を巡って各国の王を説得し、六国の合従を成立させています。

これに対し張儀（?～前三〇九年頃）は、「秦に対抗しても無駄だ。秦に攻められないように、各国は秦と同盟すべきだ」と主張します。これを「連衡策」といいます。「衡」は「横」のことで、「連衡」とは「横につながる」ことを意味します。

張儀は秦の外務大臣となり、秦王の親書を持って対秦同盟を結んでいる六国を回ります。そして一国ずつ説得して合従策から離脱させ、秦と個別に同盟を結んでいきました。蘇秦の合従策は破れ、張儀の連衡策が通ったのです。

二十一世紀になり、東アジアで覇権を握ろうと軍事力を急ピッチで増強している一つの大国があります。これに対して周辺諸国は、この大国に力で対抗するのか、それともこの大国と友好関係を結ぶことで安全を確保してもらうのかの選択を迫られ、国内世論も割れています。こ

■蘇秦と張儀の合従連衡策

蘇秦の合従策

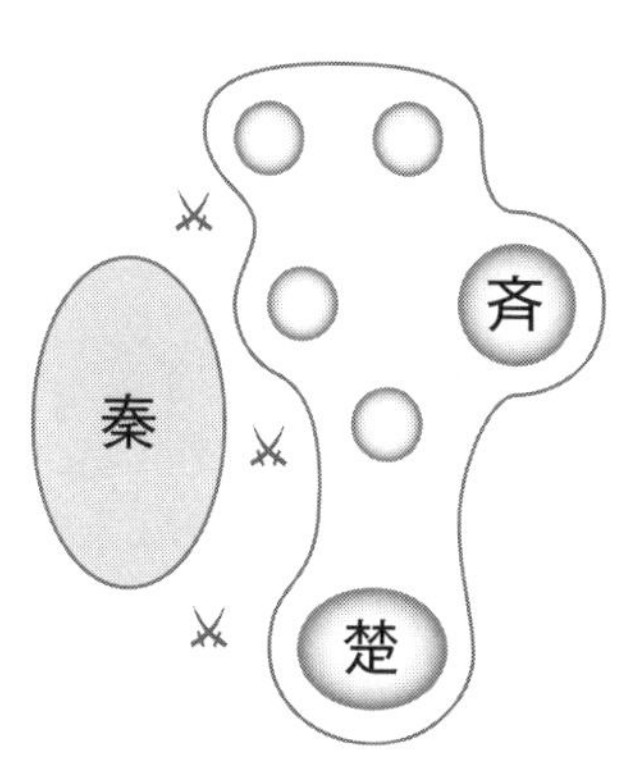

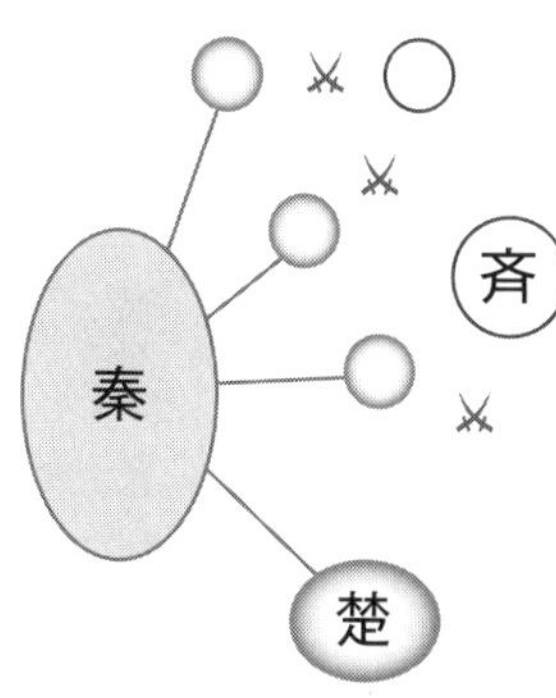

れと同じことは、二千三百年前にすでに起こっていたのです。

南の大国・楚では、張儀が連衡策を持ちかけたとき、これを受け入れて秦と同盟し安全を確保しようという「親秦派」と、東方の大国・斉と同盟して秦に対抗しようという「親斉反秦派」とに国論が二分します。反秦派の筆頭が、楚の王族で詩人としても有名な屈原（くつげん）でした。屈原は張儀の謀略を見抜き、秦を信用すべきではないと主張しますが、楚の懐王（かいおう）はこれを受け容れず、逆に親秦派の讒言（ざんげん）を信じて屈原を宮廷から追放しました。こうして秦と同盟を結んだ楚は、張儀に翻弄され続けました。

「斉との同盟を破棄してくれたら、秦の六〇〇里四方の領土を楚に割譲しましょう」

という張儀の甘言に乗せられた懐王は斉と断交。しかし秦が譲ったのは六里四方の領土でし

屈原

た。

「いった」「いわない」で秦との戦争になり、楚は大敗します。和平交渉の席に臨んだ懐王は、そのまま秦兵に拉致され、囚われの身のまま亡くなりました。

祖国の運命に絶望した屈原は各地を放浪し、汨羅（べきら）という川に石を抱えて身を投じます。死を覚悟した屈原の「漁父（ぎょほ）の辞」という作品には、「なぜあなたのような立派な方が放浪されているのか」と問う漁師に対し、屈原は次のように答えます。

「世を挙げて皆濁（にご）り　我独（ひと）り清（す）めり　衆人皆酔へるに　我独り醒めたり　是（これ）を以て放たる」

（『楚辞』新書漢文大系23、明治書院）

〈世の人々は皆濁っているのに、私一人が澄んでいる。誰もがみな酔っているのに、私一人が醒めている。だから私は追放されたのだ〉

屈原はひとり醒めた目で、祖国の運命を見通していたのです。屈原のような真の愛国者、先見の明のある人物を生かせなかったことで、楚の運命は決しました。

このようにして、秦は一国ずつ言いがかりをつけ、攻め滅ぼしていきました。一国が秦に攻められても、周りの国は「わが国は秦と同盟を結んでいるから大丈夫」と手をこまねいて傍観していたのです。張儀の連衡策、まさに恐るべし、というべきでしょう。中国のエリート層は、これらの古典を教養として読み込んでいます。彼らの行動様式を理解するには、これら古典の教養を身に付けておく必要があるでしょう。

楚を滅ぼした二年後の紀元前二二一年、秦王政（始皇帝）は斉を滅ぼして天下を統一しました。微笑みながら「友好」を掲げて近づき、相手がスキを見せれば一気に攻勢に出て支配下に置く――連衡策は現在も中国が得意とする外交戦略なのです。

『六韜』の外交戦略と軍事戦略

代表的な兵法書の一つである『六韜』にも、古代中国の外交戦略がどのようなものだったのかがよくわかる記述があります。「韜」はもともと弓や剣を入れる袋のことで、ここでは兵法の奥義を意味しています。

『六韜』は、周の文王に見出され、軍師として武王の周王朝建国を助けた太公望呂尚の作とされていますが、現在伝わっているのは後世に成立したものと見られています。

ちなみに呂尚は渭水のほとりで釣りをしていたときに、文王と出会ったといわれています。呂尚と話しているうちに文王は、彼が大変な徳と知識と判断力を備えた人物であることを知り、頭を下げてアドバイザーになってもらいました。文王は呂尚こそ、「かつて祖父の〝太公〟が待ち〝望〟んでいた優れた人物である」と確信し、呂尚に「太公望」という号を贈ります。日本でも釣り好きの人を太公望というのは、この故事に由来します。

太公望が実際に語ったかどうかはともかく、この『六韜』が『三略』『孫子』などとともに軍事戦略書の古典として、中国の指導者の間でずっと読み継がれ、活用されてきたことは知っておくべきでしょう。

『六韜』の「武韜」の巻には「文伐（ぶんばつ）」という篇があります。文伐とは武力を行使しないで敵を討伐することです。文王が「文伐の方法はあるか」と聞いたところ、呂尚は「一二の方法があります」と答えます。それが、以下のような方法です。全部で一二の謀略が列挙してあるのですが、内容から次の三つに分けることができるでしょう。

1．敵国を油断させよ。

第一に、相手の国が望むままにその意思に順応して逆らわない。つまり相手を油断させる。

第九に、相手国の君主をおだてまくっていい気持ちにさせ、聖人を気取らせる。

第十に、相手国に対して自分を卑下し、信用を得ておく。

敵国に対してこそニコニコして「友好」を呼びかけ、油断させるのが肝要であると。まず敵を精神的に武装解除してから、敵のふところに飛び込んでさまざまな工作を仕掛けるのです。

2. 敵を買収せよ。

第三に、国王の側近に賄賂を贈る。

第四に、相手国の王に宝石や美人を贈って遊興に耽るよう仕向け、国を乱れさせる。

第七に、相手国の国王側近を買収し、国王の政治判断を誤らせる。

第八に、相手国の国王側近に多くの贈り物をして、我々と付き合えば利益になることを理解させる。

第十一に、相手国の有力者、実力者をおだて、贈り物をして、我が国と付き合えば利益になることをわからせる。

「贈り物」を直接的な贈賄だけでなく、経済的メリットと置き換えてみれば、「一帯一路」に象徴される今日の中国外交そのものです。自民党政権の大物政治家、経済界首脳の方々のご尊顔が目に浮かびます。それが誰なのかは、賢明なる読者諸兄の想像に任せましょう。

3. 敵の国内を分断せよ。

第二に、敵国の国王の側近に近づいてその君主との間を裂かせる。つまり離間工作です。

第五に、相手国から使いが来た場合、その使いが国王側近だったら邪険に扱い、国王から信用されていない使いであれば手厚くもてなす。そうすると相手の国王は、本当に才能がある人間を無能と思い込んで、無能な人間を取り立てるから国が乱れる、というのですが、こういう人は今の日本の指導者の側近にもいそうです。

第六に、相手国の役人同士で内輪もめを起こさせる。とくに才能のある役人を、こちらに内通させる。

最後に、相手国の悪臣を手なずけて謀反心を起こさせる。つまりクーデターを起こさせろというのです。

「以上の十二の策略がすべて準備されてからはじめて兵を動かして攻略にかかります。つまりは上は天の時を察し、下では地の利を察し、滅亡の兆候が現れたときにはじめて討伐は完成します」(『六韜』第二巻・武韜、第一五・文伐、林富士馬訳、中公文庫)

『六韜』の教えは日本史にも大きな影響を与えました。蘇我氏が横暴を極めていた飛鳥時代、これを排除して天皇親政を実現しようとして中臣鎌足は『六韜』に学び、蘇我氏打倒のクーデター(乙巳の変)に成功したと伝えられ、その功により天智天皇から藤原の姓を賜ります。つまり藤原氏は、『六韜』の教えによって権力を握ったともいえます。平安末期には平家を滅ぼした源義経が、やはり『六韜』を学んでいたという伝承があります。

中国兵法書の古典といえば、日本で圧倒的に有名なのは『孫子』でしょう。その著者とされる孫武は、戦国時代の呉王・闔閭に仕えた戦略家ですが、実際には兵家と呼ばれる戦略家集団が語り伝えてきた教えを、孫武の書としてまとめたもののようです。

『孫子』も『六韜』もその根本思想はよく似ています。どちらが先に成立したのか、正確なところはわかっていませんが、『孫子』をよりコンパクトにしたのが『六韜』といえるでしょう。どちらも実際の戦場でどう戦うかという戦術論ではなく、戦争が始まる前に相手をどうやってたぶらかすかという戦略レベルの話——今日の言葉でいえば「超限戦」がメインです。

『孫子』にも、中国人の考える「戦い」の本質を喝破した有名な文章があります。

「孫子曰く、凡そ用兵の法は、国を全うするを上と為し、国を破るはこれに次ぐ」（金谷治訳注『新訂　孫子』岩波文庫）

孫子がいうには、そもそも戦争において、敵国を保全したまま攻略するのが上策であり、敵国を破壊して勝つのは次策である、と。中国政府は台湾を併合しようと考えていますが、できれば経済的に繁栄する台湾を破壊せず、そのままいただきたい、と考えているでしょう。

「軍を全うするを上と為し、軍を破るはこれに次ぐ。旅を全うするを上と為し、旅を破るはこれに次ぐ。卒を全うするを上と為し、卒を破るはこれに次ぐ。伍を全うするを上と為し、伍を破るはこれに次ぐ」（前掲書）

〈軍団・旅団・大隊（卒）・小隊（伍）、いずれのレベルにおいても、敵兵をそのまま当方に寝返らせるのが上策であり、戦闘で壊滅させるのは次策である〉

「是の故に百戦百勝は善の善なる者に非ざるなり。戦わずして人の兵を屈するは善の善なる者なり」（前掲書）

〈したがって、百戦百勝利したとしても、それは最善の策とはいえない。戦わずして、敵を屈服させるのが最善の策である〉

後漢の末期、『孫子』を読み込んで現在の形にまとめ、実践したのが『三国志』の英雄・曹操でした。日本では、戦国武将の武田信玄が『孫子』の言葉「風林火山」を旗印にしていました。

曹操も信玄も、まずは本拠地を固め、謀略にも優れていましたが、積極的攻勢に出て失敗しています。曹操は、赤壁の戦いで劉備・孫権の連合軍に大敗しましたし、信玄は上洛が遅すぎ、京に入る前に病死。息子の勝頼は、長篠の戦いで織田・徳川連合軍に大敗しました。『孫子』を読みすぎると、積極攻勢に出にくくなるのかもしれません。『孫子』はあくまで持久戦、謀略戦のテキストなのです。

一九三七年～四五年の日華事変で、圧倒的な近代兵力を持つ日本陸軍は「百戦百勝」を続け、中国の主要都市を攻略しました。しかし「戦闘」でいくら勝っても「戦争」に勝つことはできず、ついには敗退したのです。もちろん、中国と戦いながら対米戦争を始めるという二正面作戦が根本的な間違いでしたが、たとえ対米戦争がなかったとしても、あまりに広大な中国大陸を占領し続けるのは、難しかったでしょう。

中国側から「抗日戦争」を見れば、たとえ戦闘で「百戦百敗」したとしても、日本軍に屈せず抵抗を続けられること自体が「勝利」を意味していたのです。抗日ゲリラ（便衣兵）を指揮した毛沢東の「持久戦論」は、現代における『孫子』でした。戦争そのものに対する日本人と中国人との感覚の違いは明白であり、近未来戦争を考える場合にも、この点を忘れてはならないでしょう。

中国共産党や人民解放軍の幹部になるようなエリートは、決して『論語』ではなく、『六韜』や『孫子』の思想を徹底的に頭に叩き込んできたはずです。

以前、中国の小学生と母親のドキュメンタリー番組を見て、ある意味、感心したことがあります。中国の親は、子供がクラスの中でいかに自分の影響力を強めるか、ライバルをいかに蹴散らすか、先生にいかに取り入るか、を小学生の頃から子供に教えているのです。泣いて帰ってくるような子供は、そんなことではダメだ、しっかりしろと母親に叱られます。「他人を蹴落とし、のし上がっていく社会」で生き抜くための教育が、幼い頃から施されているのです。そうやって激しい競争に勝ち残った強烈な個性の人たちが、共産党や軍の幹部になったり、企業の中核を担う人材になったりしていくのでしょう。

日本では、家でも学校でも「みんな仲良く」「人に迷惑をかけない」と教え込まれた良い子ちゃんたちが一流大学を経て、高級官僚や企業の幹部になっていきます。頭の中はお花畑のまま。これでは、中国との交渉で初めから負けているようなものです。

もっとも、こういう教育が徹底された結果、日本社会の秩序と治安が保たれてきたというプラスの面もありますから、一概に悪いともいえません。ただ、日本の常識は海外では通用しないということは、少なくとも外交官や、企業の駐在員は知っておくべきことなのです。

中国のジョークにこういうのがあります。

「一个日本人像頭猪、三个日本人加起来就是一条龍。
一个中国人是条龍、三个中国人加起来就是一頭猪。」

〈一人の日本人は豚のようだが、三人の日本人は龍のように（強く）なる。

一人の中国人は龍のようだが、三人の中国人は豚のように〈弱く〉なる。〉

競争原理を子供の頃から叩き込まれてきた中国人に、「みんな仲良く」と育ってきた日本人は一対一では敵わないかもしれません。しかし、日本人が集まると団結して恐ろしく力を発揮する一方、「オレが、オレが」の中国人が集まるとすぐに内輪もめを起こして烏合の衆になる、というのです。言い得て妙だと思います。

日本人のこの特性は、とくに自然災害のときに発揮されます。地震や台風の被災地では略奪が起こるのが世界基準ですが、日本では秩序が保たれ、決して略奪は起こりません。二〇一一年の東日本大震災でも、文句もいわず整然と列をつくって支援物資を待っている日本人の姿を見て、「恐怖を感じた」と、ある中国人は語りました。

二〇二〇年の新型コロナウイルス流行への対応でも、都市封鎖（ロックダウン）を行った中国や欧米各国に対し、法的強制力を持たない日本政府は、店舗の営業や外出の自粛を「要請」しただけでした。これにこぞって応じてしまい、中国や欧米のような感染爆発を防ぐことができた日本人の規律と団結力は、海外でも称賛されているのです。

道家の思想──「無為自然」の教えから民間信仰へ

ここまで、現代中国人の気質を理解するために、諸子百家の思想を考えてきました。冒頭述べたように、初めに大家族の「宗族」を基盤とする中国の伝統社会があり、これが崩れた春秋戦国時代に生き馬の目を抜くような個人主義の風潮が生じ、これらをベースとして諸子百家の思想が生まれた、と私は考えています。簡単にまとめると、以下のようになるでしょう。

中国人は基本的に「宗族」で動いていました。これが崩れかかったときに、「いやいや大事なのはやはり宗族だ。血縁の結びつきを取り戻そう」と訴えたのが儒家でした。それに対し、「壊れたものはもとには戻らない。新しい時代は個人で頑張って生きていこう」といったのが墨家、「宗族はむしろ有害で、国家の法秩序が大事」といったのが法家です。

つまり、これらの思想には「墨家→儒家→法家」という、「個人主義」から「家族主義」「国家主義」に向かうベクトルが存在するわけです。いずれにせよ墨家、儒家、法家というのは、天下国家をいかに運営するかという、リアルな世俗の思想です。

しかし、そのベクトルには属さない、まったく別ジャンルの思想が存在します。道家です。世俗の論理を超越したところで成立している宗教的、哲学的な思想です。

道家を代表する思想家が、老子と荘子です。そもそも老子という人物が実在したかどうかも定かではありません。伝説によれば、孔子は礼について老子から教えを受けたということですので、老子と孔子は同時代の人で、老子のほうが少し先輩だったようです。

老子は周で役人（文書係）をしていましたが、周の衰退を見て西方に去ったといわれています。そのとき国境の関所で、役人の求めに応じて書いたのが、『老子道徳経』（通称『老子』）です。この書を残して、老子は何処(いずこ)ともなく立ち去ったといいます。

じつは、老子はそのままインドへおもむき、仏陀と呼ばれるようになった、という言い伝えもあります。老荘思想と仏教が似ているため、このような話がつくられたのです。

孔子は、血縁に基づく周の封建制度の復活を目指しました。ところが老子は、血縁が緩んで今の戦乱の世になったのだから、血縁で平和は維持できないと考えます。周よりもっと昔、文明が起こる前の、自然と人間が一体化していたウルトラ古代に戻ろうというのです。

老子は、人為的なものすべてを——つまり文明自体を否定します。これが「無為」です。そして、人間は自然の一部だから、自然のままに生きるべきだと説くのです。その自然を支配する掟のことを中国語で「道(タオ)」といいます。つまりあらゆる人為的なものを排し、タオ（道）に従って生きるべきだというのです。

「無為自然」と「道」こそが老子思想の中心概念です。戦国時代には、楚の荘子が老子の無為自然の思想を継承しつつ、さらに脱俗性を高めていき、道家の思想を体系化しました。老子と荘子の思想を合わせて、老荘思想と総称します。

■中国思想マトリックス

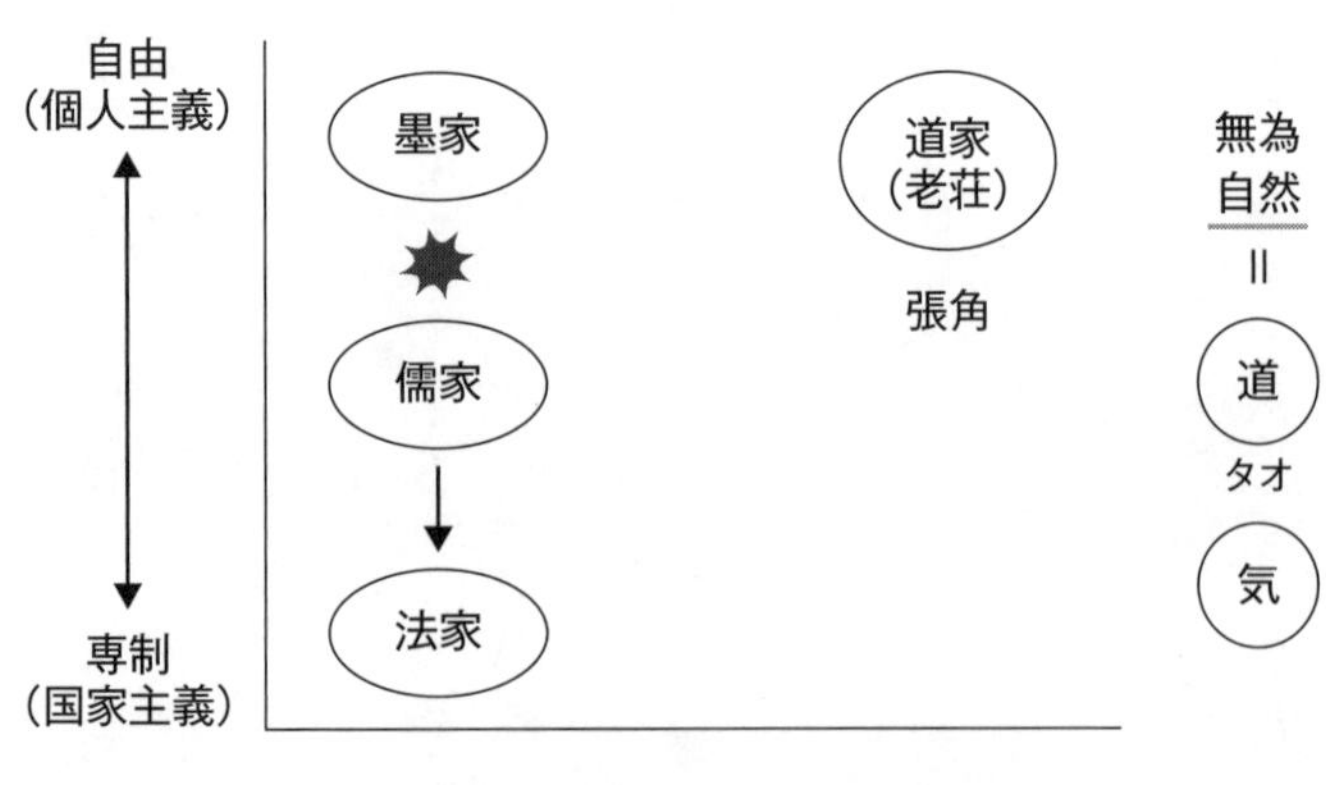

理性だけでは人間を理解できない、動物的な部分も全部ひっくるめなければ人間というものは理解できない、というのが老荘思想だと私は考えています。無意識とか感情とか、そういったところも全部ひっくるめて人間だということです。理性万能主義の西欧哲学では、このような思想は十九世紀になってようやく出現しました。これを「実存主義」といいます。

そもそも老荘思想とは、天下国家を論じるものではありません。個人の幸せをいかに実現するか――そのことだけを追求する、非常に個人主義的で超越的な思想です。この思想はやがて民間信仰として広まり、民衆の生き方の指針となっていきました。

当時の民衆が求めているものとは何かといえば、戦乱や飢饉で寿命が短かった時代ですから、人々は長生きをしたい、健康に生きたい、病気になりたくないと願っていました。そういう人々の願いを叶える教えとして、民間信仰が広まっていきます。

健康に生きる方法とは、たとえば「都会に住んでいると人間は文明に侵されて、どんどん衰えていく。これは自然に反する生き方だ。だから山に行って、自然のものを食べ、自然の水を飲んで、おいしい空気を吸って、自然のままにタオに従って生きよう」といったものです。

また、たとえば高熱が出たときにはこの薬草が効くといったことがだんだんわかってきて、自然界にあるものを利用して病気を治す方法がいろいろ蓄積されていきます。これが漢方医学へとつながります。

あるいは、自然界のエネルギーである「気」が人間の体内を循環しているという考えが生まれてきます。体内に張り巡らされた「気」の通り道を経絡（けいらく）といい、「気」の巡りが悪くなると、人は「病気」になるという考えから、経絡を押したり、火であぶったり、細い針を刺したりして「気」のめぐりを正し、病気を治療する方法が生まれてきました。これが指圧や鍼灸（はりきゅう）になっていきます。「気」を取り込むための呼吸法が太極拳を生み、カンフーのような武術につながっていきます。このように老荘思想は、非常に実用的な民間療法として普及していったのです。

国家権力VS宗教教団――黄巾の乱から法輪功まで

老荘思想から生まれた民間信仰は、ときに反体制運動につながることがあります。有名なのが後漢の末期、張角を教祖とする太平道が起こした黄巾の乱(一八四年)です。張角は呪術的な手法で病人を治療して信者を増やし、数十万人の信徒を獲得しました。すると今度は、「病んだ漢王朝を倒し、世直しをする」と呼びかけ、大反乱を引き起こします。張角は病死、乱は曹操によって平定されますが、これをきっかけに各地の豪族が割拠して後漢王朝は事実上崩壊し、三国時代へと移っていきます。

個人の病を治す医者は、「国の病」も治したくなるのでしょうか。古今東西を通じて、医者で革命家という人は少なくなく、張角はその最初の人物といっていいかもしれません。有名なのは孫文で、彼は香港で医学を学んだあと、マカオで開業医をしていました。

フランス革命でジャコバン派の恐怖政治を推進したジャン=ポール・マラーは革命前、イギリスで開業医をしていましたし、キューバ革命を成功させたあとも世界革命を目指し、各地でゲリラ戦を指導していた筋金入りの革命家チェ・ゲバラも、母国のアルゼンチンで医学を学び医師免許を取得していました。医者ではありませんが、鍼灸師やヨガの指導者から新興宗教の教祖となり、教団を武装して日本政府転覆を企て、一九九五年に地下鉄サリン事件を起こした

黄巾の乱

麻原彰晃（しょうこう）の経歴は、黄巾の乱の張角を彷彿させます。

漢代には道家の祖である老子が神格化され、「太上老君」という神として祀られるようになります。以後、南北朝時代にかけて、老荘思想を中核としてさまざまな民間信仰や神仙思想、陰陽五行説などが融合する形で道教が形成されていきます。張角を始祖とする太平道も、道教の源流の一つでした。

道教は日本の神道やインドのヒンドゥー教と同じ多神教で、実在の偉人や自然物が神として祀られている点もよく似ています。たとえば『三国志』で有名な武将の関羽（かんう）は神格化されて「関帝」として祀られ、山東省の泰山（たいざん）は「東岳大帝」という山岳神として祀られています。

同時期に中国に伝わった仏教は、その教えが道教（老荘思想）と似ているため、信者の奪い合

関帝廟（横浜中華街）

いになります。道教側は漢民族オリジナルの宗教であるというプライドを持ち、保護を求めて国家権力にすり寄っていきました。その結果、南北朝時代の北魏王朝が初めて道教を国教に採用し、唐王朝も道教を国教として手厚く保護します。以後、道教は仏教との軋轢を繰り返しながら、中国三大宗教の一つとして儒教、仏教とともに広く信仰されるようになります。

　こうして道教は体制内の宗教となりましたが、かつて太平道が黄巾の乱を起こしたように、王朝末期には各種教団による国家権力への反乱が、これ以後も繰り返し起こっています。

　まず、元朝末には、白蓮（びゃくれん）教徒が紅巾の乱（一三五一～六六年）を起こし、紅巾党の中から現れた朱元璋が元を北走させて、一三六八年に明を建国します。白蓮教とはササン朝ペルシアから唐代中国に伝わったマニ教と仏教の弥勒（みろく）信仰が習合した宗教で、強烈な善悪二元論と終末思想、救世主（弥勒仏）の待望論が特徴です。

清朝後期には、キリスト教を基にした新興宗教である拝上帝会（はいじょうていかい）を組織した洪秀全（こうしゅうぜん）が、清朝打倒を訴えて太平天国の乱（一八五一～六四年）を起こします。

さらに日清戦争後、半植民地状態に置かれた清朝末には、外国人排斥を訴える義和団事件（一九〇〇～〇一年）が起こります。事件を起こした義和団というのは、白蓮教の一派による秘密結社でした。

国家権力に歯向かったこれらの宗教勢力は、黄巾の乱の太平道も含めすべて、先に掲げた「中国思想マトリックス」の図でいえば、Bの「超越」に属する思想、つまり道家と同じジャンルの思想です。宗教というのは、世俗を超越したところで成立する思想だからです。

Bの「超越」思想は、Aの「世俗」思想へのアンチテーゼとして出てきたものでした。Aの儒家や法家の思想によって秩序の維持を図る国家権力から見れば、反体制運動につながりやすい、非常に危険な思想なのです。だから国家権力は、自らに歯向かったBの「超越」思想を弾圧してきたのです。

実際、これらの宗教勢力による反乱は、紅巾の乱以外すべて失敗に終わり、鎮圧・弾圧されています。唯一、成功したのが紅巾の乱ですが、反乱軍のリーダーだった朱元璋は、元朝を倒して明を建国したあと儒学に寝返り、出身母体の白蓮教団を弾圧します。

天下を取った以上は秩序の回復が急務であり、「世直し」を唱える白蓮教徒を味方につけていてもメリットはありません。いつまた反体制派になるか、わかったものではないからです。帝国を運営するには、「中国思想マトリックス」の図でいえば、Aの「世俗」の思想を奉じる体制派の知識人が必要だったのです。明の初代皇帝・洪武帝となった朱元璋が重用したのは、儒家の中でも中華ナショナリズムと体制擁護を特徴とする朱子学者であり、明の官学となったのも朱子学でした。白蓮教は、朱元璋が権力を握るために利用された「道具」だったのです。

このような国家権力と宗教勢力の緊張関係は現在も存在しています。最近の例では、法輪功集団に対する中国共産党の弾圧が典型です。法輪功というのは、李洪志(りこうし)が一九九二年に創始した、道教の流れを汲む中国伝統の健康法である気功を学び、実践しようという団体です。これが人気を博して爆発的に支持者を増やしていきました。

一九九〇年代は天安門事件で共産党への幻滅が広がり、市場経済の導入によって貧富の差がますます拡大した時代です。生活苦から時の政権に不満を持つ民衆が加わって、法輪功は次第に政治色を帯びてきます。それに危機感を抱いた江沢民政権は、一九九九年に法輪功の活動に制限を加え始め、これに抗議した学習者十数人を拘束します。

それに対して、法輪功の学習者一万人が北京に集まり、拘束されたメンバーの解放を陳情しようとしました。この陳情者の列が中南海(共産党および政府の重要機関や要人の住居がある地区)をぐるりと取り囲む形になったことを、官製メディアが「中南海が包囲された」と報じ、これを契機に江沢民政権は法輪功を「邪教」に指定して、苛烈な弾圧を始めます。

創始者の李洪志はアメリカに亡命しましたが、多数の法輪功学習者が不当に拘束され、拷問され、殺されています。拘束した法輪功の学習者から臓器を摘出し、臓器移植に不正に利用する〝臓器狩り〟が行われているという報告もあります。

アメリカに亡命した李洪志は、「大紀元時報」やネット配信の「新唐人テレビ」といったメディアを世界展開し、法輪功に対する不当な弾圧をはじめ、中国共産党の暗黒部分を告発し続けています。今、中国共産党が一番恐れているのが、この法輪功集団です。千八百年以上前に、張角の太平道が黄巾の乱を起こして後漢を滅ぼしたように、李洪志の法輪功が中国共産党の独裁体制を揺るがす大乱を起こすことを本気で恐れているのです。

表看板は儒家、中身は法家――歴代王朝のイデオロギー

秦は法家を採用して富国強兵に成功し、戦国七雄の中で最強国となりました。秦王・政の時代に他の六国を次々に滅ぼし、ついに天下を統一します(前二二一年)。五百年以上にわたって続いてきた戦乱の春秋戦国時代が、ようやく終わったのです。同時に、諸子百家の時代も幕を下ろしました。実際に法家を採用した秦の始皇帝が天下を統一したのだから、法家の有用性が証明されたといえるでしょう。しかし、天下を統一した秦帝国は十五年しかもたず、紀元前二〇六年に滅亡します。なぜ、これほど短命に終わったのか――。

二千年続く中華帝国の基礎を築いた始皇帝――文字通り「最初の皇帝」という意味ですが、彼を支えたのは法家の学者・李斯でした。封建制度の全廃と中央集権体制（郡県制）の確立、通貨統合と文字の統一、交通システムの統一など、法家の理想が次々に実現していきました。

特筆すべきは大規模な土木事業で、七〇万人の捕虜の強制労働によって阿房宮、始皇帝陵などを建設する一方、人口一〇〇〇万人のうち二〇〇万人の人民を長城修築や開墾などの大事業に投入しました。労働者には食糧支給が行われましたが、それでも秦を恨む声は天下に満ち、儒家の学者は「古の周王朝に習い、法ではなく徳をもって治めるべし」と公然と批判するようになりました。易姓革命を危惧した丞相の李斯は、「古をもって今を誹るとは不可なり」と始皇帝に訴え、焚書令を発します。周代の古文書も、諸子百家の著作も、すべて焼き捨て、秦の法令だけを学習させようとしたのです。

地上の最高権力を手に入れた始皇帝。四十代の後半を迎え、身体の衰えを感じ始めていた始皇帝が最後に求めたものは「不老不死」でした。老荘思想を極めた錬金術師たち（方士）を呼び集めて厚遇し、不老不死の薬（丹薬）をつくらせました。しかし不老不死の薬は二十一世紀の今でも発明されていません。「早く成果を出せ」と迫る始皇帝に対し、方士たちも身の危険を感じていました。方士の一人・徐福は始皇帝に進言します。

「東方海上の蓬萊島など三島に、丹薬がございます。何年かかってでもこれを手に入れますので、大きな船と三千人の若い男女と技術者、開墾のための穀物をお与えください」

始皇帝は望みのものを与え、徐福が持ち帰るはずの丹薬を待ちわびながら、死を迎えました。徐福はついに戻らず、消息を断ちました（そもそも出航しなかった説もあり）。

のちに「蓬莱」は日本の別名となり、徐福は日本列島（当時は弥生時代）に渡って定住したという伝説も生まれ、日本各地に「徐福上陸の地」があります。その真偽はさておき、徐福は不老不死を求める始皇帝の執念をうまく利用し、生き延びたようです。

都の咸陽でも、方士たちの脱走が始まりました。これを知った始皇帝は激怒し、方士・儒家合わせて四六〇名を捕えて「坑の刑」に処しました。これが「坑儒」です。「坑」はただ埋めるのでなく、耳を削ぎ、鼻を削ぎ……と拷問にかけてから埋めるのです。

このような強権発動により表面的には帝国の秩序は維持され、始皇帝は革命を見ずに死にました。しかしこの間に鬱積した民衆のエネルギーは、どこかに火がつけば大爆発を起こすほどに高まっており、二世皇帝の時代に帝国は音を立てて崩壊していきます。

「焚書・坑儒」とは儒家と道家に対する言論弾圧事件であり、法家思想の到達地点ともいえる事件でした。当然、儒家の立場から見れば言語道断の「暴政」であり「弾圧」であったという評価になります。「焚書・坑儒」について『史記』に記した司馬遷は、儒学を公認した漢の武帝に仕えていました。その筆致が始皇帝に対する酷評で満ちているのも、主君の武帝を意識したポジション・トークという側面があります。

その一方で、儒学を「封建道徳」と否定する立場から見れば、「旧習を打破して人心を一新した快挙」という評価が出てきます。毛沢東は郭沫若に送った詩の中で焚書・坑儒に言及し、「始皇帝が四六〇人の反動儒者を埋めたのは、完全に正しい」と称賛し、一九五〇年代に展開した「反右派党争」では、「私は四万六〇〇〇人の反動分子を葬った。始皇帝より一〇〇倍も良いことをした」と自画自賛しています。

二〇一九年十月、習近平政権のもとで教育部は、すべての小学校と公立図書館に対し、「国益、中国文化、社会主義核心価値観に悪影響となる書籍は処分せよ」という通達を出しました。これを受けて同年十二月、甘粛省の図書館では、職員が蔵書に火を付ける様子をソーシャルメディアにアップし、米国「ワシントン・ポスト」紙がこれを報道し、共和党のマルコ・ルビオ上院議員は「焚書を好む古臭い権威主義者、としかいいようがない」と皮肉りました。始皇帝→毛沢東の路線を、習近平国家主席は忠実に進みつつあるようです。

紀元前二一〇年に始皇帝が死去、暗愚な二世皇帝が跡を継ぐと、翌年には陳勝・呉広の乱という中国史上最初の農民反乱が起こります。陳勝と呉広は長城守備のために徴発され、農民を率いて移動中でした。途中、大雨で河川が氾濫して動けなくなり、決められた日までに到着することが不可能となりました。秦の法では期日に遅れたら死罪、逃げても死罪です。「どうせ死ぬなら」と、陳勝と呉広は農民を煽動して蜂起したのです。

秦の圧政に苦しめられていた人々がこれに合流して、反乱は急速に拡大していきますが、所詮は烏合の衆、秦軍に敗れたのを期に内紛を起こして自滅します。しかし陳勝・呉広の乱を機に、項羽や劉邦らが挙兵し、秦は滅亡することになります。

厳格な法治主義によって天下を取った秦が、厳格な法治主義によって恨みを買い、滅亡したのは歴史の皮肉です。

宮中では始皇帝の死後、丞相・李斯と宦官（かんがん）の趙高（ちょうこう）が暗愚な二世皇帝・胡亥（こがい）を擁して権力を握ります。反乱軍が都に迫ると、責任を問われることを恐れた趙高は丞相の李斯を冤罪で処刑、情報を隠蔽し、緘口令を敷きます。ある日、宮中に鹿を連れ込んだ趙高は、二世皇帝に、「馬でございます」と報告。二世が「鹿ではないか」と笑うと、群臣は「馬でございます」「馬でございます」と答えました。「ばかな、鹿ではないか」と呟いた者たちは、処刑されました。恐怖政治によって趙高は、「趙高の言葉＝真理」という言語空間をつくり出したのです。

状況はさらに悪化し、漢の劉邦の軍勢がなだれ込んできます。趙高は劉邦と交渉するために二世皇帝を殺害し、その甥の子嬰（しえい）を擁立しますが、逆に子嬰が趙高を殺害して劉邦に降伏し、大混乱の中で秦は滅亡します。

紀元前二〇二年、劉邦がライバルの項羽を破って天下を再統一し、漢王朝を開きます。劉邦は思いました。「法家はダメだ。法では人民は治まらない」と。そこで始皇帝の法律を廃止し、「殺すな、傷つけるな、盗むな」の法三章を発布して、締め付けを緩めました。劉邦は、老荘思想で統治しようとしたのです。

漢王朝の体制が固まってくると、再び中央集権化への動きが起こります。本来は法家を採用すべきところですが、秦の失敗に学んだ漢王朝は、始皇帝が忌み嫌った儒家を採用します。つまり、始皇帝を反面教師として、儒家が採用されたということです。

戦国時代を通じて主流だったのは法家で、儒家はつねにマイナーな存在でした。ずっと法家の後塵を拝し、マイナーな存在に甘んじていた儒家ですが、ここにきてようやく法家を押しのけてメジャーな存在へと出世したのです。

第七代の武帝は儒家の学者・董仲舒（とうちゅうじょ）を政策アドバイザーに抜擢します。始皇帝の焚書坑儒で儒家の書物の多くが散逸していたので、それを集めることから始めて、何十年もかけて五経と呼ばれる周代の古典を復元させ、キャリア官僚たちに学ばせました。

武帝の時代には郷挙里選（きょうきょりせん）という官僚登用制度も始まります。漢の地方行政区分は上から、「郡・県・郷・里」となっていて、「郷里」というのは県の下の行政単位、「挙選」というのは選ぶという意味ですから、要するに各地方の代表を選んで都に集め、官僚に採用する制度です。そのときの基準が、儒家の道徳に合わせて「徳のある人物」とされました。つまり、各地方地方で人民に慕われている有徳者を選んで、官吏に採用するという制度です。

実際には、各地の豪商や豪族が選ばれたのですが、それでも地方代表を中央に送る、一種の選挙でもあったのです。たとえば財政が厳しいから新しい課税を導入しようとなったときに、ある地方の代表が、「皇帝陛下、うちの地方は飢饉が起こっていて増税には耐えられません」と訴え、「では、今はやめておこうか」と政策が変更される、地方の声が中央に届くシステムです。

漢王朝はこのような優れた統治システムをつくり上げたのです。その結果、秦が十五年しかもたなかったのに対し、漢は前漢、後漢合わせると約四百年続きました。だから、そのあとの歴代王朝は、法家ではなく、儒家を採用することになったのです。隋代には学科試験によって官僚を登用する科挙制度が始まり、以後、官僚にとって儒学は必須の教養となります。

これはあくまで「建前」の話です。実際は儒家の徳治主義だけで国家の運営はできません。儒家の徳治主義という表看板を掲げながら、裏では法家の法治主義によって国家を運営するという体制は、このあとずっと続きます。

法家的な専制体制を強化している習近平体制が、それとは矛盾する「孔子の再評価」を進めているのは、「儒家の皮を被った法家主義」という歴代王朝の伝統に従ったものなのかもしれません。

中華思想――「周辺の野蛮」あっての「中心の文明」

ここまで春秋戦国時代に生まれた諸子百家の思想を見てきましたが、もっと古い時代から、「中華思想」とか「華夷思想」といわれるものがあります。

「華」というのは文明という意味です。世界の真ん中の文明地帯のことを「中華」といいます。もともとは「中原（ちゅうげん）」と呼ばれた黄河中流域が「中華」でしたが、時代とともにその範囲は拡大し

■中華（華夷）思想

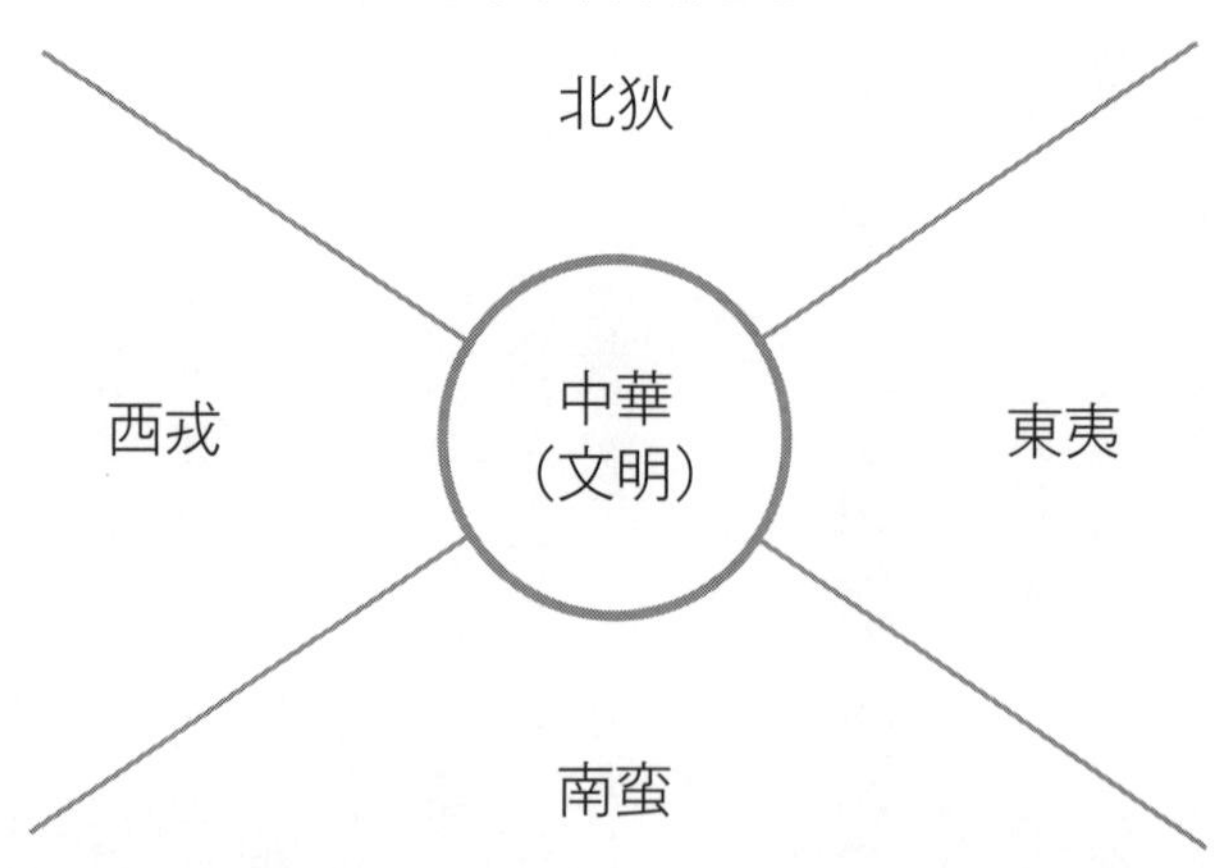

「中華」とは、人種や血統ではなく、中華文明を受け入れた人々という「文化的な概念」。
中華文明を受け入れると中華に仲間入りできる。

ます。

世界の真ん中に「文明地帯」が存在するという意識は、その周辺に「非文明地帯」が存在することを前提としています。中華の周辺は東西南北の四方に分けられ、それぞれに住む未開の民を「夷狄」、あるいは「四夷」と呼んできました。中華と夷狄——これが「華夷思想」です。

北のモンゴル高原の遊牧民が「北狄」。東の沿岸部（朝鮮や海の向こうの日本も含む）に住んでいるのが「東夷」。南の長江流域、今の上海のあたりの住人が「南蛮」でしたが、時代によって範囲が広がり、ベトナムなど東南アジアの異民族を指すようになっていきます。そして西のチベット方面に住んでいるのが「西戎」です。

確かに「中華」は、東アジアでいち早く文字の使用が始まった文明地帯で、そこから見れば周りは野蛮に見えたでしょう。これは古代ギリシア人にも共通する意識でした。彼らは自分たちのことを「ヘレネス」と誇り、非ギリシア人を「バルバロイ」といって蔑視していました。「ヘレネス」とは「英雄ヘレンの子孫」を意味し、「バルバロイ」は「わけのわからない言葉を話す者」の意で、英語の barbarian（蛮族）の語源となった言葉です。

ところが「中華」と「夷狄」というのは民族的に固定したものではなく、時代とともに入り乱れています。たとえば最初の王朝である夏王朝は、その伝承から長江流域に起源を持つ南蛮だった可能性があります。戦国時代を統一した秦は、もともと「西戎」だったという記録があります。西のシルクロードのあたりに住んでいた民族が中原に移動し、中華文明を受け入れて中華の国になったわけです。唐王朝もその祖先は、「鮮卑（せんぴ）」と呼ばれるモンゴル高原の遊牧民でした。周の時代から、夷狄の民であっても、中華文明を受け入れれば中華の民と見なすという思想があったのです。

「中華」とは、人種とか血統とか「生物学上の概念」ではなく、中華文明を受け入れた人々という「文化的な概念」だということです。中華文明を受け入れると、中華になる。つまり漢字を習得し、読み書きできると、目の色も肌の色も関係なく中華なのです。実際、歴代王朝の約半分が「夷狄」の出身であり、純粋な漢民族の王朝といえば、漢、宋、明と数えるほどしかないのです。

もちろん今でも中国は、ものすごい多民族国家です。それでも「中国語を話す中国人」が圧倒的多数として存在しているように見えるのは、漢字が表意文字だからです。

アルファベットや平仮名は表音文字なので、たとえば平仮名で書かれた文章について日本語を知らない中国人は読めないし、まったく理解できません。しかし漢字は表意文字（絵文字）でなんとなく意味がわかりますし、別にどう発音してもよいのです。

たとえば、中国語の発音をまったく知らない日本の高校生でも、「漢文」を勉強できます。「学而時習之。不亦説乎」という古代中国語で書かれた文章を、「学びて時にこれを習う、亦た説ばしからずや」と、日本語で読み下すことで、何となく意味を理解できるのです。

漢字を受け入れた諸民族は、このように自分たちの発音で漢字を使いこなしてきました。中国国内ですら、とくに中南部では地方によって発音がまったく違っています。同じ漢字の単語でも、北京と上海と広東では発音が外国語といっていいくらい違っていて、耳で聞いても何をいっているのかわかりません。でも漢字を目で見ると、だいたいわかるのです。そのため、北京の国営テレビ局ＣＣＴＶでは、ニュースやドラマに必ず字幕スーパーをつけているのです。

現在、中国政府は学校教育やテレビを通じて共通語である「普通語」の普及を進めています。しかし、家庭や地域社会では、今もそれぞれの地元の言語を使っているのです。どれくらい違うのか、ちょっと見てみましょう。

「こんにちは！　私は日本人です」

←普通語　「你好（ニーハオ）！　我是日本人（ウオシーリーベンレン）」

「普通語」というのは、北京など北方の言語を基盤とした中国の共通語のことです。元・明・清と三代にわたって北京が首都でしたので、これが共通語になったわけです。独特の抑揚があり、日本語にない発音（日本の「日」は「リー」と「ジー」の中間音）も多いので、日本人は発音に苦労します。

上海語　「侬好（ノンホー）！　吾是日本人（ウオズーサバンニン）」

上海のあたりは、古代の呉の国。この地域の稲作民が日本列島に渡ってきて弥生人となったことが、最新のＤＮＡ調査で明らかになっています。日本の漢字の「音読み」というのは呉音がなまったもので、上海語は日本人にとっては発音しやすいのです。台湾の言葉は福建の言葉（閩南語（ビンナン））ですが、これもフラットで日本語の発音に近いと思います。

広東語　「你好（ネイホウ）！　吾是日本人（オーハイヤップンヤン）」

香港で使っているのがこの広東語。カンフー映画でもお馴染みだと思います。ベトナム語、タイ語など東南アジア系の言語の発音に近い印象を受けます。上海以南は始皇帝に征服されるまで、「百越」と呼ばれた少数民族（南蛮）の居住地でした。その名残が今も方言として残っているのです。

日本軍との戦争当時、蔣介石が「これから東京まで攻め込むぞ！」と号令したそうです。士気が高まった国民党の部隊が行軍して、一山越えたら言葉が通じなかった。そこで兵士たちが「日本に着いたぞ！」と叫んだ——という笑い話があります。中国では、山を一つ越えただけで、言葉が通じないこともある、というお話です。

もし中国語が、ヨーロッパの言語のように表音文字（アルファベット）だったら、上海語、閩南語、広東語はそれぞれ独立した言語と認識され、民族意識が形成されていったでしょう。発音はどうでもよい漢字を共有することで、「中国人」意識が保たれてきたのです。

漢文を受け入れなかった諸民族は、「夷狄」のまま放置されました。東では朝鮮と日本が、南ではベトナムがこの範疇に入ります。これらの国々では知識人は漢文をマスターしましたが、民衆レベルにまで普及することはありませんでした。そこで中華皇帝は、これらの国々の王に貢ぎ物を届けさせ（朝貢）、皇帝の臣下として任命（冊封）し、形式的に華夷秩序の中に取り込もうとしました。中華帝国と地続きである朝鮮とベトナムの歴代王朝は中華帝国からの侵略をかわすため、冊封を受け入れました。

島国の日本は、三世紀の邪馬台国の卑弥呼や五世紀の倭の五王が、魏や南朝の宋に朝貢して王の称号を得たという記録がありますが、七世紀に聖徳太子（厩戸王）が隋の煬帝に宛てて「日出ずるところの天子、日没するところの天子に書をいたす」という、有名な国書を送りつけて冊封体制から離脱することを宣言して以来、華夷秩序の外側に身を置きました。室町時代、朝貢貿易の利益目当てに足利義満が明から「日本国王」として冊封された一時期を除いて、中華帝国と冊封関係を結んだことはありません。

朝貢貿易は、周辺国が貢いだ品物の数倍を中華帝国が返礼（下賜品）としてばらまくことで、成り立っていました。いわば莫大な経済援助を見返りに、各国に頭を下げさせてきたのです。

今日、習近平政権が推進する「一帯一路」構想の思想的背景には、中華文明に浴する恩恵を、ユーラシアとアフリカの途上国に提供してあげようという彼らなりの〝善意〟があるように見えます。アフリカ諸国に惜しみない借款を与え、各国首脳を北京に招いて順番に会見する国家主席の姿は、まさに「中国の夢」そのものといえるでしょう。

しかし返済能力のない最貧国を借金漬けにし、担保と称して鉄道や鉱山、港湾の利権を要求する姿は、かつて「白人による有色人種の文明化」という美名のもとに、アジア・アフリカの植民地化を正当化した「白人の重荷（The White Man's Burden）」と何が違うのでしょう？

朱子学――異民族支配の屈辱に耐えるための精神安定剤

文明の中心たる中華の人々にとって、歴史上とくに辛かった時期が二度あります。最初は、モンゴル人の元朝（一二七一～一三六八年）によって南宋が滅ぼされた十三世紀です。唐が滅んだ十世紀以降、中華帝国はチベット、契丹、女真と異民族の侵攻を許しましたが、全土が征服されたのではなく、漢民族の王朝は存続してきました。

契丹人の遼（九一六～一一二五年）は「最初の征服王朝」といわれますが、彼らが支配したのは北京の周辺（燕雲十六州）だけで、中国の大半を支配していたのは漢民族の宋（北宋）でした。女真族の金（一一一五～一二三四年）は遼と北宋を滅ぼし、淮河以北の華北を支配しました。北宋の皇族は江南へ逃れて、南宋（一一二七～一二七九年）を維持しました。

しかしモンゴル人の元は、華北の金を滅ぼしたのに続き、南宋を滅ぼして中国の全土を支配下に置き、漢民族の王朝は完全に消滅したのです（一二七九年）。

北方民族にどんどん領土を削られ、弱体化した漢民族の王朝に最後のトドメを刺したのが、モンゴル人でした。もはや漢民族の中華帝国は風前の灯です。その南宋時代に朱熹という儒学者が現れました。彼こそが朱子学をまとめあげたのです。

自分たちは中華であり、たとえ国が滅んでも、中華文明が世界の中心であるという事実は変わらない。そういう思想を打ち立てたのが朱子学です。もともとそのような要素が中華思想にはあったのですが、中華帝国が微動だにしなかった漢代や唐代は、おおらかなものでした。中華帝国が危機に瀕していた朱熹のときに、偏狭なイデオロギーに変質しました。つまり朱子学の成立とともに、漢民族の徹底した異民族蔑視が始まったのです。

文明の真ん中にいて世界を支配していると思っていたのに、北から侵入してきた蛮族に踏みつけられ、支配される。容易に受け入れられる現実ではありません。現実を受け入れることを拒否し、空想の中に生きなければ、漢民族の精神がもたなかったのでしょう。

朱子学のイデオロギーを積極的に学んだのが朝鮮の知識階級でした。高麗王朝は繰り返しモンゴルに侵攻された挙句、全面降伏して全土を支配されていますから、精神の安定を得るには、朱子学のイデオロギーは甘美なものだったのでしょう（この朝鮮朱子学が、韓国の反日イデオロギーの源泉になっていることについては、小著『日本人が知るべき東アジアの地政学』〈悟空出版〉に書きましたので、ここでは割愛します）。

祖国を滅ぼされ、歴史が断ち切られ、異民族に支配される辛さというのは、国を滅ぼされたことのない日本人にはなかなか理解できないことだと思います。

一世紀続く「暗黒のモンゴル支配」を脱するのが明朝であり、朱子学を公認するのも明朝です。傷ついた中華のプライドを回復することに明朝は躍起になりました。史上もっとも傲慢であり、周辺諸国に朝貢を要求し続けたのがこの明朝で、東南アジアとインド洋諸国に対しては鄭和の艦隊を派遣して朝貢を求め、日本にも朝貢を要求しました。これにホイホイ乗ったのが足利義満で、ちゃっかり「日本国王」にしてもらったわけです。国家のプライドより経済的損得で行動する義満のような人物は、今の日本の政財界にもいそうです。

漢民族は十七世紀に二度目の悲劇を経験します。今度は明朝の崩壊後、満洲人が建てた清朝（一六四四〜一九一二年）の支配を受けることになったのです。

満洲人は漢民族の男性にも辮髪（べんぱつ）を強制します。辮髪とは一部を残して頭髪を剃り、残した後頭部の髪を三つ編みにして背中に垂らす風習です。蛮族の風習を強制されたのですから、漢民族にとっては大変な屈辱でした。漢民族は抵抗しましたが、清朝は「頭を留めるものは髪を留めず、髪を留めるものは頭を留めず」と厳罰で対処しました。辮髪を拒む（髪を留める）と死刑（頭を留めず）という意味です。

一方で清は、科挙や官僚制度など漢民族の制度も積極的に受け入れます。清の漢民族統治を正当化する理屈はこうです。「確かに自分たちは北狄であったけれども、中華に入ってあなた方の文明を受容した。我々はモンゴルとは違う。我々は科挙を続け、漢民族の役人を登用する。もともと中華とは民族ではなく文明のことだから、我々の統治に何の問題もないだろう」

これは第五代・雍正帝（ようせいてい）がみずから記した書物（『大義覚迷録（たいぎかくめいろく）』）で明らかにした論法です。清朝の皇帝は本当によく中華文明を学び、儒学を理解していました。だから清は三百年近く続いたのです。清は、百年で崩壊した元の失敗に学んだのでしょう。

征服者が征服された側の文化を吸収するというのは、歴史上、よくあることです。たとえば西ローマ帝国はゲルマン人によって滅亡し（四七六年）、ゲルマン諸部族の抗争が続きました。その中のフランク人はローマ人の言語であるラテン語を学び、ローマ人が信仰しているカトリックに改宗することで、西欧を統一することができました。遅れた少数民族が多数派の文明人を支配するには、文明人の制度を取り入れ、その文化を吸収するのが近道だったのです。

ただし、清朝の論法は今や逆手に取られています。つまり、清が中華であるということは、清が勃興した満洲は「中華帝国の一部」であり、「満洲族は中華民族の一部族だ」という論法です。だから中国の国定教科書では、モンゴル帝国を樹立したチンギス・ハンも、清朝を建てたヌルハチも、「中華民族」ということになっているのです。当然、ウイグル人もチベット人も「中華民族の下位概念であるウイグル族、チベット族」とされています。

中国共産党は、通常の民族概念とは異なる、「中華民族」という独自の概念をつくり上げることで、少数民族の自立の動きを封じ込めているのです。

中国の伝統的土地制度――理想は国有、現実は私有

貧困撲滅と富の再分配は、中国における最大の課題です。

たとえば古代エジプトでは、土地私有の概念が育ちませんでした。なぜかというと、農耕地

帯であるナイル川流域は毎年、洪水で泥沼になってしまい、区分けして個人の所有者を特定しても意味がなかったからです。したがって基本的に土地は国有で、洪水が終わったら王が土地を線引きさせ、村々を再建してきました。氾濫を繰り返す大河の近くでは、このようなことが可能なのです。古代の黄河流域でも、あるいはこのようなことが行われたのかもしれません。土地私有権が脆弱だから国家による国有化が可能であり、土地を再分配するための巨大な権力と官僚機構が生まれたと考えるのです。このように灌漑農業を基盤とする「水力社会」こそが専制官僚国家を生み出した、と考えたのが、ドイツ生まれの中国史学者カール・ウィットフォーゲル（一八九六～一九八八年）でした（『オリエンタル・デスポティズム――専制官僚国家の生成と崩壊』湯浅赳男訳、新評論）。

『孟子』には、周王朝では「井田制（せいでんせい）」という理想的な土地制度が行われていたと記されています。これは、一里（約四〇〇メートル）四方の土地を「井」の字形に九等分して、外側の八区画を八家に与え、真ん中の一区画を公田として八家が共同で耕作し、その収穫を租税として納めるという制度です。基本的に土地は国有で、国有地を農民に分配して貧富の差がないようにしていたというのです。

「こういう素晴らしい土地制度が周にはあった」と孟子は書いているのですが、遺跡は見つかっていません。あるいは孟子が周代の話に託して自らの理想を語ったのかもしれませんが、いずれにせよそういう理想的な土地システムがあったという話がずっと伝わっているのです。

■周の「井田制」：孟子の施策

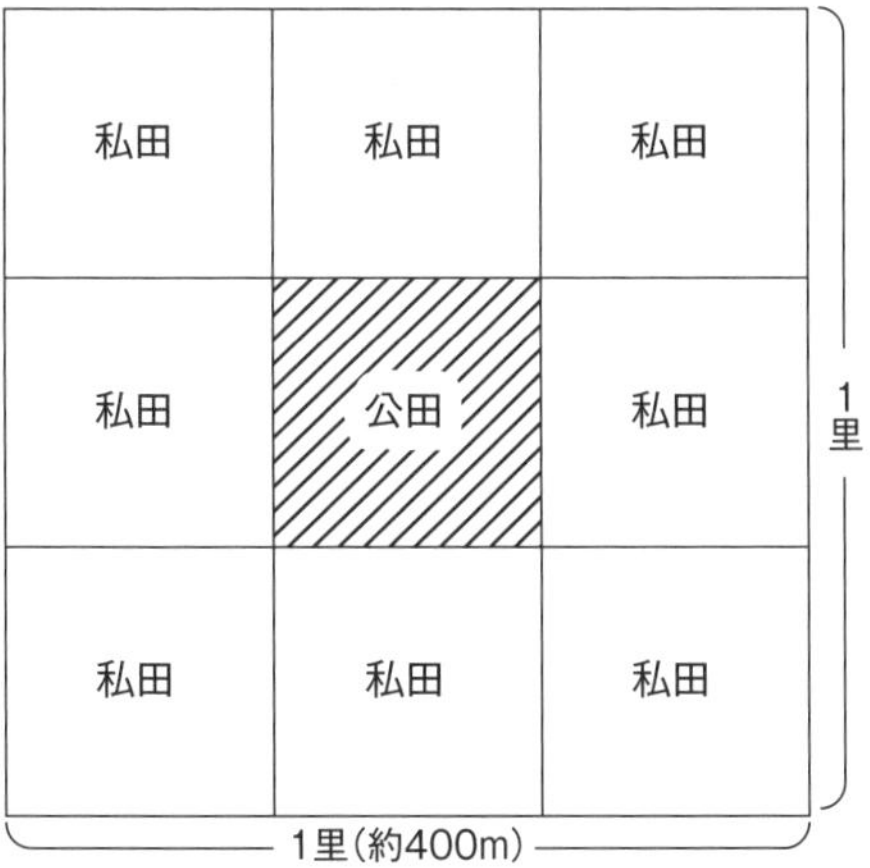

私田	私田	私田
私田	公田	私田
私田	私田	私田

1里（約400m）　1里

土地を「井」の字形に９等分して外側の８区画を８家に与え、真ん中の１区画は共同で耕作し、収穫は租税として納める。日本では飛鳥時代に班田収授法として採用した。

これを立法化したのが隋・唐の均田制で、国有地を農民に分配するシステムでした。これを飛鳥時代の日本が取り入れたのが班田収授法（はんでんしゅうじゅのほう）です。

均田制については隋や唐の歴史書に記録があり、日本の世界史教科書にも大きく載っているのですが、実際にあったかどうかよくわかりません。これを実施するには、各地方政府が土地を調べて地図をつくり、土地台帳と戸籍を整備し、どの土地をどの農民に給付したかを記録した文書を作成するはずです。ところが、均田制を確かに実施したという証拠がまだ数例しか見つかっていないのです。それも証拠が残っているのは、敦煌（とんこう）などシルクロードの都市です。つまり、開拓地では確かに実施していたけれど、中国本土でやっていたという証拠はまだ出ていないのです。

■中国土地制度の仕組み

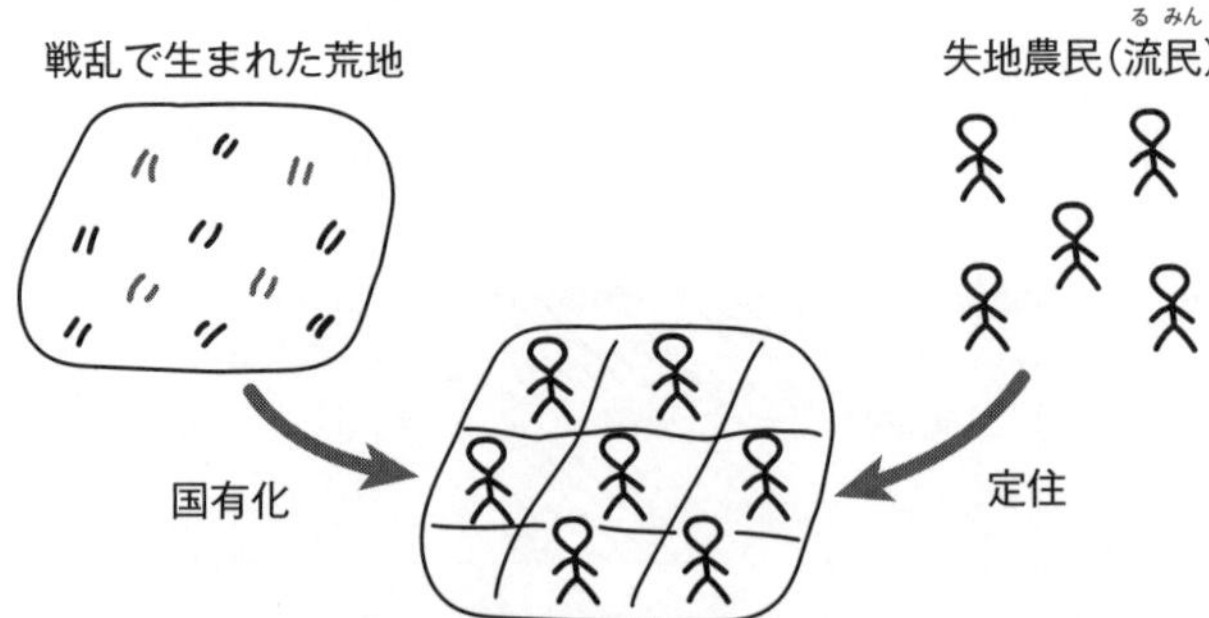

土地国有化と農民への分配、大土地所有の制限
①魏の屯田制
②晋の占田・課田法
③北魏〜隋唐の均田制
➡ 帝権は強化される

ともかく理念としては、「土地は国家のもの」という考え方がずっと中国にはあったのです。しかし古代以来、土地は私有というのが現実でした。この二千年以上続いた現実を覆し、土地を国有地にしたのが毛沢東でした。毛沢東は中国史上初めて、全土にわたって土地を国有化し、農民を人民公社に組織して農業の集団化を進めました。共産党はこのシステムをマルクスから学んだと説明しているのですが、じつは中国の伝統的な考え方に即したものだった、というのが私の解釈です。

そもそも毛沢東がやったことは、マルクスが掲げた共産主義から、かなり乖離したものでした。それはマルクス主義とは本質的に別物の「毛沢東思想」というべきものだったのです。

西洋の土地国有化思想――トマス・モア、ルソー、マルクス

ヨーロッパには土地を国が所有する伝統はなく、歴史を通じて土地は私有地でした。「国家が土地を分配する」という話は聞いたことがありません。ヨーロッパは、土地は私有制で経済は市場主義という自由競争社会です。どうしても勝ち組と負け組が出てきてしまいます。その負け組をどうやって救うかを考えたのが、社会主義です。

社会主義思想が出てくるのは、だいたいルネサンスの頃です。たとえばシェークスピアと同じ時代のイギリスの人文主義者トマス・モア（一四七八～一五三五年）は、『ユートピア』（一五一六年）という空想物語を書いています。「ユートピア」とは「どこにもない場所」を意味する造語で、探検物語という形で当時のヨーロッパ社会を批判した小説です。

新世界にあるユートピア島に住む人々は、誰も家の扉にカギをかけません。なぜなら家の中に個人の所有物はないからです。ユートピア島では個人資産の所有は認められておらず、家も定期的に取り替えられます。私有地はもちろん私有財産も市場経済も認めていないため、貧富の差はありません。市民には労働が義務づけられていますが、労働時間は短く失業はありません。ユートピア島は共産主義社会なのです。

フランス革命の少し前、一七五五年にはフランスのジャン＝ジャック・ルソー（一七一二～

七八年）が『人間不平等起源論』という本を書いてフランス社会に衝撃を与えました。自然状態、原始状態の人間は自由で平等に暮らしていたが、土地の私有化とともに人間の欲望が増大し、富の不平等を招き、貧困や犯罪、差別、権力など、この世のあらゆる悪が生まれてきたと論じたのです。ルソーによれば、この悪を是正する方法は一つしかありません。すべての人間が個人の土地所有権を放棄し、共同体、すなわち国家に差し出すことです。

フランス革命は、ルソーの思想の影響を受けて始まったのですが、ルソーの理想は実現できませんでした。貴族を殺してその所有地を農民に分配することは実行しましたが、土地の国有化まではいきませんでした。

十八世紀半ばにイギリスで産業革命が始まり、十九世紀には他の欧米諸国でも工業化が進むと、勝ち組・負け組の格差がますます広がっていきました。そのような現実を変えるために、土地の私有が貧富の格差の原因であるとして、土地の国有化を主張する人たちが現れてきます。このように、平等社会を実現するために私的所有権を制限しようという思想を「社会主義」といいます。しかしその具体的な方法をめぐって、社会主義運動は分裂に分裂を重ねました。協同組合主義、無政府主義、共産主義、修正主義……。共産主義（マルクス主義）の提唱者であるカール・マルクス（一八一八〜八三年）は、『共産党宣言』（一八四八年）というパンフレットを発表し、世界初の世界革命組織である第一インターナショナルの創設に参加するなど、理論家の枠を超えた存在として、世界史に大きな影響を与えました。

マルクスは土地の私有制度が始まる前、代表的な生産手段である土地を共同体が共有していた原始社会の体制を、「原始共産制」と呼びました。それは階級も搾取もない素晴らしい社会だった、だから今日の資本主義社会を暴力で破壊し、原始社会のような万民平等の共産主義に戻そうというのが、マルクスの基本的な考えでした。

しかし、実際には土地の私有があり、凄まじい不平等があるのですから、金持ちの土地財産を没収して国有化するには、非常な強権が必要です。その強権による私有財産の没収と国有化、管理を実行するための組織が共産党です。しかも強権をもってこれらを実行するには、共産党は権力を独占する必要があります。つまり、土地国有化と共産党独裁とは、不可分なのです。

マルクスの「労働者独裁」の理論を実行したのがロシアの革命家レーニンであり、ソヴィエトという実験国家をロシアに建設しました。次いで中国の毛沢東が実行し、中華人民共和国という実験国家を建設したのです。しかし毛沢東の頭の中にあったのは、マルクスのいう原始共産制ではなく、孟子のいう周の井田制だったと私は考えています。

なぜロシアと中国なのか――ウィットフォーゲルの共産主義批判

ソヴィエト・ロシアと中華人民共和国では、共産党が権力を掌握すると五カ年計画が打ち出され、巨大な官僚機構が動き出しました。全人民は党の決定に従い、党のために働き、党から分配を受けました。こうして平等が実現しましたが、個人の自発的な意思は徹底的に抑圧され、秘密警察が全人民を監視する体制が生まれました。ロシアにおいてはレーニン、スターリンが、中国においては毛沢東が、「人民の敵」と判断した人民を大量に粛清しました。人民を幸せにするといって革命を起こした人たちが、革命に従わない人民を殺しまくったのです。

これは何か間違っていないだろうか、と共産主義者の間でも疑問が起こってきます。ドイツ共産党員でもあった中国史学者のカール・ウィットフォーゲルは、そもそもなぜロシアと中国で革命が成功したのか、と考えました。

マルクスは、原始共産制から古代奴隷制、中世封建制、近代資本主義と段階を踏んできて、その先に共産主義があると唱えていました。だから一番資本主義が進んでいたヨーロッパやアメリカで革命が起こって共産主義社会になるはずでした。それなのに、一番遅れていた中国とロシアで革命が成功したのはなぜか。

ウィットフォーゲルはそれについて、マルクスが唱えた「アジア的生産様式」という概念に注目します。

マルクスのいうアジア的生産様式というのは、古代中国、インド、メソポタミア、エジプトなどアジア、オリエントの専制国家に特有の「人民が国有地を分配されて生産に従事する生産様式」です。それらの国家では、専制君主の下に巨大な官僚国家があり、すべての人民は専制君主に隷属しています。人民は意思を持たず、土地を与えられ、命令に従ってただ働くだけの存在でした。マルクスはこれを「総体的奴隷制」とも呼んでいます。

このアジア的生産様式、あるいは総体的奴隷制という言葉を、マルクスは「アジアは遅れている」という文脈で、批判的に使っています。アジア諸国はいまだ資本主義以前、近代以前の社会だというのです。

ところがウィットフォーゲルは、ロシアや中国に誕生した共産主義国家が求める強力な国家権力、強大な官僚システムによる人民のコントロールというのは、まさにアジア的生産様式の国家に特有な政治形態であることに気づいたのです。

ウィットフォーゲルはこのような政治形態を「東洋的専制」と呼び、ユーラシアの後進国であるロシア、中国に強力な共産主義国家が生まれたのは、それらがもともと東洋的専制主義の国家だったからだと指摘したのです。歴史的に専制国家を生み出しやすい土壌があり、そこに共産党が根を張ったのだ、と説明したわけです。

カール・ウィットフォーゲル

もともとドイツ共産党員で、ナチスの迫害を逃れてアメリカに亡命したウィットフォーゲルですが、スターリンの独裁体制に危機感を抱き、米ソ冷戦が始まると、反共主義に転じます。そのためソ連からは「裏切り者」の烙印を押されます。共産主義にシンパシーを持つ学者が多い戦後日本の学界も、ウィットフォーゲルを完全に黙殺してきました。

ただし、中国史が専門のウィットフォーゲルが提唱した「征服王朝」という概念は、日本の学界も無視できませんでした。中華に王朝を建てた北方異民族は、漢民族の文化に同化吸収されていたという従来の考え方を修正し、北方異民族の遼・金・元・清が建て、独自の文化を保持した王朝をウィットフォーゲルは征服王朝（Conquest Dynasty）と呼びました。この言葉は、日本の世界史教科書にも載っています。

中国という国家の本質――東洋的専制主義と法家思想

ウィットフォーゲルが唱える東洋的専制主義の国家は、地政学でいうランドパワーとピッタリ一致していると私は思います。ロシアや中国を典型とする中央集権的なランドパワー国家と、英国や米国を典型とする自由な貿易活動に基盤を置くシーパワー国家とのせめぎ合い、という形で世界史を見通すのが地政学です。

京都大学の人類学者・梅棹忠夫（うめさお）は『文明の生態史観』（一九六七年）で、東洋・西洋という分類ではなく、第一地域・第二地域という分類を提唱し、ユーラシア大陸の周辺部である西ヨーロッパと日本を第一地域、その間の広大な大陸部分を第二地域に分類しました（梅棹忠夫『文明の生態史観』中公文庫）。

第二地域は大河のほとりに古代文明が成立し、早い時期に巨大な帝国が成立しますが、巨大化しすぎた官僚制度が硬直し、また遊牧民の絶え間ない侵入に疲弊して、没落していきます。征服民族が別の王朝を建てますが、再び官僚制度の硬直化を招き……と同じことの繰り返しです。専制国家の収奪により、資本主義にブレーキがかかるのもこの地域の特徴です。

一方、ユーラシア大陸の辺境に位置していた第一地域の発展はかなり遅れましたが、遊牧民の侵入をほとんど受けなかったために民族国家を熟成させる時間的余裕があり、また官僚機構が未発達だったために自由な商業活動が保障され、高度に発展した資本主義国となっていきます。

梅棹忠夫

つまり、ウィットフォーゲルのいう専制官僚主義国家と、地政学でいうランドパワー、梅棹理論の第二地域はすべて一致しているのです。その典型というべき国家が中国なのです。

要するに、中国という国家の本質は「専制官僚国家」です。

その専制主義を支えるイデオロギーが法家思想です。法家思想の特徴は厳格な法治主義、君主への権力集中、強大な官僚制、中央集権制です。これに諸子百家以前の古代から存在する「土地は国家のもの」という「土地国有の概念」を加えることができるでしょう。

毛沢東はこのモデルを二十世紀の中国で忠実に再現しました。だから毛沢東がもっとも評価した歴史上の人物が始皇帝であり、始皇帝の「焚書・坑儒」を礼賛したのです。

始皇帝が儒家を嫌ったように、毛沢東も儒家を嫌い、孔子を封建道徳の唱導者として徹底的に批判しました。文化大革命のときには、「儒教は革命に対する反動である」として、多くの儒学者が迫害され、各地の孔子廟が襲撃されています。

毛沢東の死後、鄧小平が進める改革開放政策の結果、中国に入ってきた欧米資本と結託して、多くの共産党員が金儲けに走り、私腹を肥やしてきました。習近平はこうした姿勢を激しく批判し、共産党員はもっと道徳的であるべきだと主張しました。道徳の模範として、孔子を持ち上げ始めたのです。

しかし、実際に習近平がやってきたことは法家的です。腐敗官僚を次々に摘発し、身柄を拘束しています。その振る舞いは始皇帝、毛沢東と同じであり、中国の本質は、東洋的専制主義と法家思想なのです。

専制官僚国家はアメリカ人の価値観とはまったく相容れません。アメリカ合衆国の建国理念は個人の自由と人権を重視することだからです。米・中は、そもそもイデオロギー的に相容れないのです。

十九世紀以来、アメリカはそのような中国をなんとか変えようと頑張ってきました。しかし、すべては無駄でした。それを認めたのが二〇一八年のペンス演説（第1章）であり、二〇二〇年五月のトランプ発言（序章）だったのです。

第4章
米国思想編
シーパワー超大国のイデオロギー

イギリスからの〝政治難民〟と〝経済難民〟

本章では、アメリカ人の国民性や思想について見ていきます。ここでは十八世紀のアメリカ独立革命を起点として、考察を進めていくのが妥当でしょう。

始皇帝を起点とする中華帝国が二千二百年の歴史を持ち、王朝は変われどその専制国家としての性質が脈々と受け継がれてきたのに対して、アメリカ合衆国の歴史はわずか二百五十年足らずです。中国から見れば、まだよちよち歩きの幼児のような米国が、世界の覇権を握っている事実は驚くべきことなのです。

独立以前、アメリカはイギリスの植民地でした。入植の開始以来、アメリカに渡ったイギリス人は、二つのタイプに大別できます。それは政治難民と、経済難民です。

政治難民というのは、主として宗教的な迫害から逃れて本国を離れた人々です。十六世紀、ヨーロッパのキリスト教世界が分裂し、ローマ・カトリックとプロテスタントとの分離が進みます。宗教改革です。イギリスでは、王妃との離婚を認めてくれないローマ教皇と対立したヘンリー八世が、自身（国王）を首長とするイギリス国教会を創設し、ローマ・カトリックから離脱しました（首長法：一五三四年）。

しかしこのイギリス国教会（聖公会）というのは、トップがローマ教皇からイギリス国王に変わっただけで、実体はカトリックと変わらないではないか、という批判が、主としてカルヴァン派（ピューリタン）から起こってきます。彼らは国教会をも否定して、「真の宗教改革」を求めたのです。

ジャン・カルヴァンというのは、フランス出身の神学者で、スイスのジュネーヴで宗教改革の指導者として、厳格な神権政治を実行した人物です。

カルヴァンには、「教会に行かなくても、日々の生活の中で誠心誠意、自分の仕事をすることが信仰だ」という教えがあります。自分の仕事を神が与えた使命（すなわち天職）と考え、全身全霊をかけてその使命を果たせ、というのです。

だから、カルヴァン派の人々は非常に禁欲的です。娯楽をせず、着飾らず、宝石を身につけず、黒い服を着てひたすら働きます。あまりに潔癖（purity）を求める人たちなのでイギリスでは「ピューリタン」と呼ばれるようになりました。このような思想は、新興の商工業者に受け入れられ、毛織物業など産業の発達に貢献しました。

カルヴァンは、「教皇も国王も神の代理にはなり得ない」とし、教会指導者は信徒の選挙で選ぶべきだと主張しました。このためカルヴァン派の運動は王権そのものを否定する革命運動に転化していきました。

オランダのカルヴァン派はスペイン王に対する独立戦争を始め、フランスのカルヴァン派はカトリックとの内乱を引き起こしました（ユグノー戦争）。イギリスのピューリタンにも王政を

ピルグリム・ファーザーズ

認めない共和派が出現し、そのため国王ジェームズ一世による弾圧を受けていました。ピューリタンはやがて、国教会からの分離を求める「分離派／独立派」と、国教会にとどまって教会を改革しようという「長老派」とに分裂します。

一六二〇年、信教の自由を求める分離派のピューリタン百余人が、真のキリスト教国家をつくろうと、メイフラワー号に乗ってアメリカに渡りました。「ピルグリム・ファーザーズ（巡礼の始祖）」といわれる人たちです。今でもアメリカ人の国民性にピューリタンの教えが色濃く残っていますが、それがアメリカ建国の精神だからです。

大量のピューリタンが政治難民として、ニューイングランドと呼ばれるアメリカ東海岸の北部に入植しました。その中心は、マサチューセッツ植民地のボストンでした。

次にアメリカにやってきたのが経済難民です。十六世紀から十七世紀にかけて、羊毛の需要が高まったイギリスで、地主が小作人から土地を取り上げて牧場に転換する「第一次囲い込み（エンクロージャー）」が行われました。このため、行き場を失った農民が、土地を求めてアメリカに渡ったのです。

彼らは宗教や思想のためにアメリカに来たのではなく、生きていくためにそうせざるを得なかった人々です。彼らは農業に適した南部のヴァージニアなどに入植し、タバコなどの商品作物を生産する農場主となっていきます。このようにして十八世紀前半までに北米東海岸には、一三のイギリス植民地が形成されていきました。この一三植民地は本国からあまりに遠かったため（帆船で片道二週間）、英本国はこれらの植民地を放任し、徴税も行わず、独自の議会を設けることも許しました。

一方、十七世紀後半からイギリスとフランスは第二次百年戦争を繰り広げていました（第2章参照）。フランス革命直前の十八世紀後半には、北米での最終決戦となるフレンチ・インディアン戦争が起こります。イギリスはこの戦争に勝利し、フランスを北米から排除できたものの、多大な戦費のために財政難に陥ります。そこで英本国はアメリカ植民地への課税を強化しました。植民地側はロンドンの英国議会に代表を派遣していません。にもかかわらず、英国議会が植民地への増税を可決したことに強く反発したのです。「代表なくして課税なし」――これが植民地側のスローガンでした。

イギリス政府はまた、経営難に陥っていた東インド会社を救済するために茶法を制定し、東インド会社が植民地の茶市場を独占することを認めます。これに反発した植民地側が、ボストン港に入港していた東インド会社の船を襲撃するという事件を起こします（ボストン茶会事件：一七七三年）。本国が軍隊を派遣した結果、ついにアメリカ独立戦争（一七七五～八三年）が始まりました。

簡単にいえば、イギリスは本国では民主主義を採用しながら、植民地に対しては専制を敷き、統制経済を行っていることに対し、アメリカに入植した人たちの不満が爆発し、イギリスに対して反乱を起こした——それがアメリカ独立戦争なのです。

宗教弾圧、専制政治、統制経済に反対する人々がアメリカ合衆国を建国した。この事実は極めて重要です。独立宣言の冒頭は、次のような格調高い文章で始まります。

We hold these truths to be self-evident,
《われらは（以下のことを）自明の真理と信じる》
that all men are created equal, that they are endowed by their Creator with certain unalienable Rights,
《すべての人は平等につくられ、造物主（神）によって一定の奪いがたい権利を与えられ》

that among these are Life, Liberty and the pursuit of Happiness.
《その中に生命、自由、幸福の追求が含まれることを》
（https://www.ushistory.org/declaration/document/index.html〈筆者訳〉）

この歴史的名文を起草したトマス・ジェファーソンはのちの第三代大統領で、その肖像画は二ドル紙幣に印刷されています。と同時に彼は、ヴァージニアでタバコ・プランテーションを営む大地主であり、大量の黒人奴隷を使役していました。

彼は人間の平等を高らかに歌いましたが、自らが鎖につないでいる奴隷を解放することはなかったのです。アメリカ独立戦争とは、奴隷を酷使する白人プランターが、彼ら白人だけの「自由と平等」を掲げて起こした革命だったのです。このダブルスタンダードは、米国史を理解するうえで極めて重要です。

合衆国の誕生とともに始まる連邦派と反連邦派の対立

一三植民地は独立戦争中の一七七六年七月四日（アメリカ独立記念日）、アメリカ独立宣言を採択し、フランスなどの支援も受けて独立戦争に勝利しました。

ところが、これからいよいよ国づくりを始めるというとき、アメリカ合衆国をどのような国にするかで意見がまっ二つに分かれます。

一つは、緩やかな連邦制にしようという考え。もともと自治権を持つ独立した一三の国々（ステイツ）が、英国との戦争のためにユナイト（連合）して生まれたのが「ユナイテッド・ステイツ・オブ・アメリカ」なのだから、従来どおり、緩やかな連合体でいいという意見です。首都も大統領も置かず、ニューヨーク国、ヴァージニア国、ジョージア国がそれぞれ自治を行い、国家連合を形成すればよいと。今のEU（欧州連合）のような地方分権的な考え方です。

それに対して、アメリカという新興国が欧州列強と肩を並べて発展していくには、強力な連邦政府（中央政府）と連邦軍を創設して、中央集権体制を樹立し、政府が貿易もコントロールすべきだ、という意見がありました。

強力な中央政府が必要だというグループのことを「連邦派」といい、北部の産業界が支持基盤でした。合衆国憲法の起草者で、初代大統領ジョージ・ワシントン（在任一七八九〜九七年）の下で初代財務長官を務めたアレクサンダー・ハミルトンがその中心人物です。

一方、強力な中央政府は必要ない、各州の自治を尊重すべきというのが「反連邦派（州権主義）」で、南部の農場主（プランター）を支持基盤とします。独立宣言の起草者で、初代国務長官を務めたトマス・ジェファーソンがその中心でした。このように、米国の政権内では独立当初から二つのグループに分かれていたのです。これがアメリカの二大政党に発展していきます。

独立戦争の時代、タバコ産業で栄えるヴァージニア州は、独立一三州の中でもっとも政治的

■米国思想マトリックス①　独立戦争直後

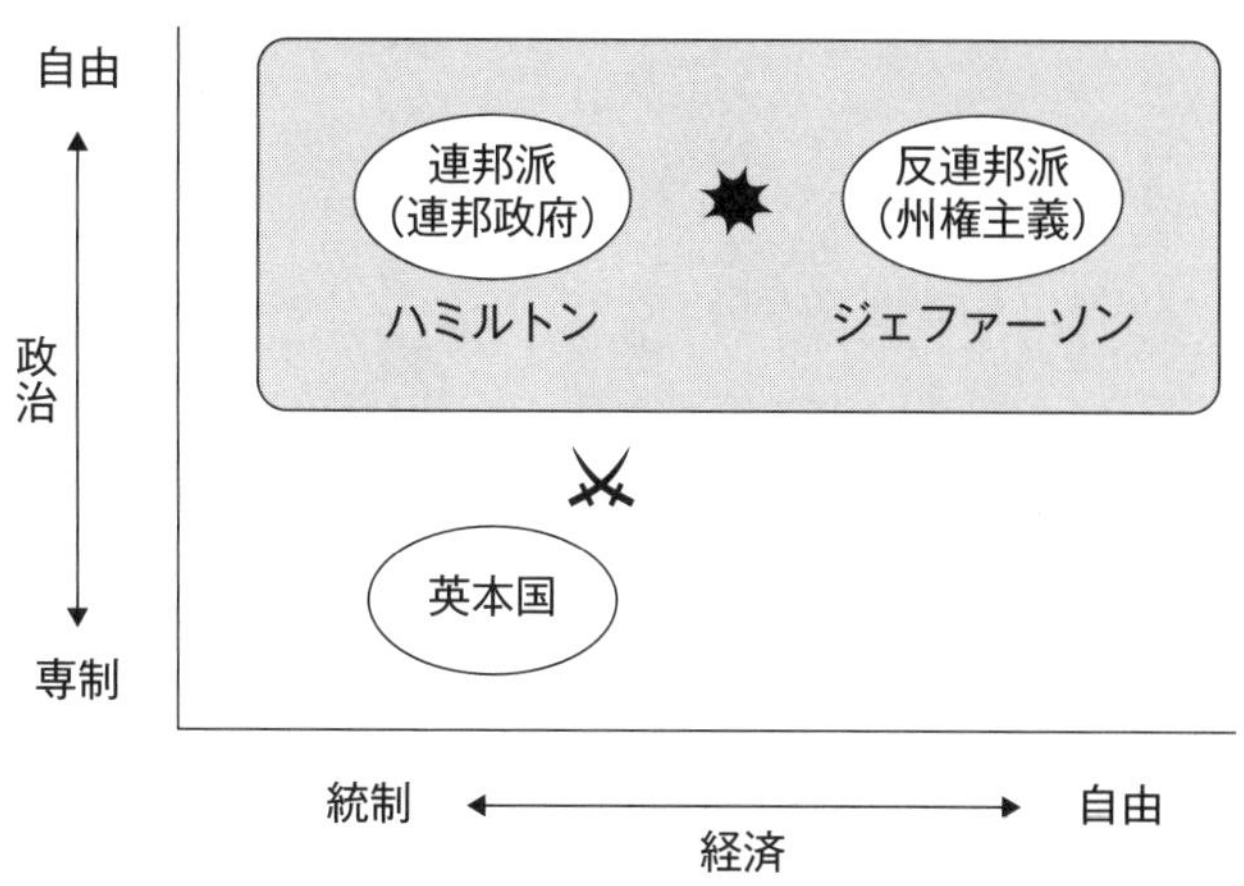

な発言力を持っていました。ワシントンも、トマス・ジェファーソンも、タバコ農場主の出身で、彼らは輸出先である英国との関係改善を望んでいました。だからこのヴァージニアが、反連邦派の拠点となったのです。トマス・ジェファーソンが第三代大統領に選ばれた一八〇〇年以来、十九世紀前半の六十年間にわたって、反連邦派の南部が大統領を選出しました。

当時はイギリスが産業革命を進めていました。彼らが求めるタバコや綿花を生産し、イギリスの工業製品を買えば、イギリスとも良い関係でいられる。アメリカはあえて工業化しなくていい、というのが南部の考えです。政治は地方分権、経済は自由貿易で農業立国を目指す。これが反連邦派の主張でした。

これに対して、もともと農業に不向きな北部諸州では、アメリカも工業国に転換すべきという意見が多数を占めました。大貿易港ニューヨークに形成されつつあった財界に支持され、ライバルのイギリスに対抗するためには中央銀行を設立し、中央政府が貿易を管理し、保護貿易によって米国の工業を育成すべきだと考えたのです。これが連邦派の主張ですが、十九世紀前半を通じて彼らが主流となることはありませんでした。

「白人の民主主義」を追求した民主党初代大統領ジャクソン

イギリスからの移民には多くの経済難民が含まれていました。土地を求める貧困層が大挙してアメリカへ押し寄せたのですから、彼らが社会主義運動を持ち込むことは十分考えられます。土地を国有化して農民に分配せよ、といった運動が起こっても当然でしょう。ところが不思議なことに、アメリカでは社会主義勢力が生まれませんでした。

なぜなら、革命を起こさなくても、アメリカでは貧民層が土地を手に入れることができたからです。西部を開拓すればいいのです。

革命を起こして白人の地主を襲うより、先住民（当時の呼び名では「インディアン」）を襲って土地を奪うほうが簡単だったから、土地の国有化と再分配といった発想はついに生まれなかったのです。アメリカの貧困層は開拓民となって西部の辺境（フロンティア）へと進出していったのです。

■米国思想マトリックス②　19世紀前半

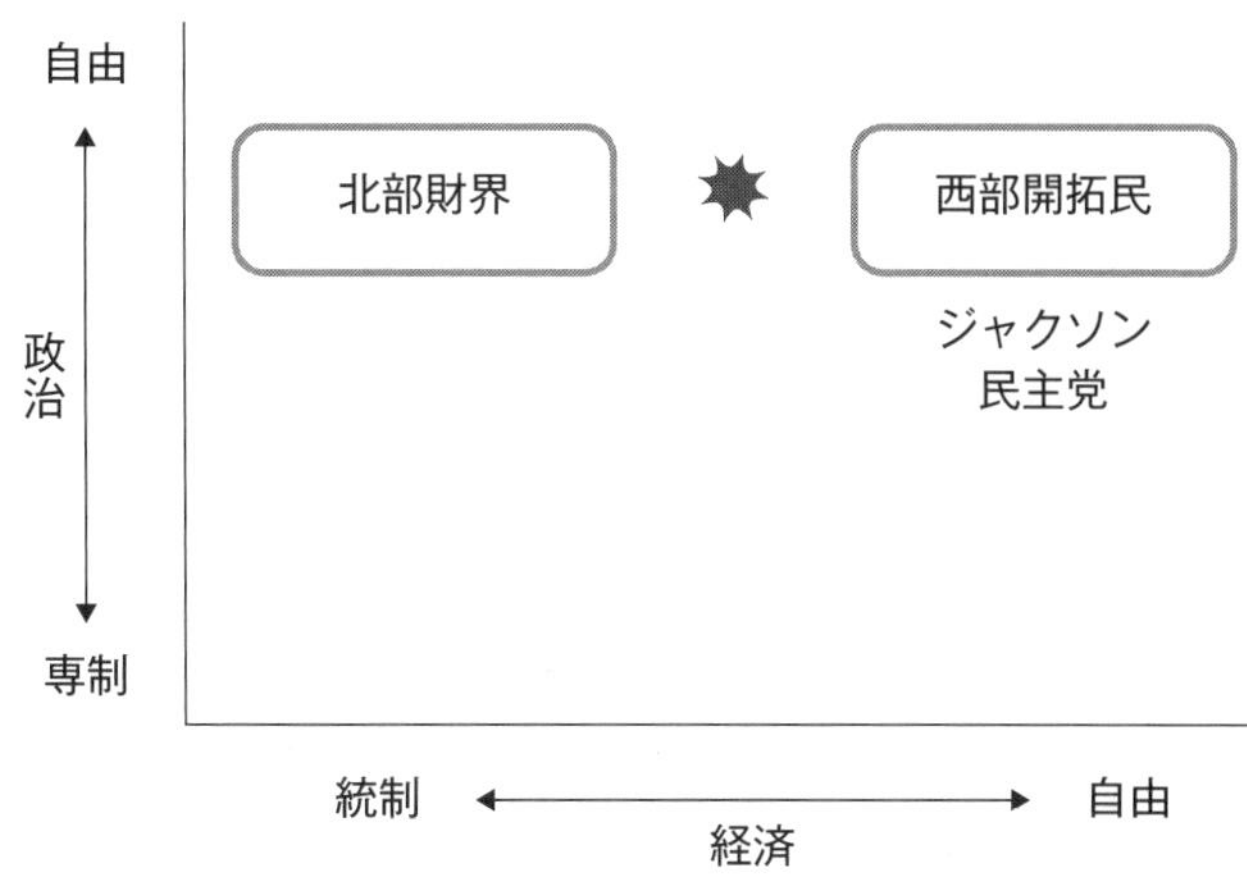

彼ら開拓民は、ニューヨークの銀行やヴァージニアの大地主に反発し、「フロンティア・スピリットこそがアメリカの精神だ」「自分たちこそが本当のアメリカ人だ」と訴え、参政権を要求するようになります。そして一八二〇年代以降、各州は白人男性の普通選挙制度を導入していきました。その流れに乗って、西部農民層を基盤として第七代大統領になったのが、アンドリュー・ジャクソン（在任一八二九〜三七年）です。

それまでの大統領はすべて東部の富裕層出身でしたが、ジャクソンは西部の開拓民出身の初めての大統領となりました。このジャクソンの支持者たちがつくったのが民主党（Democratic Party）で、ジャクソンは民主党所属の最初の大統領なのです。

このジャクソン政権下で白人男性の普通選挙

アンドリュー・ジャクソンの肖像が描かれた20ドル紙幣

制度が確立し、西部開拓民や東部の労働者など「普通の人」の政治的発言力が劇的に拡大しました。そこでジャクソン時代の政治体制は、「ジャクソニアン・デモクラシー（ジャクソン民主主義）」とも称されています。その功績を讃えて、今でも二〇ドル紙幣にジャクソンの肖像が描かれています。

そもそもジャクソンが全国的な名声を得たのは、米英戦争（一八一二〜一五年）での活躍でした。このときジャクソンは部隊を指揮して、イギリスと同盟を結んだ先住民のクリーク族と戦い、婦女子まで含む部族の殲滅（せんめつ）を指揮しています。

先住民との戦いが日常だった開拓民は、ジャクソンの大統領就任に熱狂しました。一八三〇年、ジャクソン政権下の連邦議会は「先住民強制移住法」を制定します。これは、ミシシッピー川以東に住む先住民を根こそぎ追い出し、川向こうのオクラホマへ強制移住させる法律です。先住民が移住拒否する場合には、連邦軍の投入による「強制執行」が可能になりました。この法律に、土地を求める白人開拓者は拍手喝采しました。

ジョージア州西部に住んでいたチェロキー族は、「文明化されたインディアン」と呼ばれていました。彼らは白人に倣って独自の文字を考案し、学校制度を整え、憲法を制定し、三権分立に基づく近代国家を樹立していました。

彼らは「チェロキー国家」の独立と強制移住法の無効を訴え、ジャクソン政権との交渉を求めましたが無視されたため、合衆国最高裁に訴訟を起こしました。しかし最高裁はチェロキー国家の国家主権を認めず、訴えを却下します。土地を要求する武装した白人開拓民が押し寄せ、緊張が高まりました。

流血の事態を避けるため、チェロキー政府は強制移住に応じました。一万五〇〇〇人のチェロキーは東京から北九州までとほぼ同じ距離を歩かされ、その途中、病気と疲労で四〇〇〇人が死にました。これを「涙の道（Trail of Tears）」と呼び、アメリカの暗黒史の一つです。

生き残ったチェロキーは不毛のオクラホマに国家を再建しますが、ここも三十年後の南北戦争で北部軍に占領され、自治権を失いました。

このチェロキーを祖先に持つ米国人は多く、俳優のケヴィン・コスナー、キム・ベイジンガー、ジョニー・デップ、歌手のエルヴィス・プレスリー、ティナ・ターナーなどがいます。

チェロキー文字の考案者シクォイヤ

涙の道

バラク・オバマも母方がチェロキーの血を引いており、二〇〇九年には連邦議会がチェロキーに対する謝罪決議を可決しました。オバマ政権下では二〇ドル札の肖像からジャクソンを外し、黒人解放運動の女性指導者ハリエット・タブマンに変えようという運動も起こりました。

二〇一七年一月、大統領に就任したトランプは、ホワイトハウスの執務室にジャクソンの肖像画を掲げ、二〇ドル紙幣の件も白紙に戻しました。トランプはジャクソン記念館を訪問して「偉大な大統領」だと称賛しました。トランプの強固な支持基盤である中西部の白人層の間で、今もジャクソンは英雄だからです。

自由と人権を保障するアメリカ独立宣言を起草したジェファーソンが奴隷農場主であり、アメリカ民主主義の指導者ジャクソンが先住民迫害の急先鋒であったという事実。これがアメリカという国家の抱える歴史的病理であり、最大の弱点でもあります。

二〇二〇年、白人警官が偽札を使った黒人容疑者を逮捕する際、地面に押さえつけて圧死させた事件は、ＳＮＳを通じて全米に拡散し、大規模なＢＬＭ運動を引き起こしました。抗議者の一部は暴徒化し、ジャクソン大統領や南北戦争期の南部指導者の記念碑を襲撃しました。

米中対立という図式で見るとき、中国共産党による人権抑圧を非難する米国に対し、「そういうお前はどうなんだ」と中国側に反論の隙を与えてしまうという意味で、この問題を米国の国内問題とは片づけられないのです。

農業国から工業国への大転換を図ったリンカーン

十九世紀の半ばになるとようやく北部で産業革命が進み、中央政府と保護貿易を求める連邦派が再結集して共和党（Republican Party）を結成します。一八六〇年の大統領選は、北部の財界に推された共和党のエイブラハム・リンカーン候補が、約半世紀ぶりに民主党から政権を奪回するという歴史的な選挙になりました。

アメリカ大統領選の仕組みですが、まず二大政党のそれぞれで予備選を行い、党大会で候補者を一本化します。次に両党の候補者が本選挙で激突するのです。

一八六〇年の選挙の場合、支持者の数では民主党が圧倒していました。そこでリンカーンは、奴隷制の非人道性を訴え、西部で新たに成立しようとしていたカンザス州への奴隷制導入阻止を選挙公約に入れたのです。この作戦は成功しました。

奴隷制の是非をめぐって民主党の予備選挙は大混乱に陥り、事実上分裂。複数の候補者が乱立する結果になったのです。

本選挙の結果、民主党系の候補は共倒れとなり、得票率は四〇％にも満たなかったリンカーンの当選が決定します。第十六代リンカーン大統領（在任一八六一〜六五年）の登場です。

南部の一一州はこの結果を受け入れず、次々にアメリカ合衆国から脱退して、一八六一年二月、「アメリカ連合国」を結成しました。これを阻止しようとするリンカーン政権との緊張が高まり、同年四月、南軍の攻撃でついに内戦が始まります。

南北戦争（The Civil War：一八六一〜六五年）は、アメリカという国家の命運を懸けた戦いでした。もし南部連合が勝利していれば、その後のアメリカは、オーストラリアのような農業国となり、経済的にはイギリスに従属したままだったでしょう。

結果的に南部が負けたことで、アメリカは工業国に大転換することになったのです。リンカーン政権はイギリスからの工業製品に高関税をかけて国内産業を守る保護貿易政策を採用しました。今、トランプ政権は、中国からの工業製品に高関税をかけていますが、そのＤＮＡは共和党の初代大統領であるリンカーンから受け継いだものなのです。

リンカーン大統領といえば「奴隷解放宣言」（一八六三年）が有名です。確かに共和党は、奴

■米国思想マトリックス③　19世紀後半

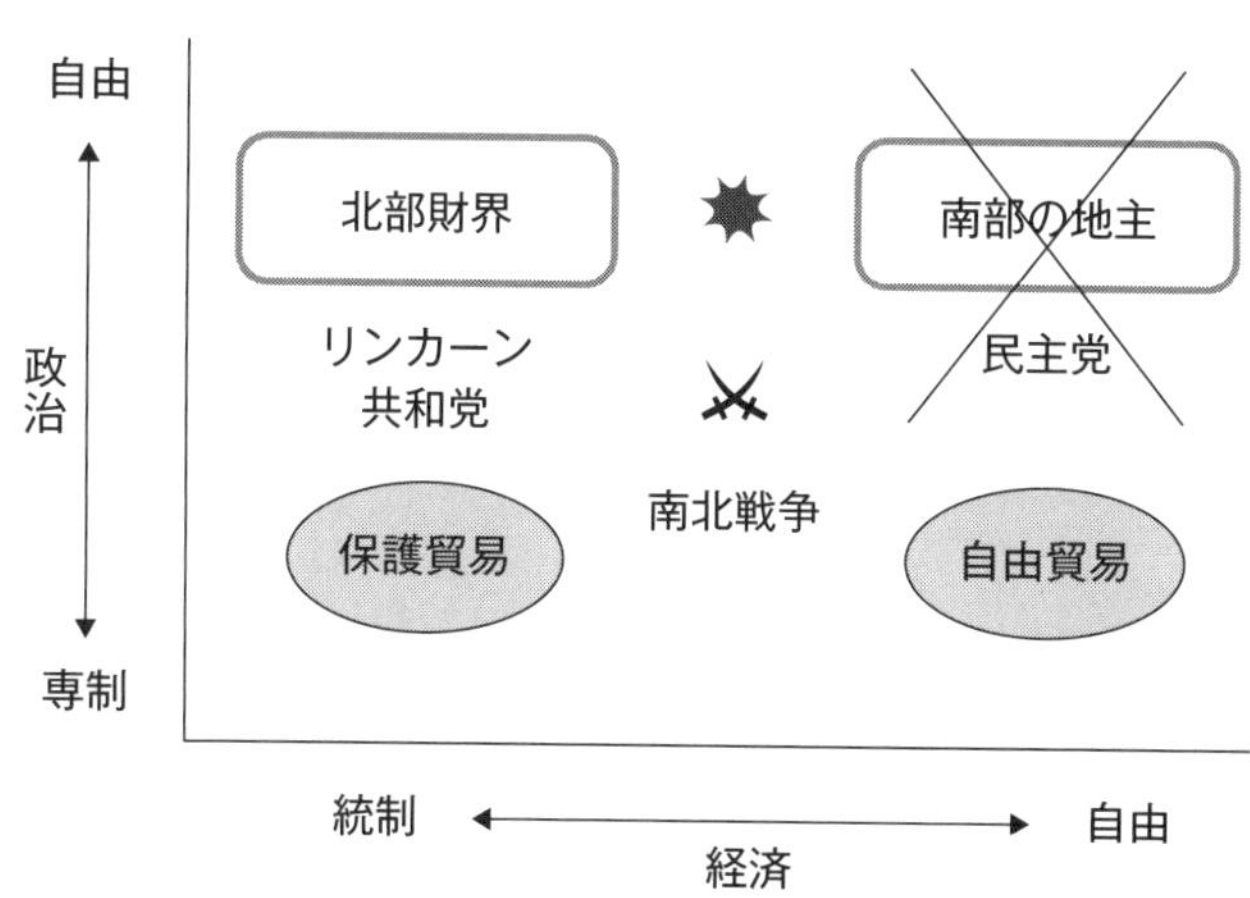

隷解放を一つの旗印にしていました。しかし、それは奴隷が可哀想だから、という感傷的な理由からではありません。これから工業化を進めていくにあたって、低賃金労働者が必要だったからです。南部の黒人が北部に出稼ぎに来てくれれば、それが一番安上がりです。ところが、奴隷は鎖につながれていて、移動の自由がありません。そこで鎖を断ち切って奴隷たちを解放し、北部に出稼ぎに来られるようにしたのが「奴隷解放宣言」なのです。日本ではリンカーンは美化されすぎています。

一八六五年四月、南北戦争は北軍の勝利で終わり、同月にリンカーンが暗殺されます。リンカーン大統領は南北戦争中、戦費を賄うために「グリーンバック」と呼ばれる政府紙幣を発行しました。それまでアメリカのドル紙幣は民間の大銀行が発行していましたが、リンカーンは通貨発行権を連邦政府が握るべきだと考えたのです。

リンカーンを劇場で撃った犯人は、南部連合の支持者で俳優のブースでしたが、その背後には通貨発行という既得権を侵害されたニューヨークの大銀行があり、欧州ともつながる国際金融資本があったという仮説があります。

南北戦争の終結から十九世紀末にかけて、保護貿易でイギリス製品を排除したアメリカの工業は急成長し、一八九〇年代にはイギリスを抜いて世界ナンバー1の工業国となります。

アメリカに行けば職があるということで、ヨーロッパ中から経済難民が大量に入ってきます。これまでは西部に行けば土地を得られましたが、一八九〇年には先住民スー族の最後の抵抗が弾圧され、フロンティアが消滅、西部開拓の時代は終わりました。

そうなるとヨーロッパから新たに入ってきた貧しい移民の行き場が失われ、工場で低賃金労働を強いられるようになり、ヨーロッパから社会主義思想を持ち込む者も現れます。

このとき困窮する移民労働者に手を差し伸べたのが、民主党でした。民主党は、黒人奴隷制度を維持しようとして南北戦争に敗北したあと、生き残るために「移民労働者の味方」と看板を架け替え、勢力挽回を図ったのです。これが、オバマ政権まで続く「新生」民主党の始まりです。

富の再分配を行い、福祉を充実させるには、巨大な官僚機構——大きな政府が必要になります。そこで「福祉優先」が民主党のスローガンになり、労働組合がその支持母体となっていき

■米国思想マトリックス④　19世紀末

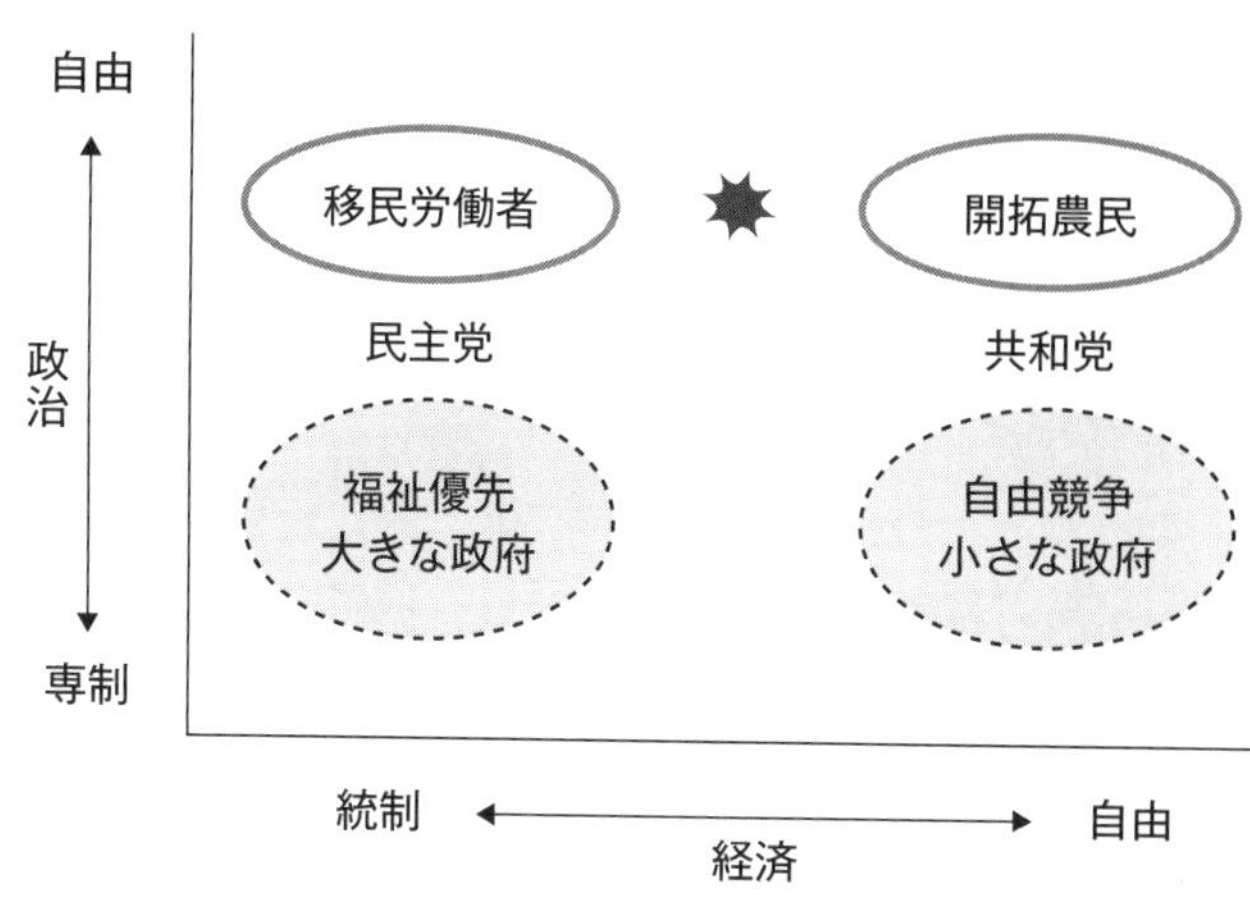

ました。

　これに反発した共和党は、逆に開拓農民の側につくことになります。「自由競争、小さな政府」をスローガンとする共和党の考え方が、「自分の身は自分で守る。福祉なんかいらない」という開拓農民のスピリットに合致したのです。

　ジャクソン時代に開拓民の政党として出発した民主党が、移民労働者の政党へと看板を架け替える一方、北部資本家の政党として出発した共和党が開拓民に支持を広げた——支持基盤の大逆転が起こったのが十九世紀の後半でした。

　今もアメリカの内陸部は強固な共和党の地盤であり、移民が入ってくる東海岸・西海岸の諸州は民主党の地盤になっています。この構図は十九世紀末に成立したのです。

領土拡張を正当化する「マニフェスト・デスティニー」

十九世紀の前半、アメリカに渡ってきた移民の多くが開拓農民となって西へ西へと進出していった結果、「フロンティア・スピリットこそがアメリカの精神だ」という思想が広がっていきました。

フロンティア・スピリット、すなわち開拓者魂とは、あらゆる困難に打ち勝って、独力で辺境を開拓しようという精神をいいます。この「困難」の中には、「先住民の抵抗」も含まれています。「辺境」とは、自分たち白人の文明圏から遠く離れた地のことで、先住民の居住地であるかどうかは問題ではありませんでした。つまり西部開拓とは、白人が先住民の住む地を、彼らの抵抗を力で排除しながら征服していくことなのです。これを正当化する理屈が「マニフェスト・デスティニー」です。

マニフェスト・デスティニーとは、「キリスト教を知らない異教徒を駆逐し、キリスト教社会を広めることは、神がアメリカ人に与え給うた明白な天命（Manifest Destiny）である」という主張のことです。先住民を虐殺することも、彼らの地を奪うことも、これによって正当化されました。

ここでアメリカ人のいうキリスト教とは、ピューリタンを中心とするプロテスタントを指しています。したがって、カトリックのメキシコからテキサスやカリフォルニアを奪うことも侵略ではありません。

実際、マニフェスト・デスティニーという言葉自体は、一八四五年のテキサス併合を支援するスローガンとして生まれ、その翌年に始まったメキシコとの戦争（米墨戦争：一八四六〜四八年）で盛んに使われています。アメリカは一八四八年に米墨戦争に勝利し、カリフォルニアを手に入れました。西部への領土拡大はついに、太平洋岸に達したのです。

十九世紀末にフロンティアが消滅すると、アメリカの海洋進出が始まります。マニフェスト・デスティニーは、ハワイ併合（一八九八年）や米西戦争（同）、米比戦争（一八九九〜一九〇二年）など、北米大陸以外への帝国主義的な領土拡張政策までをも正当化する言葉となったのです。

アメリカは、ヨーロッパやアジアの国々と違って、人工的につくられた国で、雑多な人たちから構成されています。「アメリカ人であること」は血統ではなく、イデオロギーなのです。それが、「個人の自由と人権（ただし白人に限る）、そしてキリスト教を世界に遍く広めるためにアメリカは存在する」というものです。

このイデオロギーを受け入れるかぎり、出身を問わずアメリカ人になる機会が与えられます。イギリス系だろうがドイツ系だろうがフランス系だろうが構わない。だから民主党は、お得意様となる移民をどんどん受け入れて政権を取ろうとするのです。したがって民主党は国境線を開放する方向に、つまりグローバリズムへと向かいます。

逆に、移民の増大で職が奪われることを危惧する開拓民が支持基盤の共和党は、移民の新規受け入れを制限したがります。つまり共和党は、国境線を固く閉ざす方向、ナショナリズムの方向へと向かうのです。

大統領選を左右するユダヤ系

十九世紀末、アメリカが世界ナンバー1の工業国になると、関税で国内産業を守る必要がなくなってきます。さらに貿易収支の黒字により、貿易代金として米国に流入した大量の金(Gold)がニューヨーク、ウォール街の銀行の金庫に集積されていきました。この時代、金融業界の統廃合が進み、巨大銀行の設立が相次ぎます。

「ロックフェラー家の銀行」といわれたチェース・ナショナル銀行とJPモルガン&カンパニーはアングロ・サクソン系ですが(両者が合併して現JPモルガン・チェースとなる)、他の多くの金融機関がユダヤ系の人たちによって創設されています。投資銀行のソロモン・ブラザーズやゴールドマン・サックス、クーン・ローブ商会、二〇〇八年に経営破綻して世界金融危機を引き起こしたリーマン・ブラザーズ、いずれもユダヤ系です。欧州に安住の地を持たなかったユダヤ人は国境を越えた投資で利益を得ているため、グローバリズムを志向する民主党を支持するようになります。

クーン・ローブ商会の頭取ジェイコブ・シフも、ドイツのフランクフルト・ゲットー（ユダヤ人隔離居住区）出身のユダヤ人で、ロスチャイルド家の代理人でした。シフは日露戦争に際し、高橋是清の求めに応じて、日本の戦時国債を引き受けた銀行家として知られています。また自ら引き受けるだけでなく、他のユダヤ系の銀行やリーマン・ブラザーズなどにも呼びかけて、日本の公債引き受けを実現させています。日露戦争後、シフは日本政府に招待されて来日し、明治天皇より最高勲章の勲一等旭日大綬章を贈られました。

シフが日本の戦費調達に協力したのは、ロシアにおけるポグロム（ユダヤ人虐殺）に対する報復でした。実際、十九世紀の終わりから二十世紀初めにはロシアで凄まじいユダヤ人迫害があり、多くのユダヤ人がアメリカに脱出しており、ウォール街は帝政ロシアの打倒を図る革命勢力の資金源ともなりました。

その一方で、ロスチャイルド家はロシアのバクー油田の開発に大規模な投資を行い、日露戦争では帝政ロシアの戦時国債を購入しています。敵対勢力の双方に投資してリスクをヘッジする、これが彼らのやり方なのです。

米国の人口に占めるユダヤ系の割合は二％程度。その多くがニューヨークに住んでいます。少数派ながら莫大な資産を動かす力があり、政治献金によって影響力を行使しています。また、主要メディアもユダヤ系が支配しています。有名なのは、新聞では「ニューヨーク・タイムズ」、テレビではＡＢＣですが、その他にもユダヤ系が支配しているメディアは数多くあります。選挙では、そうしたメディアが民主党支持の大キャンペーンを実施しています。

「宗教国家」アメリカを動かす福音派

イギリスからの移民の中には、国教会に反発し、新大陸に理想的なキリスト教国をつくるためにアメリカに渡ったピューリタンが多数いました。国教会の首長を国王が務めるイギリスでは、宗教が世俗化して国民の多くが宗教に関心を失い、「葬式仏教」ならぬ「葬式キリスト教」になっているのが実態です。しかしアメリカでは違いました。新大陸では信仰だけが心のよりどころであり、「『聖書』の教えに立ち戻れ」という信仰覚醒運動が何度も起こりました。

開拓農民が困難を乗り切ることができたのも、信仰のゆえでした。彼らを支えたものは、銃とキリスト教、とりわけ『聖書』でした。彼らは、『聖書』に書かれていることはすべて正しく、世界は『聖書』＝福音書の予言どおりに進んでいくと信じていました。彼らのことをアメリカでは「福音派（エヴァンジェリカル）」といいます。今も福音派は「『聖書』は誤りのない神の言葉を記した書物である」と信じています。

このため、神による天地創造を否定するダーウィンの進化論を否定し、学校で進化論を教えるな、と運動します。また、生命は神が与えたものであるとして妊娠中絶を殺人と見なし（これはカトリックも同じ）、『聖書』で「忌まわしい犯罪」と見なされている同性愛を嫌悪するのも福音派の特徴です。

福音派はアメリカ最大の宗教勢力で、全人口のおよそ三分の一を占めているといわれます。ただし「アメリカ国教会」のような統一組織はなく、バプティスト、メソジスト、メノナイト、モルモン教、エホバの証人など無数の宗派に分かれ、個々の教会がそれぞれ独自に布教活動を行うのがアメリカ的です。

『新約聖書』の「ヨハネの黙示録（もくしろく）」によると、最後の審判のときにキリストが再び地上に現れて、すべての人間を復活させ、善良な真のクリスチャンだけを天に導き、罪人（つみびと）と異教徒は地獄に堕とされ永遠に苦しむとされています。福音派は、これを本当に信じているのです。

最後の審判に先立ち、イスラエルの「メギドの丘」で神の軍勢と悪の軍勢が戦うと「黙示録」には書かれています。この最終決戦が「ハルマゲドン」です。これが起こるとキリストの再臨が近い、と福音派は考えています。

つまりイスラエルで大きな戦争が起こると、それは世界最終戦争（ハルマゲドン）につながり、異教徒であるユダヤ教徒もイスラム教徒もみな滅び、真のキリスト教徒だけが救われると彼らは真面目に信じているのです（グレース・ハルセル『核戦争を待望する人びと――聖書根本主義派潜入記』朝日選書）。

イスラエルとアラブ諸国との緊張が高まるとき、アメリカはイスラエルを支援すべきだ、と福音派は声を荒げます。これはイスラエルの存続を願ってのことではなく、中東での大戦争そのものを望んでいるのです。

表面的にはユダヤ人と福音派が手を組んでいるように見えますが、ユダヤ人が望むのはイスラエルの存続であり、大戦争で国を滅ぼしてしまっては元も子もありません。

トランプ自身は長老派――ピューリタンの穏健派です。しかし、アメリカ最大の宗教勢力である福音派の票を、彼は絶対に手放せません。だからトランプの本心はともかく「妊娠中絶反対」「同性婚反対」など、福音派の人たちが望むような主張を繰り返すのです。

トランプは二〇一六年の大統領選で掲げた「エルサレムをイスラエルの首都と認め、在イスラエル米大使館をテルアビブからエルサレムに移転する」という公約を実行し、自身もエルサレムを訪問しました。これも明らかに福音派への配慮です。『聖書』には「イスラエルは神がユダヤ人に与えたものであり、イスラエルの首都はエルサレムである」と記されているからです。

トランプの娘婿であるクシュナー氏はウォール街で財を成したユダヤ系です。結婚にあたり、トランプの娘イヴァンカもユダヤ教に改宗しています。しかしトランプのイスラエルびいきは、そういう個人的動機だけでは説明がつきません。岩盤のように固い福音派の支持をつなぎとめておくために、イスラエルびいきを演じている、と私は見ています。

共和党政権と福音派との関係は、日本における自民党政権と創価学会との関係にそっくりです。自民党の政治家のほとんどは創価学会の信者ではないでしょう。しかし自民党の議員が当選するためには、一致団結して動く創価学会の組織票の支持を取り付けることがどうしても必要なのです。

ＦＲＢ創設で国際金融資本と結託したウィルソン大統領

十九世紀末までにアメリカは完全に工業国に転換し、自動車産業や石油産業などのメーカーが共和党の支持母体、金融業界が民主党の支持母体となりました。これは今も変わっていません。

ニューヨークの金融資本と初めて手を組んだのが、民主党のウッドロー・ウィルソン大統領（在任一九一三～二一年）でした。通貨ドルの発行権を誰が握るのか、米国内では長い綱引きがありました。ウィルソン大統領はこれに決着をつけました。通貨発行権を民間の大銀行に委ねたのです。

一九一三年、連邦準備制度（ＦＲＳ）を創設しました。民間の大手銀行が共同出資者となって新たな中央銀行であるＦＲＢ（連邦準備制度理事会）を立ち上げ、ドルの発行権を独占させたのです。国有のイングランド銀行や半官半民の日本銀行と違い、ＦＲＢは完全な民間銀行です。

一九一三年以来、米国の金融政策は、米国政府（財務省）とウォール街の二人三脚で決定されることが制度化されたのです。

全体を統括するのが首都ワシントンＤＣに置かれたＦＲＢで、理事長は大統領が任命します

■米国思想マトリックス⑤　20世紀前半

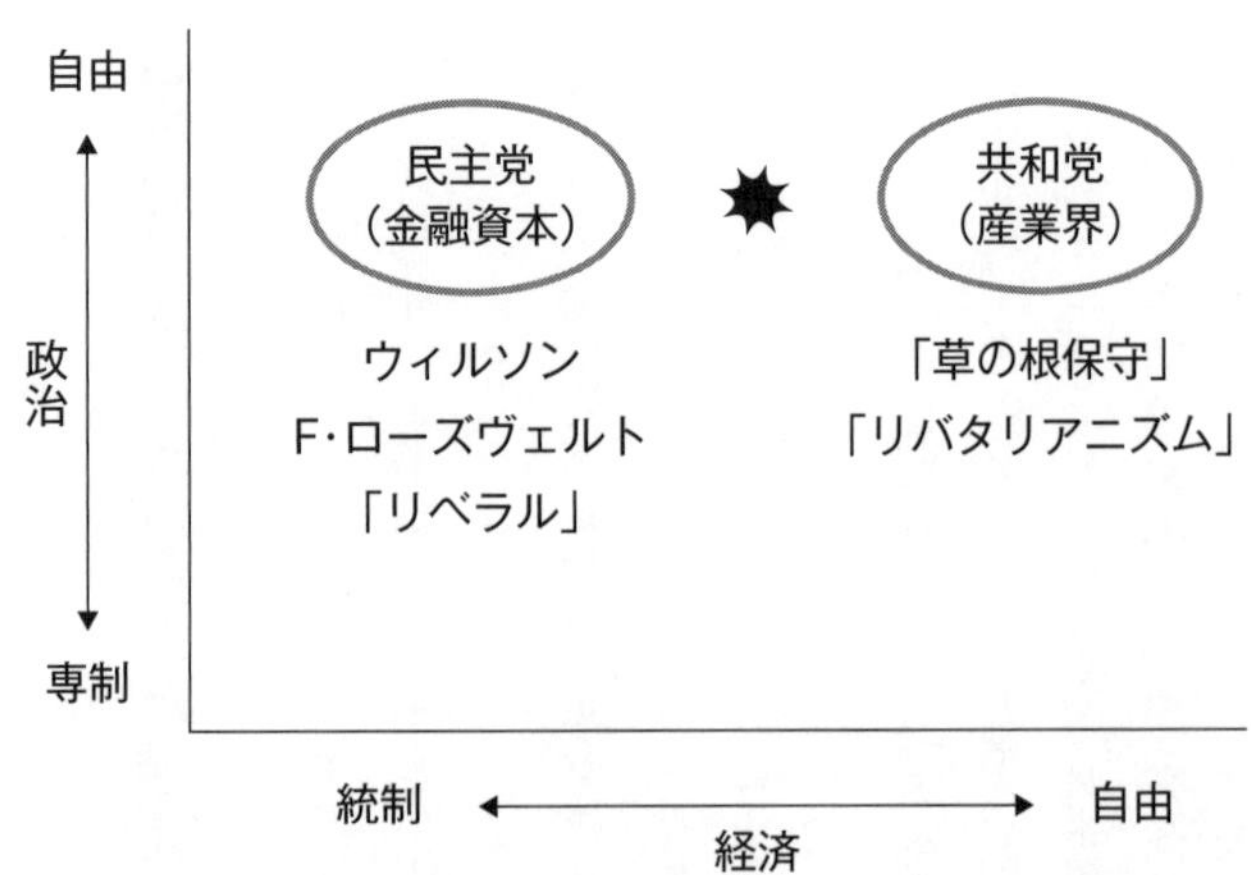

が、政策決定権は出資額に応じて民間銀行が握っています。この下に、全米一二地区に置かれた連邦準備銀行がありますが、重要なのはやはりニューヨーク連邦準備銀行です。

このニューヨーク連邦準備銀行設立時の株主は、以下の一〇の金融機関でした。

ロスチャイルド銀行（ロンドン）、ロスチャイルド銀行（ベルリン）、ラザール・フレール（パリ）、イスラエル・モーゼス・シフ銀行（イタリア）、ウォーバーグ銀行（アムステルダム）、ウォーバーグ銀行（ハンブルク）、リーマン・ブラザーズ（NY）、クーン・ローブ銀行（NY）、ゴールドマン・サックス（NY）、チェース・マンハッタン銀行（NY）。

これらのうち、チェース・マンハッタン銀行以外はすべてユダヤ系金融機関です（以上、金井規雄『ドルの実権を握る『FRB』が得ている膨大な利益とは?」幻冬舎ゴールドオンライン https://gentosha-go.com/articles/-/2635 より引用)。

これは陰謀論でもなんでもなく事実です。ＦＲＢに出資しているのはユダヤ系の国際金融資本です。

ちなみに日本銀行法では、日銀の出資者について次のように定められています。

①政府からの出資が資本金の五五%を下回ってはならない。②出資者に対しては、経営参加権が認められない。

このように、日銀は半官半民とはいえ、「日本政府の銀行」です。この点が、純然たる民間銀行であるＦＲＢとは根本的に違うのです。

国際主義＝「世界の警察」の夢

一八二三年、第五代大統領ジェームズ・モンローは、アメリカはヨーロッパに干渉しないかわりに、ヨーロッパ諸国が南北アメリカ大陸に干渉することも許さないという外交理念、いわゆる「モンロー主義」を表明しました。以来、アメリカはヨーロッパの紛争には一切介入しない孤立主義を外交の基本方針としてきました。

しかし、ウィルソン大統領は約一世紀続いた孤立主義を捨て、国際金融資本が求めるグローバルな国境なき世界で、アメリカ中心の秩序を実現するために世界に干渉する、という方針に大転換しました。「アメリカは〝世界の警察官〟」という言葉を初めて使ったのはウィルソンであり、「元祖グローバリスト大統領」です。

ヨーロッパの紛争への初めての干渉が、第一次世界大戦への参戦（一九一七年）でした。史上初めてアメリカの若者がヨーロッパの戦場へ送られ、連合国の勝利に決定的な役割を果たしました。

「戦勝国」としてパリ講和会議に臨んだウィルソン大統領は、これまた史上初の試みである国際連盟の設立を提唱します。ところがウィルソンの暴走に、野党共和党が猛然と抵抗します。「アメリカはアメリカの道を行くべきだ。なぜ世界のことにまで首を突っ込む必要があるのか」というわけです。

アメリカでは条約の批准には上院の承認が必要であり、当時の上院は共和党が多数派を占めていました。一九二〇年、ウィルソンが調印したヴェルサイユ条約を上院があっけなく否決してしまいました。

こうして、国際連盟を提唱したアメリカ自身が、国際連盟に加盟できない、という無様な結果に終わったのです。

リベラルの変容と保守派の多様化

ウィルソンは大統領選挙にも敗北し、選挙中に脳梗塞を起こして半身不随になってしまいます。共和党のハーディングが「常態への復帰」を掲げて当選し、クーリッジ、フーヴァーと三代にわたって共和党の大統領が続きます。この間、ウィルソン主義から孤立主義への揺り戻し、移民排斥運動などが起きました。しかしフーヴァー政権が世界恐慌への対処を誤ったことから、民主党の大統領が復活します。ニューヨーク州知事から大統領選に出馬した、フランクリン・ローズヴェルトが第三十二代大統領（在任一九三三～四五年）に当選したのです。

ローズヴェルトは社会主義的な物価統制と大規模公共事業による失業対策（ニューディール政策）で圧倒的な人気を集め、史上初の四選を達成しました（米大統領は二選までという不文律を破った）。

この間、対外的には孤立主義を捨て、世界の警察官として振る舞い始めます。ヨーロッパではナチス・ドイツに対抗してイギリスを支援し、アジアでは日本に対抗して中華民国を支援します。この結果、第二次世界大戦でドイツと日本を叩き潰して、世界の覇権国家としての地位を不動のものとしたのがローズヴェルトでした。

英語の「リベラル（Liberal）」とは、個人の自由を尊重し、国家に頼らず、自分の生活は自分で守っていくという開拓者精神にも通ずる考え方のことであり、小さな政府を志向する立場のことでした。

その意味では、共和党が本来のリベラルだったはずです。ところがローズヴェルト時代の民主党政権は「弱者を救済する自分たちこそ、真のリベラルだ」といい始めます。彼らは「リベラル」という言葉の定義を変えてしまったのです。

世界恐慌で失業率が二五％を超えるという非常時の中で、「人々が自分の暮らしを守れないときに、国家がそれを放置するのは罪だ。個人の生活まで守ることが真のリベラルだ」という民主党の主張は、多くの人々に受け入れられていきました。だから、今では「大きな政府で、国家が丸ごと個人の面倒を見る、福祉重視の立場」を「リベラル」というようになったのです。

それでは、本来のリベラルであった開拓者精神、「自分の生活は自分で守る」という姿勢を何と呼べばいいのか。そこで生まれたのが「グラスルーツ・コンサバティブ」、いわゆる「草の根保守」という言葉です。共和党の支持基盤はこの「草の根保守」です。アメリカで銃規制が一向に進まないのは、個人が武装することを合衆国憲法が認めているからです。

「規律ある民兵は、自由な国家の安全にとって必要であるから、人民が武器を保有しまた携帯する権利は、これを侵してはならない」（憲法修正第二条）

秀吉の時代に「刀狩り」を実現した日本人から見れば驚愕の内容ですが、これも西部開拓時代の名残なのです。

大きな政府、福祉重視の民主党的リベラルに反対する運動に、二〇〇九年に始まる「ティーパーティー」があります。オバマ政権の医療保険改革（オバマケア）や景気対策を大きな政府路線として批判し、小さな政府路線を推進しようという運動です。「ティーパーティー（茶会）」という名称は、かつてイギリスの圧政に抵抗する人たちがボストン茶会事件を起こしたことを想起させます。これと同様にオバマ政権の重税に抵抗して、個人の自由を取り戻すという意味が込められているのです。同時に、「ティー（tea）」は、「税金はもうたくさんだ（Taxed Enough Already）」の頭文字でもあります。

トランプ政権はティーパーティーとの関わりが深く、インディアナ州知事から副大統領となったマイク・ペンスは、下院議員時代にティーパーティー運動に参加していました。ＣＩＡ長官から国務長官に就任したマイク・ポンペオも、ティーパーティー運動の活動家でした。トランプ政権はいわば、「ティーパーティー政権」ともいえるのです。

個人の権利を最大化する思想を突き詰めていくと、「リバタリアニズム（Libertarianism）」に到達します。個人の自由至上主義というべき思想で、国家による一切の介入を拒否し、徴税は私的所有権の侵害と見なし、福祉を否定し、自分の身は自分で守るという思想です。大きな政府に反対する点では「草の根保守」に通じますが、リバタリアンは信仰も個人の自由、中絶も同性婚も自由となるので、これらを侵害する福音派とは敵対関係になります。

このようなウルトラ個人主義のリバタリアンが、少数ながらアメリカには一定数いるのです。

一九七一年には「リバタリアン党」が結成され、今では二大政党に次ぐ第三党となっていま

■米国思想マトリックス⑥　20世紀後半～21世紀

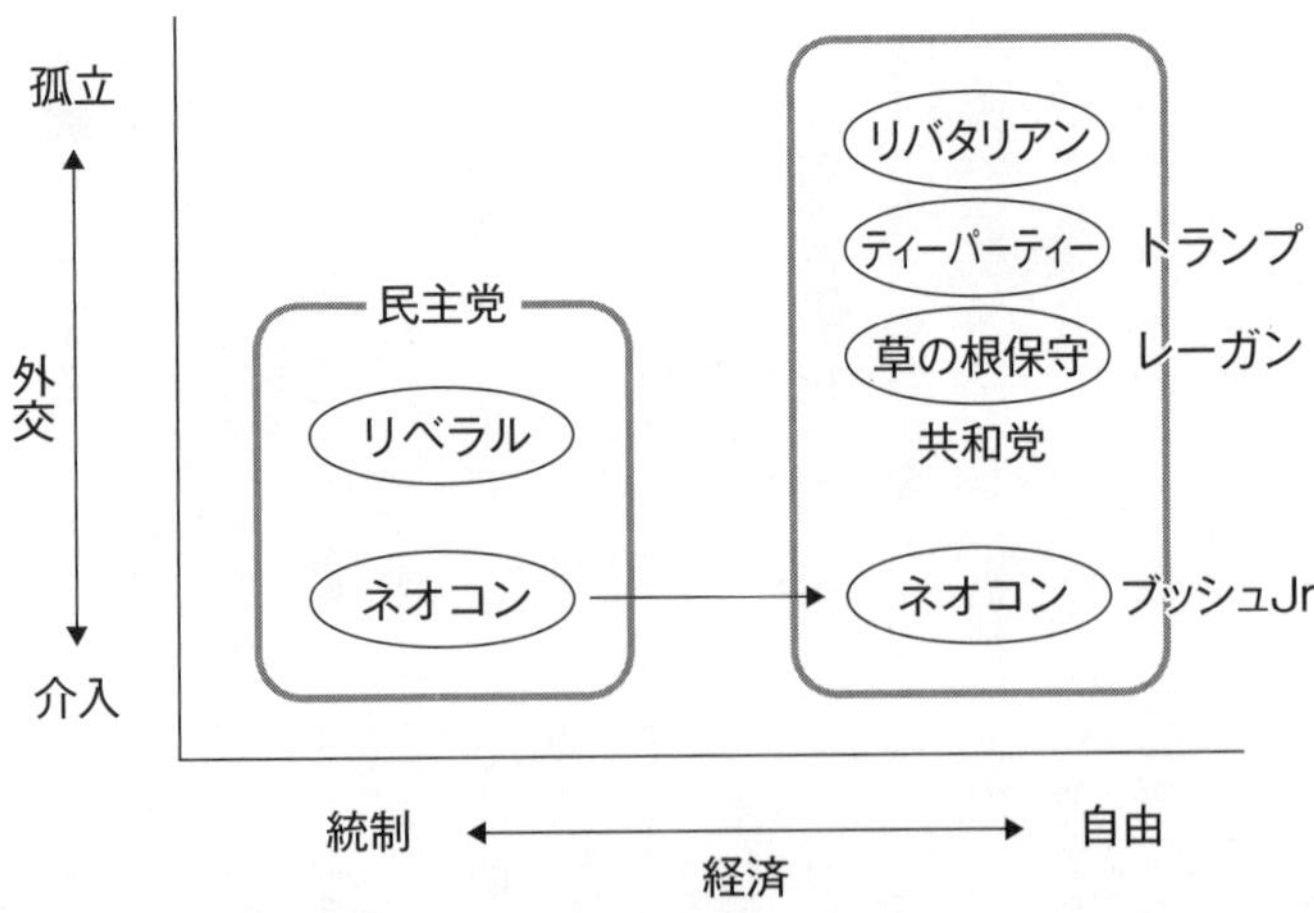

す。二〇一六年の大統領選挙では、リバタリアン党のゲーリー・ジョンソン候補がトランプ、ヒラリー・クリントンから大きく引き離されたとはいえ、五〇〇万票近くを獲得して第三位になっています。

ここまでを時系列に沿って簡単にまとめましょう。アメリカはもともとイギリスの圧政に抵抗して個人の自由と真のキリスト教を求める人たちがつくりました。アメリカは広大で、開拓の余地が豊富にあることがわかると、貧困層がどんどん入ってきて、西部開拓を進めました。彼らのフロンティア・スピリットがアメリカ人の国民性の中核となり、ここから政府に頼らない「草の根保守」の思想が育ってきます。

それは、「人生は自分たちで切り開いていくので、国家は介入するべきではない」という個人主義の思想であり、小さな政府を求める思想です。それから、「ヨーロッパで戦争が起ころうと、アメリカには関係ない」という孤立主義の考え方も定着します。これはモンロー教書として表明され、その後もアメリカの基本的な外交理念となりました。

南北戦争後、アメリカが急成長して、世界ナンバー1の工業国になると、ヨーロッパから新たな移民が大挙して渡ってきました。しかし開拓する土地がもうありません。結果、都市部に彼らは滞留して、社会主義運動を始めます。南北戦争に負けた民主党がそれに乗り、「大きな政府が、福祉政策によって困窮する人々を救済すべき」と訴えて移民労働者を取り込み、世界恐慌期にリベラル民主党が完成しました。「国境なき世界」を希求する国際金融資本が、彼らのスポンサーとなりました。

これに対抗して共和党は、伝統的な開拓者精神（草の根保守）を基盤とし、アメリカの産業を守る保守主義の政党になりました。

二十世紀には「グローバリズム、リベラル、大きな政府」の民主党と「一国主義、保守主義、小さな政府」の共和党が交互に政権を担ってきました。そして、中南米からの移民急増への反発から共和党が勢力を伸ばし、トランプ政権が誕生した、というのが現在の状況です。

ネオコンのルーツはトロツキスト

これまで見てきた保守やリベラルとは異質の、「ネオコン」と呼ばれる一派がアメリカにはいます。ネオコンとは「ネオ・コンサーバティズム」の略で、「新保守主義」と訳されます。

日本では、ジョージ・W・ブッシュ政権（二〇〇一〜〇九年）で、アフガン侵攻やイラク戦争を主導した対外強硬派として盛んに報道されたため、ネオコンとは共和党内の勢力と思っている人もいるようですが、もともとネオコンの牙城は民主党でした。

さかのぼれば、ネオコンのルーツはロシア革命にあります。帝政ロシアはユダヤ人を迫害してきたので、ロシア革命には多くのユダヤ人が参加し、共産党の中にはユダヤ人が多数いました。そもそもマルクスがユダヤ人ですし、レーニンは母方の祖母がユダヤ人、トロツキーもユダヤ人です。

ところが革命後、一九二四年にレーニンが死ぬと、共産党内でユダヤ人グループと反ユダヤ・グループが衝突します。ユダヤ人グループのリーダーがトロツキーで、赤軍の創始者として諸外国の干渉から革命政権を守った立役者でした。

しかし反ユダヤ・グループを率いるスターリンの謀略（彼はジョージア人）によりトロツキーは失脚して国外追放され、共産党内部のユダヤ人たちは粛清されます。トロツキーは一九四〇年、亡命先のメキシコで、スターリンの放った刺客に暗殺されました。

アメリカにはロシア革命にシンパシーを持つユダヤ人がたくさんいたのですが、スターリンによってユダヤ人が粛清されたため、スターリンを敵視するようになります。その反動でトロツキーの思想を支持する「トロツキスト」を自称し、スターリンはロシア革命をねじ曲げた裏切り者であり、ソ連を打倒すべきだという考えを持つようになりました。彼らトロツキストこそが、ネオコンの始まりなのです。

スターリンはヨーロッパで革命運動が次々に失敗するのを見て、「一国社会主義論」に転換しますが、トロツキーは、赤軍による「世界革命論」を唱えていました。ですから、トロツキストであるネオコンは当然、「世界革命論」を支持するのです。

この「世界革命論」は、世界に干渉して、アメリカ的価値を世界に浸透させるというウィルソンやF・ローズヴェルトの思想と共振します。実際、ネオコンはこの二人の大統領を高く評価しています。そしてローズヴェルトがアメリカでやったような、ニューディール的な社会政策を世界で実施していこうとします。こうして、民主党はネオコンの温床となりました。

ネオコンはユダヤ人から始まっただけに、一貫して親イスラエルでした。一九四八年の建国以来、イスラエルは四次にわたる中東戦争をはじめ、アラブ諸国と紛争を繰り返しています。そのたびにネオコンは、イスラエル支持を表明しています。

もともと共和党はイスラエルに冷淡でした。なぜなら、共和党のバックには石油産業がついているからです。ロックフェラー系のエクソンやモービルなど、石油産業はアラブ諸国に石油利権を持っているので、アラブに親米政権をつくることには熱心ですが、油田のないイスラエルには、関心がありません。そのことも、ネオコンが共和党ではなく民主党を支持した理由の一つでした（副島隆彦『世界覇権国アメリカを動かす政治家と知識人たち』講談社＋α文庫）。

ネオコンに乗っ取られた共和党ブッシュ政権

イスラエル周辺のアラブ諸国はソ連の軍事援助を受け、イスラエル包囲網を形成しました。ネオコンは対ソ強硬姿勢を強め、民主党の対ソ政策が及び腰でフラフラしていることに苛立ちを強めます。その筆頭がカーター大統領で、彼は一九七九年、イスラエルに無理やりエジプトとの平和条約を結ばせます。またクリントン大統領は一九九三年、ＰＬＯのアラファト議長とイスラエルのラビン首相の和解（オスロ合意）を斡旋しています。民主党もイスラエルが重荷になってきて、中東紛争を終わらせたいと思い始めたのです。これはネオコンからすると、民主党の裏切り行為でした。

一方、共和党のロナルド・レーガン大統領が冷戦末期に「強いアメリカ」の復活を宣言します。それで、ネオコンは今度はレーガン政権の中に潜り込んでいったのです。

ソ連を「悪の帝国」と呼び、「力による平和」を掲げるレーガンなら、ソ連を屈服させ、イス

■レーガン政権下での中東情勢と米ソ関係

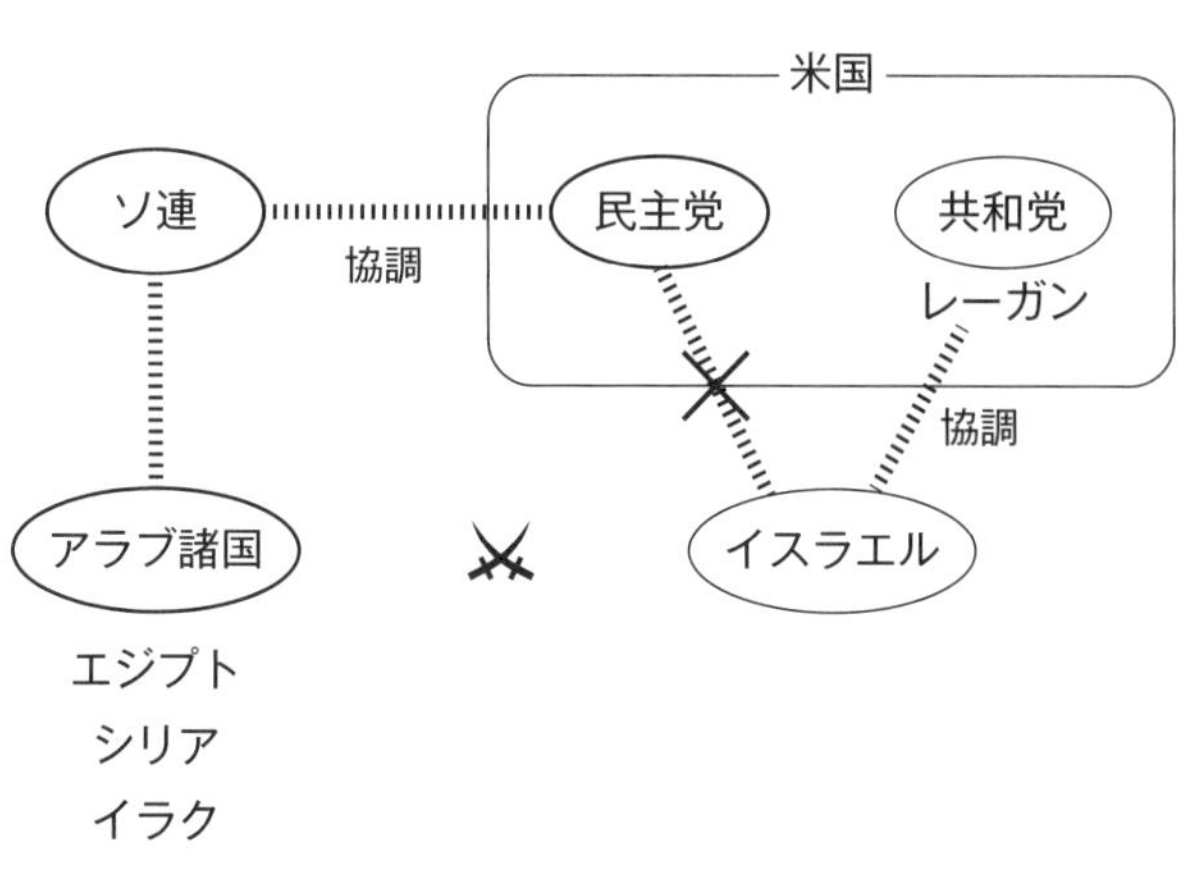

ラエルを包囲するアラブの親ソ政権を倒せると考えたからです。

ネオコンはレーガン政権からクリントン政権を挟んでブッシュ（子）政権まで共和党を支配しました。その間、盛んにアメリカが中東に出兵したのは、すべてネオコンの影響です。

ブッシュ（父）大統領は一九九一年、湾岸戦争を始めます。一方、息子のブッシュ大統領は二〇〇一年の9・11同時多発テロを受け、対テロ戦争の一環としてアフガニスタンに侵攻します。

二〇〇三年には、「サダム・フセインが大量破壊兵器を開発している」との理由でイラク戦争を起こしました。それを裏でお膳立てしたのがネオコンでした。

ブッシュ（子）政権は、完全なネオコン政権でした。ディック・チェイニー副大統領は、ブッシュ（父）政権では国防長官として湾岸戦争を主導しています。ドナルド・ラムズフェルド国防長官、ポール・ウォルフォウィッツ国防副長官、リチャード・パール国防政策諮問委員会委員長の三人は、イラク侵攻の急先鋒でした。彼らはみんな代表的なネオコンです。

ネオコンが始めたアフガニスタン侵攻――「不朽の自由作戦」はタリバン政権を崩壊させ、二〇一四年にオバマが終結宣言をしました。しかしその後もゲリラ戦が続き、多くの米兵を消耗させる「アメリカのもっとも長い戦争」となっています。二〇二〇年二月、トランプ政権と武装勢力タリバンとの和平合意が成立しましたが、先行きは不透明です。

イラク戦争に先立って、政権中枢のネオコンは「イラクが大量破壊兵器を開発している証拠がある」と説明していましたが、のちにその証拠は捏造だと判明しました。

ネオコンというのは「新保守主義」といいながら、伝統的な「草の根保守」とは異質な偽装保守であり、その本質は世界革命を目指す極左勢力です。ネオコンが始めた中東の戦争で、アメリカの若者が多数、殺されました。そのことに「草の根保守」は憤慨しています。トランプは、中東への軍事介入を声高に主張するボルトン大統領補佐官を解任してネオコンと決別、共和党を本来の孤立主義へ戻そうとしているのです。

経験論の系譜を引くプラグマティズム

■西欧思想と中国思想の概念図

西欧思想	中国思想
観念論	伝統的儒学
VS	VS
英国経験論	実学
米国のプラグマティズム	『農政全書』『天工開物』

次にアメリカで生まれた哲学思想であるプラグマティズムについて考えてみます。

プラグマティズムというのは、ヨーロッパの思想史の中に位置づけるなら経験論に属します。経験論というのは、答えの見つからないことについて、試行錯誤を繰り返しながら、その経験を認識の基礎として真理に近づいていこうという立場です。逆に初めから答えがある、真理があるという前提に立つのが観念論です。

たとえば、「神という絶対的な存在があって、神はすべてを知り給う。そのエッセンスは『聖書』に書かれているのだから、人は『聖書』に従わなければいけない」という思想が一方にあって、それに対するアンチの思想がもう一方にはあります。それがヨーロッパ思想史の中では、観念論と経験論という対立になっているわけです。

ルネサンス期に『聖書』の権威が衰えると、人間の理性が神に取って代わります。人間の理性が絶対で、理性というものは万民が持っているから、理性が正しく働けば、誰が考えても同じ結論に至るという立場です。

この近代観念論がデカルトから始まって、カント、ヘーゲル、マルクスへと継承されていったのです。フランスとドイツを中心に形成されたので、大陸合理論とか、ドイツ観念論とか呼ばれます。非常に大陸的、ランドパワー的な思想で、「頭でっかち」なのです。

マルクスはヘーゲルの観念論を批判しましたが、マルクス主義者の思考パターンは典型的な観念論です。唯一絶対の正しさというものがあって、それを理解している共産主義者が人民を指導すべき、というのがマルクス主義の立場です。理論が現実に合わないときに理論を修正することはなく、理論に合わない現実は「反革命だから粛清せよ」となります。

それに対し、「いや、絶対的な正しさなんてない。時代によって、国によって真理は違ってくるものだから、試行錯誤しながら、正しさを追求していこう」というのが経験論です。

この経験論はもともとイギリスで発達したので、シーパワー的発想です。イギリス人がつくったアメリカでも、経験論が人々の基本的なものの考え方となりました。開拓民が西部へ進んでいくとき、ガイドブックはなかったのです。日々の経験の積み重ねの中から、何が正しいかを個々人が判断する、これが経験論です。

その一方で、「ピルグリム・ファーザーズ」以来、アメリカにはキリスト教の影響を強く受けた人も多数います。とくに『聖書』の記述を絶対視する福音派は、「絶対的な正しさがある」という立場で物事を考える観念論的な人たちです。

アメリカにおけるプラグマティズムとは、このような観念論の束縛から人間を解放し、アメリカ人の生活に根差した経験論的なものの考え方をしようという運動だった、と私は理解しています。

シーパワーのプラグマティズムvsランドパワーの観念論

同じことが中国でも言えます。中国の伝統的な考え方というのは観念論でした。つまり、絶対的正しさがあるという立場です。真理は孔子や孟子などの古(いにしえ)の聖人たちがすべて知っていて、儒学の古典に記されているから、それらを丸暗記すれば国家社会の正しい運営ができる、という考え方です。まさに科挙の思想です。ここからはもうイノベーションは起こりません。

ところが中国でも、「何千年も前の古典を読んでもしょうがない。実際に役に立つ、人々を豊かにする学問をしよう」という動きが、じつはありました。それが明代に始まった「実学」です。たとえば農業の技術改良を目指す動きや、工業分野では、新しい製鉄法や陶磁器の製造法など、いろいろなテクノロジーの知識を集めていこうという動きがありました。それが、『農政全書』や『天工開物』といった書籍として結実しています。

もっとも、明や清では、士大夫（知識人）が第一に学ぶべきは実学ではなく、やはり朱子学でした。明代末に刊行された産業技術書の『天工開物』は、まったく評価されず、散逸していました。むしろ江戸時代の日本で広く読まれ、明治期に中国人留学生が日本から同書を持ち帰ったことで、母国でも再評価されるようになりました。日本人は非常に経験論的であったことがわかります。

中華人民共和国になっても、この対立は続きました。「真理は毛沢東思想にある。毛主席はすべてをご存じだ。毛主席に従えば万事うまくゆく」という観念論が一国を支配する時代がしばらく続きました。

ところが鄧小平は、「実際に経済発展するために、いろいろやってみようよ」という立場です。これは西洋における経験主義やプラグマティズムに通じ、「白猫であれ黒猫であれ、ネズミを捕るのが良い猫だ」という鄧小平の言葉が、それを端的に物語っています。この結果が改革開放政策であり、だから改革開放後の中国はアメリカと相性が良く、投資やビジネスを介して両国の関係が深まったのです。

今、習近平は中国を再び観念論に戻そうとしています。たとえばファーウェイが5G技術で世界の先端を行っていますが、彼らがつくりたい世界は、アップルやグーグルのそれとは大きく異なっています。ファーウェイが目指すのは、絶対的に正しい共産党がすべてを監視する世界です。

これを地政学に当てはめると、こうなります。

ランドパワー思想≒観念論≒福音主義≒伝統的儒学

vs

シーパワー思想≒経験論≒プラグマティズム≒実学

国家の性格は、地理的条件に規定される、というのが地政学です。やはり中国は「ランドパワー思想、観念論、伝統的儒学」の国です。どんなにテクノロジーが進歩しても、行き着く先は結局、「洗練されたアジア的専制」でしかないようです。

「シーパワー大国」の戦略プランナー

次にアメリカの世界戦略を構築した人たちについて見ていきましょう。最初は、アメリカ地政学の第一人者にしてシーパワー理論の生みの親、アルフレッド・セイヤー・マハンです。

戦史を研究したマハンは、海上覇権を握った国が世界の覇権を握ってきたことに注目しました。イギリスに代わって世界の海を支配するのはアメリカだと確信し、そのためのプランを構想しています。

現在のテキサス州からカリフォルニア州までの広大な地域はもともとメキシコ領でした。アメリカは、テキサスに移民を送り込んでメキシコから独立させたのち一八四五年に併合、これに反発したメキシコとの戦争に勝利して、カリフォルニアまでの領土を獲得します。こうしてアメリカの国土は太平洋に達しました。

そのカリフォルニアで金が発見されたため、この地を敵が狙い始めます。敵とはイギリスとロシアです。カリフォルニアを守るためには、太平洋側にも海軍が必要です。しかし海軍は大西洋側にしかありません。かといって太平洋側にもう一セット海軍を持つのは容易ではありません。できれば、一つの海軍を大西洋と太平洋の両方で運用したいところです。

「ならばパナマに運河をつくればいい。中継基地としてキューバ、プエルトリコを押さえ、カリブ海をアメリカの支配下に置くべきだ」

さらに太平洋の向こうの中国がイギリスとのアヘン戦争に負けて国を開いたので、アメリカも貿易が可能になりました。

「ならば中国貿易のルートも確保しておく必要がある。それにはやはりパナマ運河をつくるとともに、ハワイとフィリピン、グアムをアメリカの支配下に置くべきだ」

——こういうプランをつくったのが、マハンです。そして、これらをほぼプランどおり実現したのが、海軍次官でのち大統領になるセオドア・ローズヴェルトでした。

マハンは日本とも縁の深い人物で、南北戦争に従軍したのち、極東派遣艦隊の一員として、大政奉還の年（一八六七年）に日本に寄港しています。そのとき、最後の将軍・徳川慶喜が見学に来て、マハンの軍艦に乗船しています。

日本人と接したマハンは、「テクノロジーは劣っているものの、日本人は好奇心旺盛で、他のアジア人とは明らかに違っている。将来、日本人がテクノロジーを手にしたら、恐るべきライバルになるだろう」と言っています。

だから、アメリカは日本の成長を見守って、同じシーパワーとして連携すべきだと考えました。ランドパワーのロシアが海に出てこないように、大西洋はイギリス海軍と、太平洋は日本海軍と手を組んで、アメリカの国益を守ろうというのが、マハンの基本的な構想でした。

このプランもセオドア・ローズヴェルトは採用します。ポーツマス会議を主宰して日露戦争の講和を斡旋したのは、その一環でした。

日本海軍もマハンには大きな影響を受けています。秋山真之は連合艦隊の作戦参謀として日露戦争時の日本海海戦の作戦を立案しましたが、米国留学中にマハンに直接、師事しています。日露戦争における日本の勝利に、マハンとローズヴェルトのコンビは大いに寄与しています。

ちなみにドイツが十九世紀末から海軍の大増強に乗り出したのは、ヴィルヘルム二世がマハンの著作に影響を受け、世界を制するには海を制する必要があり、海を制するには大鑑巨砲主義を採用する必要がある、と確信したからでした。

ティルピッツ海軍大臣のもと、ドイツはイギリスと凄まじい建艦競争を繰り広げましたが、第一次世界大戦ではイギリス海軍に歯が立ちませんでした。ランドパワーからシーパワーへの転換は無残な失敗に終わったとはいえ、マハンがドイツ海軍建設に大きな影響を与えたのは確かです。

封じ込めから米中接近へ

日露戦争に勝ったあたりまではアメリカも日本海軍を、ロシアの太平洋進出を阻止するために利用できるパートナーと考えていました。しかし日露戦争での日本の圧勝を見たアメリカは、日本を太平洋における最大の脅威と見なし、対日警戒モードに入ってしまいました。日露戦争後、日米間で太平洋での勢力圏を確定させておけば、その後の歴史は変わっていたかもしれません。しかし、当時はアメリカ海軍より日本海軍のほうが優勢でした。日露戦争に勝った日本は、少々調子に乗りすぎてもいました。つくづく残念な話ですが、アメリカと協調して、日米が勢力圏を確定させることはありませんでした。

さらに清朝が崩壊して中華民国が成立すると、中国という美味しいマーケットを日米で奪い合うことになります。世界恐慌が始まると日本は満洲事変から日華事変へと戦線を無分別に拡大し、上海を拠点とするアメリカの利権を脅かしました。フランクリン・ローズヴェルトは、もはや座視できない状況と判断し、石油の禁輸など対日経済制裁に踏み切り、日米開戦に至り

■ハートランドとリムランド

ハートランドはユーラシア大陸の中核地域。
リムランドはユーラシア大陸の周縁部のことで、
ランドパワーとシーパワーの接触する地帯。

ます。

日米が激戦を繰り広げている最中に、オランダ出身でアメリカに帰化した地政学者ニコラス・スパイクマンは「リムランド理論」を提唱しました。リムランドとはユーラシア大陸の周縁部のことで、ランドパワーとシーパワーの接触する地帯をいいます。

リムランドの争奪が世界大戦の原因であり、リムランドを制した日独を倒すために米英がランドパワーの中ソと同盟して戦っているが、日独の敗北後、ランドパワーの中ソが台頭してリムランドに進出してくるだろうとスパイクマンは予測します。

そこでアメリカは早期に日本と講和し、これと同盟を結んでランドパワーの膨張を阻止すべきと主張しました。日米両軍が太平洋で激闘を続けていたときに、「日米同盟」の必要性を説いたスパイクマンの先見の明は驚くべきものです。

またスパイクマンは「エアパワー（空軍）」に注目し、日本やフィリピン、オーストラリアに空軍基地を置いて、中ソを抑え込むべきだといっています。このエアパワーの重要性を真珠湾で教えたのが日本海軍でした。

スパイクマンは大戦中の一九四三年に病死しますが、戦後の冷戦体制や日米安保体制を的確に見通していたのです（スパイクマン『平和の地政学――アメリカ世界戦略の原点』奥山真司訳、芙蓉書房出版）。

戦後、スパイクマンが予言していたように、ドイツ・日本との戦いでアメリカの同盟国だったソ連が、東欧や北朝鮮に進出してきます。これに対しアメリカ国務省のジョージ・ケナンが一九四七年、匿名のX論文で「対ソ封じ込め」を提唱します。「ソ連の周辺国に経済的・軍事的援助を提供して、ソ連の膨張主義を封じ込めるべき」という提言で、ケナンがスパイクマンのリムランド理論を継承していることがよくわかります。

これを受け入れて、トルーマン大統領が共産主義に対する「封じ込め政策」を表明します。それが第1章で紹介した「トルーマン・ドクトリン」で、ここから米ソ冷戦が始まりました。

共産主義の膨張を封じ込めるために、アメリカは朝鮮戦争とベトナム戦争に介入します。ところがベトナム戦争あたりで息切れしてきます。いくら叩いても共産主義がはびこる一方で、これではアメリカがもたないことが明らかになってきます。そこで、大方針転換をしたのが、

キッシンジャーを迎える毛沢東（右）と周恩来

ヘンリー・キッシンジャーでした。

一九六九年に発足したニクソン政権において、キッシンジャーは国家安全保障問題担当大統領補佐官に就任し、敵を分断すべきだと進言します。共産主義が一枚岩というのは間違いで、同じランドパワーで長い国境を接しているソ連と中国は、潜在的に敵同士だとキッシンジャーは見抜いていました。

実際、中国共産党とソ連共産党との関係はすでに決裂しており、国境問題から中ソの武力衝突（ダマンスキー島事件／珍宝島事件：一九六九年）が起こっています。

キッシンジャーは主敵のソ連を孤立させるため、中国をアメリカ陣営に引っ張り込もうと考えました。極秘裏に北京を訪問して周恩来と交渉し、米中和解の道筋をつけます。翌七二年にはニクソン大統領が訪中して毛沢東・周恩来と会談し、米中共同コミュニケを発表、米中の対立関係を終わらせ、国交正常化に向けて関係の緊密化に努めることになります。このとき毛沢東は『三国志』になぞらえて、「私は劉備だ。今は孫権のアメリカと手を組み、曹操のソ連を迎え撃つ」とほくそ笑みました。

一九七六年に周恩来、毛沢東が相次いで死去すると、対米接近を阻止しようとした毛沢東夫人・江青(こうせい)ら「四人組」を排除した鄧小平が党の実権を掌握し、七九年には米中間で国交が正式に樹立されます。

次章では、こうしたキッシンジャー外交を含め、米中関係の歴史について、そもそもの発端から振り返ることにしましょう。

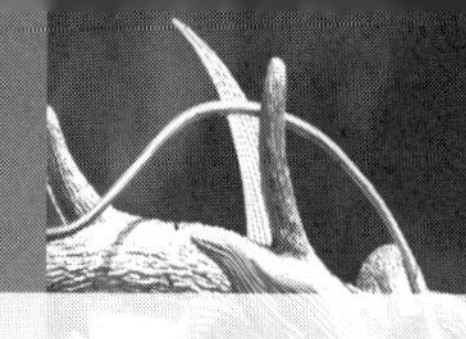

第5章 米中外交史

太平洋に面した二大国「170年史」

不平等条約から始まった米中の外交関係

そもそもアメリカと中国とは、どのような関わり合いを経て、今日の対立に至ったのでしょうか。本章では、米中関係の歴史を振り返ってみましょう。

米国と中国の外交関係はアヘン戦争の直後、一八四四年の望厦(ぼうか)条約に始まります。アヘン戦争（一八四〇～四二年）で清国に勝利した英国は、一八四二年の南京条約で香港島の割譲や五港（広州、福州、厦門、寧波、上海）の開港、賠償金の支払いなどを認めさせました。この条約により、それまで広州一港に制限されていた管理貿易制度（公行）は廃止され、英国は清との自由貿易が可能となりました。南京条約は、中国が西洋諸国の軍事力に屈服して結んだ最初の不平等条約です。

アメリカはこれに便乗しようとしました。当時のアメリカは、西漸(せいぜん)運動（西部開拓による領土拡大）の最中で、まだ太平洋には達していません。英国による対中貿易の独占を恐れたタイラー大統領は、東海岸から清国へ初の使節団を派遣します。帆船に乗った一行は大西洋を渡り、喜望峰を回ってインド洋を横断し、マラッカ海峡を通過、南シナ海・東シナ海を通って上海に至りました。

一八四四年、アメリカは清との最初の条約である望厦条約を締結します。内容は英国と清国との間の南京条約および追加条約とほぼ同じでしたが、米国人が開港地で土地を購入し、教会や学校を建設することを認めさせるなど、より踏み込んだ内容になっています。この条約によって、米中貿易が本格的に始まりました。

一八四八年、米中関係は新たな段階を迎えます。二年前に始まったメキシコとの戦争（米墨戦争）に勝利した米国が、カリフォルニアを獲得したからです。アメリカの西漸運動がついに太平洋岸に達したのです。西海岸に港を持ったアメリカは、巨大な太平洋を挟んで中国と向き合うことになりました。それは、日米関係の実質的な始まりでもありました。

設立まもないアメリカ海軍は、世界最新鋭の蒸気船の導入を進めていました。それを推進したのが、五年後に東インド艦隊司令長官として来航し、日本に開国を迫るマシュー・ペリーでした。ペリー艦隊の目的は、捕鯨基地にするための日本の開国だけではありません。中国との貿易ルートをアメリカ海軍が守るという意思表示だったのです。

新興国アメリカにとって、老大国・清国には二つの使い道がありました。一つはキリスト教（プロテスタント）を広めることです。領事館を置いた上海を中心に、アメリカから数多くの宣教師が入国して布教を始めました。「遅れた中国」を、米国流プロテスタントの「文明国」に変えようとまじめに考えたのです。

もう一つは貿易で利益を得ることでした。しかし当時のアメリカは工業化以前で、売り込む産品はあまりありません。清国への主な輸出品はアヘンでした。フランクリン・デラノ・ローズヴェルト大統領の母方のデラノ家は、清国とのアヘン貿易で財をなした一族です。インド産アヘンを中国に売り込んで巨利を得ていたのは、英国のジャーディン・マセソン商会です。デラノ商会など米国商人は、オスマン帝国産のより安価なアヘンを手に入れ、これを中国に売り込むという方法で、アヘン市場の約一割のシェアを確保しました。

　アヘン代金として銀が流出したため清国では通貨不足（デフレ）が進行し、農産物の物価が下落を続けた結果、多くの農民が経営困難となり、土地を手放して出稼ぎ労働者になる者が続出しました。彼らの一部は「世直し」を求めて太平天国の乱（一八五一～六四年）に加わり、より多くの者は海外への渡航と出稼ぎを求めました。

　一方、アメリカ船が清国から買っていた「商品」は、契約労働力、いわゆる苦力（クーリー）でした。表向きは「自由意志での海外渡航」ですが、実際には外国商人と結ぶ闇ブローカーに前金を支払って海外渡航を斡旋してもらう契約を結びます。前金を支払えない貧困層は、渡航先での賃金をピンハネされ、事実上の奴隷労働を強いられたのです。こうして誘拐まがいの不正な方法で集められた中国人が、西部開拓で労働力不足のアメリカへと送り込まれたのです。

「中国人排斥法」から「排日移民法」へ

一八四八年、カリフォルニアで金が発見され、ゴールドラッシュが起こります。一攫千金を狙う開拓民が、カリフォルニアへ殺到（ラッシュ）したのです。中国人労働者（苦力）も、坑夫として大量に雇われるようになりました。

南北戦争期の一八六〇年代には、アメリカ東部からロッキー山脈を越えてカリフォルニアに至る大陸横断鉄道の建設が始まり、多くの中国人労働者が過酷な建設現場で働いていました。一八六五年に奴隷制度が廃止されたものの、黒人労働者の大半は南部の綿花プランテーションにとどまったため、これに代わる安価な労働力として、中国人が重宝されたのです。

一八六九年に大陸横断鉄道が開通したあとも中国人は帰国せず、アメリカ西部、とくにカリフォルニアにとどまります。一八七〇年代には鉄道景気の反動から景気の後退が起こり、白人労働者の間で「低賃金で働く中国人労働者がオレたちの仕事を奪っている」という不満が高まり、中国人排斥運動が起こりました。米連邦議会は、中国人移民の受け入れを禁止する「中国人排斥法」を可決します（一八八二年）。

中国人移民が禁じられると、今度は日本人移民（日系人）がハワイやカリフォルニアを中心に増えます。これがまた低賃金で勤勉に働くものですから、やはり白人労働者の仕事を奪っているという批判が起こり、カリフォルニアで反日感情が高まります。

日露戦争後の一九〇六年には、サンフランシスコ市の公立学校に通う日本人学童を排除し、東洋人学校への転校を命じる「日本人学童隔離問題」が起きています。その後も「外国人土地法」（一九一三年）など、カリフォルニアでの日本人移民排斥の動きは続きます。

こうした動きに対し日本政府は、米国への日本人移民を自主的に制限する代わりに、米国は連邦レベルの日本人移民の制限は行わないという「日米紳士協定」を結び、日本人移民問題の鎮静化を図ろうとしました。にもかかわらず、一九二四年には連邦議会で「排日移民法」が成立し、日本からの移民が全面的に禁止されてしまいました。のちに昭和天皇は、日米開戦の遠因として、米国における日本人差別に言及されています（『昭和天皇独白録』）。

米国は移民がつくった国ですが、西部開拓が終わる十九世紀以降は移民に対する不寛容な世論が形成され、これが二大政党制とも深く関わってくるのです。

中国人排斥法を成立させたチェスター・アーサー大統領、排日移民法を成立させたカルヴィン・クーリッジ大統領、そして不法移民の取り締まりとメキシコ国境の壁の建設を公約して当選したドナルド・トランプ大統領。彼らはすべて共和党であり、主に内陸部の開拓農民の子孫たち——「草の根保守」の人たちを支持基盤としてきました。

十九世紀末以降、移民制限に積極的なのが共和党です。一方の民主党は移民を積極的に受け入れ、自分たちの支持基盤にしようとしてきました。そのため、東海岸に多いイタリア系やアイルランド系、メキシコ国境に多いヒスパニック（中南米）系、西海岸のカリフォルニアに多い中国系や日系の人たちは、基本的に民主党支持です。中国人の目から見れば、移民に寛容な民主党政権のほうが好ましい、ということになります。

この辺の事情を体感したい方には、映画『ギャング・オブ・ニューヨーク』（二〇〇二年）をお勧めします。アイルランド系移民のギャング団と、米国生まれのギャング団との抗争を描いた作品で、十九世紀ニューヨークの移民社会が見事に描かれています。監督はイタリア系のマーティン・スコセッシ、主人公のアイルランド系ギャングを演じるのはイタリア系のレオナルド・ディカプリオ。この映画の中で、民主党の政治家が移民たちを助け、見返りに「清き一票」を求めるシーンが出てきます。

門戸開放宣言からワシントン会議へ

アヘン戦争の時代、「世界の工場」として圧倒的な工業力を持っていたイギリスは、中国を「開国」という名の自由貿易体制に組み込むことに成功しました。後進国アメリカは、そのおこぼれにあずかる形で清国との不平等条約を結び、上海を中心に中国進出の足掛かりをしっかり確保しました。

ところが十九世紀末になると、アメリカ、ドイツなど新興工業国の追い上げで輸出が頭打ちになったイギリスが保護貿易主義に転じます。各国はアフリカや中東に勢力圏を設定し、市場を独占しようとしました。イギリスはインドで起こった反英運動を制圧して完全な植民地とし、ロンドンでヴィクトリア女王が「インド皇帝」として二度目の戴冠式を行います。

この流れは中国にも及びました。日清戦争で清国が敗北したのを好機として、各国は清国と

■中国における主要国の租借地・勢力圏

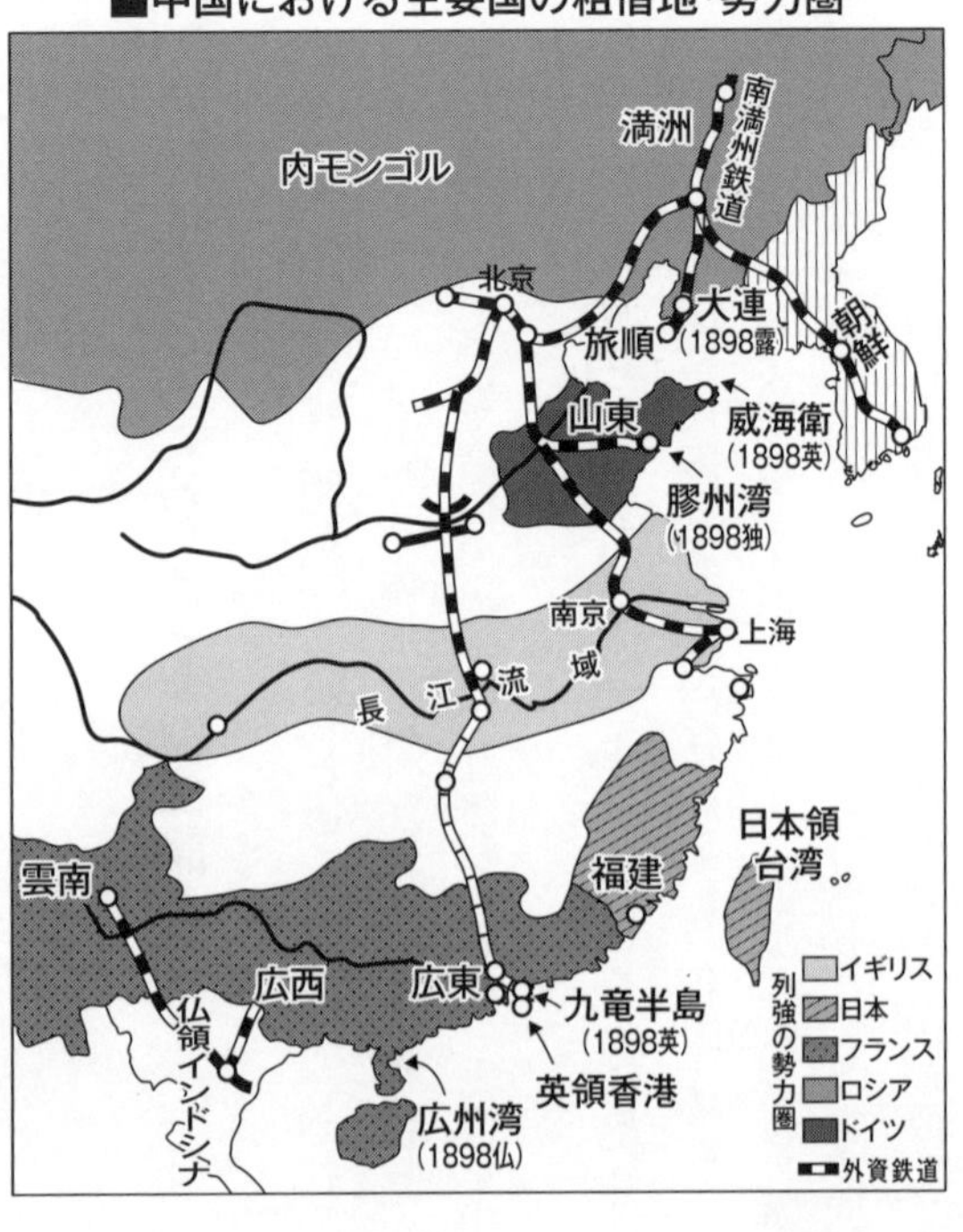

新たな協定を結び、勢力圏の設定を強要しました。この結果、中国市場は北からロシア、ドイツ、イギリス、日本、フランスに分割され、アメリカは市場を失ったのです。半世紀前にはペリーの黒船艦隊に振り回されていた日本が、日清戦争の勝者としてフィリピンに近い台湾を併合し、中国分割に参加してきたことも、アメリカにとっては衝撃的でした。

　アメリカが出遅れたのには事情がありました。カリフォルニアを獲得して西海岸に港を開き、中国大陸へと権益獲得に乗り出そうとした矢先、南北戦争（一八六一～六五年）が始まり、海外進出どころではなかったのです。幕末の日本から、アメリカの姿が消えるのもこれが理由です。ようやく一八九〇年代にハワイを併合し、米西戦争（一八九八年）でスペインからグアムやフィリピンを獲得しますが、今度はフィリピン独立派との戦争

■日清戦争後の中国分割（1898―99年）

	租借地	勢力圏
ロシア	遼東半島南部	満洲・モンゴル
ドイツ	膠州湾	山東省
イギリス	威海衛・九竜半島	長江流域
日本	――	福建省
フランス	広州湾	広東・広西・雲南の3省

イギリスは、アロー戦争で九竜半島南部を併合。それ以外を99年間、租借した。

となり、ゲリラ戦を仕掛けるフィリピン軍の制圧に忙しく、列強による中国分割に参加できなかったというわけです。

マッキンリー政権（共和党）の国務長官ジョン・ヘイは一八八九年と一九〇〇年に、中国に関する「ヘイ三原則」、いわゆる「門戸開放宣言：Open door Note」を発しました。

- 中国市場の「門戸（もんこ）開放：Open door」
- 貿易や投資の「機会均等」
- 中国の「領土保全」

この「門戸開放宣言」ですが、要は「米国の意思を伝えるお知らせ」(Note)を列強諸国に送付しただけのことです。つまり「いいっぱなし」でした。条約ではありませんから連邦議会上院の承認も経ておらず。相手国に対していかなる拘束力もありません。各国は、こう答えました。「他のすべての国が受け入れるなら、わが国も検討しましょう」。

ヘイが三番目の「領土保全」原則を発した一九〇〇年には、義和団事件が勃発していました。アメリカを含む列強八カ国は連合軍を編成して鎮圧したのですが、これにもアメリカはほと

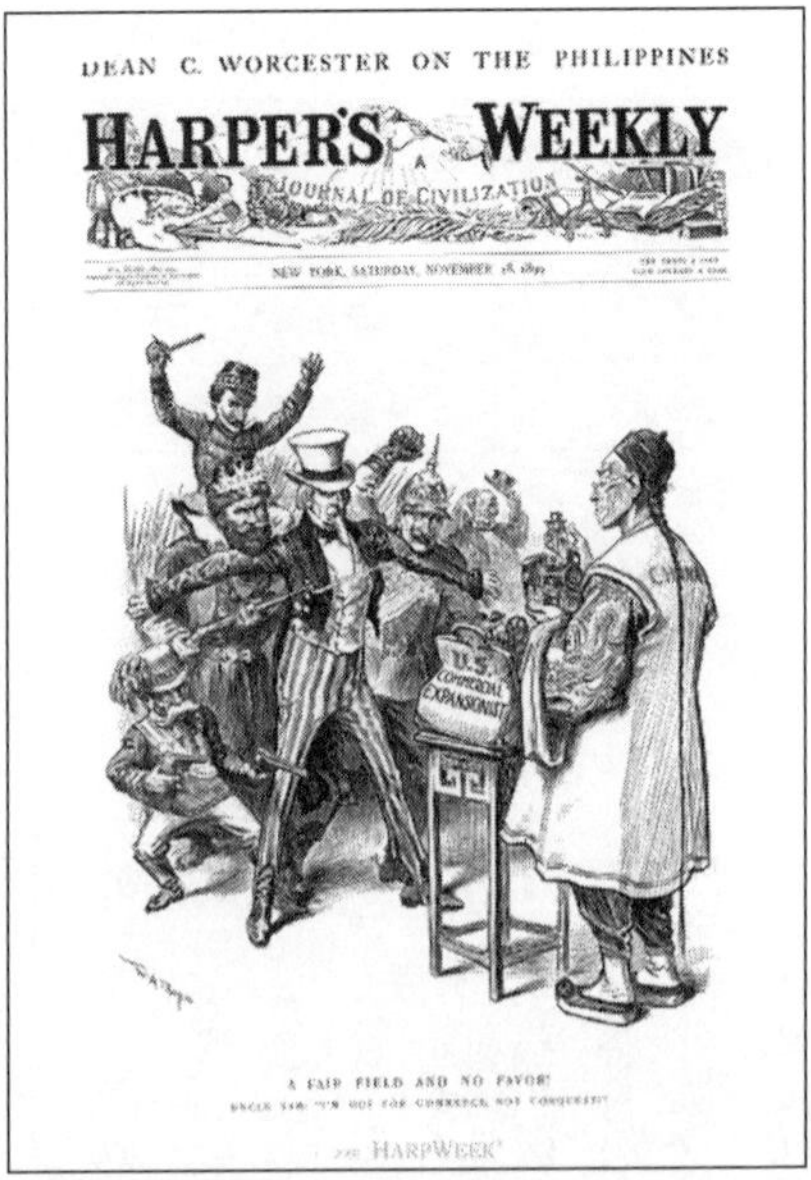

「列強の侵略から中国市場を守るアメリカ」
(Nov.18, 1899 Harper's Magazine)

んど関与していません。

そこで、ヘイ国務長官は中国の「領土保全」原則を宣言して列強を牽制したのですが、ロシアは無視して満洲を占領します。これが日露戦争の原因となりました（第2章参照）。

第一次世界大戦で日米は、同じ連合国としてドイツと戦いました。しかし日米間には、門戸開放をめぐる深刻な対立がありました。日本が日英同盟を理由に、ドイツ勢力圏の山東省を占領し、ドイツ権益を譲り渡すよう中華民国政府に圧力をかけた（二十一カ条要求）ことが発端でした。門戸開放政策を掲げるアメリカのウィルソン政権が、これに反発したのです。

アメリカが参戦した直後の一九一七年、日本の石井菊次郎特使が訪米し、ランシング国務長官とワシントンで協議した結果、妥協が成立して石井・ランシング協定が結ばれました。

石井が主張したのは、アメリカは「門戸開放」といいながら、中南米やフィリピンで権益を独占して、他国に門戸を閉ざしているではないか、ということです。石井は「アメリカの庭」

ともいえる中南米やフィリピンに持っている米国の特殊権益を日本が認める代わりに、日本が中国に持っている特殊権益をアメリカも認めるよう要求したのです。この正論を、結局ランシングは受け入れました。

　こうして、アメリカは中国における日本の特殊権益という事実を認め、日本は中国の門戸開放、機会均等、領土保全という建前を認めるという石井・ランシング協定が成立したのです。これは日米外交史において、日本の要求がすべて通った唯一の交渉だったのではないでしょうか。日本の要求が通ったのは、共通の敵ドイツに対抗するため、日本海軍の存在をアメリカが無視できなかったからです。

　しかし、ドイツ敗北後のワシントン会議で、アメリカはこの石井・ランシング協定を反故にします。イギリスへの金融支援により新たな覇権国の地位を確保したハーディング大統領は、絵に描いた餅だった「ヘイ三原則」を実現するためワシントン会議を主宰しました。

　一九二二年、列強は中国に関する九カ国条約に調印し、中国の主権尊重、領土保全、門戸開放、機会均等を認めました。日本は二十一カ条要求で得た山東省の旧ドイツ権益を返還しました。アメリカ外交の完全勝利であり、中国から見れば、「アメリカ、謝謝（シエシエ）！」となります。

　この結果、一九三一年の満洲事変も、一九三七年の盧溝橋事件に端を発する日華事変も、九カ国条約違反として各国から非難され、日本は国際的に孤立していくことになります。

「アメリカは中国を侵略したことがなく、常に中国の味方になってくれる良い国だ」という幻想が中国人の間で浸透していくのは、このワシントン会議の頃からです。

浙江財閥と宋家三姉妹

一九一一年、辛亥革命により清朝が倒れ、中華民国が翌一二年に成立します。アヘン戦争後の南京条約や望厦条約で外国との貿易が始まると、開港場の中でもとくに外国資本が流入した上海は、一九二〇年代には東京を抜いてアジア最大の金融都市となりました。外資系企業のビルが立ち並ぶ景観は、まるで欧米の都市のようでした。

この上海を本拠として、十九世紀末から二十世紀前半に中国経済を支配した中国人の巨大金融資本を、浙江（せっこう）財閥といいます。

外国人居住区（租界）に拠点を置く外国商社は、その下請けとして、商品の買い付けや売り込みを担当する現地商人を必要としていました。このような人たちを買弁（ばいべん）といい、買弁の代表が上海の浙江財閥でした。

中国国民党政権は、人脈的にも資金源からも浙江財閥とからみ合っており、中国史上最初のシーパワー政権でした。したがって外国資本との相性がよく、沿海部の都市では驚異的な経済成長を成し遂げました。その一方で、国民党の権力は農村に根を張ることはなく、圧倒的多数を占める農民を、清朝末期と変わらぬ地主制度と貧困の中に放置しました。

1928年の上海

「富の再配分」に無関心だったことが、国民党政権の最大の失政であり、この無作為がやがて共産党の台頭を許す結果となったのです。

浙江財閥を仕切っていたのが、宋子文・孔祥熙・陳立夫・蔣介石の「四大家族」でした。彼らは血縁関係で結ばれ、軍人の蔣介石は宋家の娘と結婚することで四大家族に仲間入りしたのです。

この四大家族の宋家に三姉妹がいます。長女が宋靄齢、次女が宋慶齢、三女が宋美齢です。宋子文は宋靄齢、宋慶齢の弟、宋美齢の兄です。宋靄齢は孔祥熙夫人、宋慶齢は孫文夫人、宋美齢は蔣介石夫人となります。

宋家三姉妹と宋子文の父親であるチャーリー宋（宋嘉樹）は、渡米してプロテスタントのメソジスト派の宣教師・牧師となり、帰国して布教活動をしていました。のちに商売に転じて買弁として財を成し、浙江財閥の一人と認められるようになったので

■浙江財閥人脈図

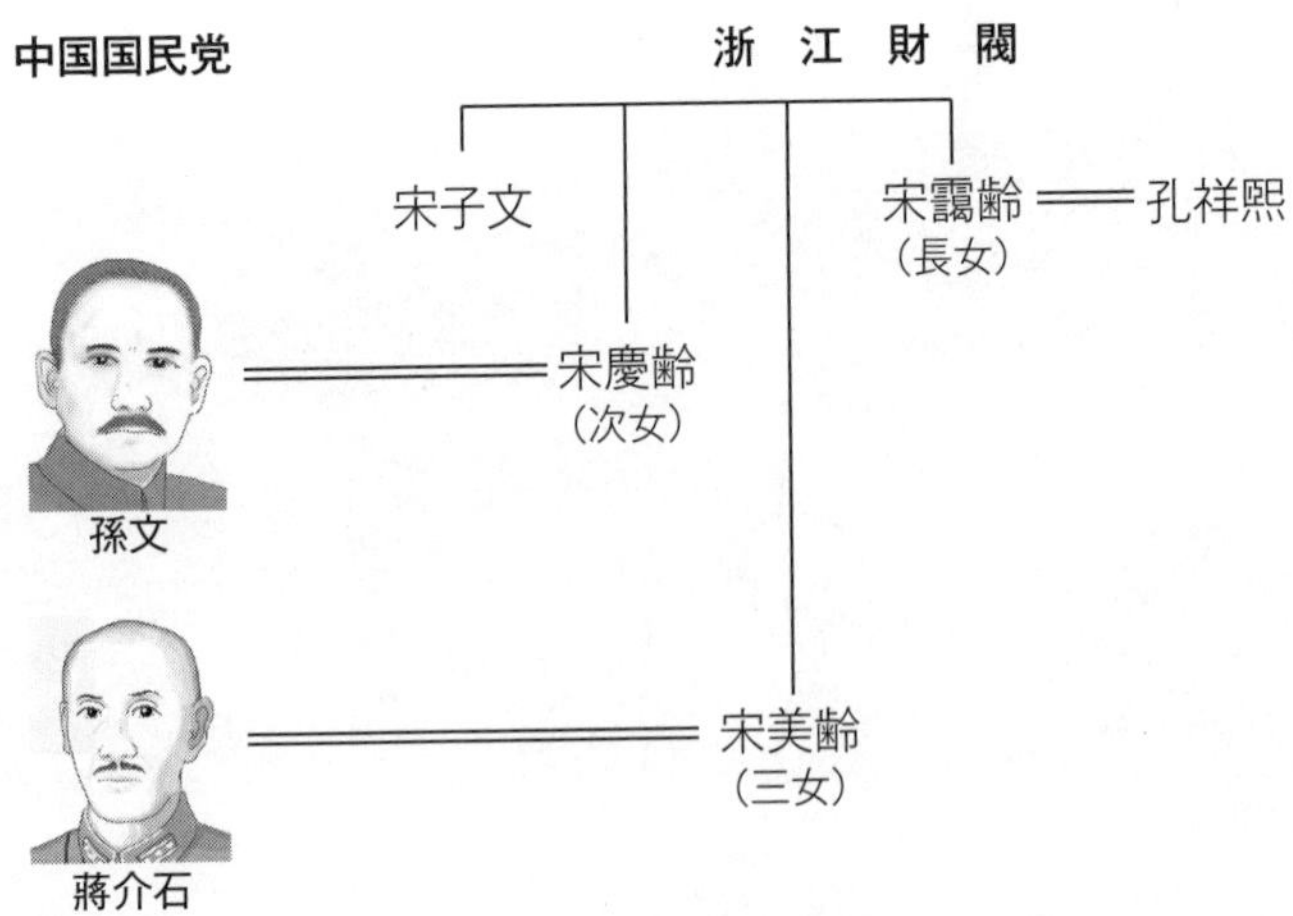

す。

日本ではキリスト教の布教があまり成果を上げていません。アメリカ人宣教師の論理では、「神道などという原始的な自然信仰を奉じている日本人は野蛮だが、中国人はキリスト教に改宗できる文明人だ」ということになるようです。三姉妹はいずれもアメリカに留学し、宋家の急激な台頭は、アメリカとのつながりによるものです。

蔣介石は英語を話せませんでしたが、妻の宋美齢は英語が堪能で、蔣介石の通訳として、南京のアメリカ大使館付の武官らとの交渉に同席し、さまざまな軍事援助を引き出しています。

また、宋美齢はフランクリン・ローズヴェルト大統領や妻のエレノアと親しく、日米開戦後は大統領の招待で訪米し、全米を巡回して英語で講演しています。その際、「日本軍の残虐行為」を涙ながらに訴え、抗日戦への援助を求めたのです。

十九世紀末にアメリカで「中国人排斥法」が制定され、ひどい人種差別を受けてきた中国人ですが、このような雰囲気を一変させ、アメリカ世論に中国へのシンパシーを醸成したのが宋美齢でした。彼女一人の力でアメリカ人の対日イメージ、対中イメージをひっくり返してしまった。ものすごい発信力です。今の日本に欲しい人材です。

宋美齢

ローズヴェルト、チャーチル、蔣介石が対日戦争と戦後処理について話し合った一九四三年のカイロ会談にも、宋美齢は通訳として同席しました。このとき蔣介石はニコニコ笑っているだけで、チャーチル、ローズヴェルトと話をつけたのは宋美齢でした。

合意文書では、「日本は満洲、台湾、澎湖島を中国に返還すること」が合意され、「台湾は中国の一部」という今日の中国政府の主張に正当性を与えてしまったのがこの文書（いわゆる「カイロ宣言」）です。

日米戦の二つの側面——中国市場の奪い合いとソ連の暗躍

十九世紀初めにイギリスが金本位制を採用して以来、ヨーロッパ各国がこれに追随して、十九世紀末には金本位制が国際的に確立しました。

これは、各国通貨と金（Gold）との交換比率を定めることで、異なった通貨間の交換レートをも固定し、貿易決済をスムーズにするシステムです。各国は、中央銀行が保有する金（Gold）と同額の通貨を発行することができるので、貿易赤字を抱える国が金本位制に移行するのは困難でした。日本は日清戦争の賠償金として受け取った銀を金（Gold）に交換することで、ようやく金本位制に移行できたのです。

中国は長らく銀本位制であり、アヘン戦争以来の貿易赤字と、賠償金の支払いで手持ちの銀さえも海外へ流出していたので、金本位制に移行するのが困難でした。南京の国民政府が発行する紙幣「元」は、金（Gold）の裏付けがない不換紙幣であるため信用されず、たびたび暴落しました。

このような「弱い元」では外国から武器を買うこともできず、日本との戦いもできません。

対中投資を加速したい米・英の金融資本は、蔣介石に救いの手を差し伸べました。英国政府の経済顧問リース・ロスを南京へ派遣し、英ポンド・米ドルを元と固定相場で交換すること、中国は金本位制に移行することで合意しました。これが、一九三五年の「幣制改革」です（幣制＝通貨制度）。

大量の英ポンドと米ドルが中国中央銀行の金庫に預けられ、南京政府はこれと同額の新通貨「法幣」を発行できるようになったのです。

ちなみに、中国との戦争が始まると、経済を混乱させるために、日本軍は蔣介石の法幣を偽造しています。陸軍の登戸研究所がニセ札を大量に製造し、上海に送って流通させた「杉工作」です。一九三九年から一九四五年の終戦までに製造されたニセ札は、当時の金額で四〇億円にのぼったといわれています。

フランクリン・ローズヴェルト政権は、蔣介石を徹底的に支援します。日華事変勃発当時、アメリカは中立国だったにもかかわらず、公然と蔣介石に軍事援助を提供し、戦略物資の石油を輸出しました。

航空戦力の脆弱な国民党軍のために、対日戦用の航空部隊「フライングタイガー」も組織しています。建前は「アメリカ義勇軍」ですが、実体は米国政府が戦闘機やパイロットを提供した米軍そのものです。その一方で、日本に対しては経済制裁を科し、石油と屑鉄を止める。要するに、このあとに始まる日米戦は、中国マーケットの奪い合いであり、日米の経済的利害の衝突でした。

もう一つの要素が、ソヴィエト連邦の暗躍です。満洲の日本軍にシベリア侵攻の余力を与えず、また中国国民党と共産党との内戦を終わらせるため、日本軍を中国国民政府とぶつける、あるいは日本とアメリカを戦わせようとしたのです。そのためソ連赤軍参謀本部の情報総局（GRU）は、さまざまな工作を仕掛けてきました。

日本に対しては、GRUの情報部員であるドイツ人記者リヒャルト・ゾルゲを東京に送り込み、朝日新聞記者で近衛首相の相談役だった尾崎秀実（ほつみ）を使って日本政府の情報をつかむとともに、日本軍を南京攻略へ誘導し、あるいは日米開戦へと誘導していきました。「暴支膺懲（ぼうしようちょう）」や「鬼畜米英」など、日中戦や日米戦を煽るスローガンがこのあたりからマスコミで使われ始めますが、これらはもともとゾルゲ機関が広めた用語です。

満洲事変の首謀者だった関東軍の石原莞爾（いしわらかんじ）は際限なき戦線拡大を危惧し、近衛首相と蔣介石との直接会談による和平を斡旋しようとしました。しかし、近衛内閣の書記官長（官房長官）だった風見章（かざみあきら）はこれを無視し、「国民政府を相手にせず」という声明を出してしまうのです。風見は「信濃毎日新聞」の主筆で、『共産党宣言』の邦訳を紹介するなど、共産主義者であることを隠さず、尾崎を近衛首相に紹介したのも風見でした。このような人物が官房長官を務めていたのが、近衛内閣なのです（詳細は小著『戦争と平和の世界史』〈TAC出版〉を参照）。

同時に、アメリカに対しては、ローズヴェルト政権内部にデクスター・ホワイトやアルジャー・ヒスなどの工作員を送り込んでいます。

こうしてスターリンに踊らされた日米が、戦争を始めてしまった。それがあの戦争のもう一つの側面です。だから戦後、マッカーサーが言っています。「日本が何をしたかったのかをようやく理解した。共産主義を止めたかったのだ」と。朝鮮戦争で共産主義の脅威に直面してやっと気づいたというのです。「今ごろ気づくなよ」といいたいところです。

恐るべきことに、現在なお高校教科書レベルでは、コミンテルンの暗躍が隠されています。日本史教科書にゾルゲ事件はほとんど出てきません。ゾルゲ事件を語らずに、どうやってあの戦争を説明するというのでしょうか。結局、「ファシズムに対する民主主義の戦い」「日本が悪かった」で片づけてしまうのです。石原莞爾は日中全面戦を止めようとした人物ではなく、満洲事変の首謀者としてのみ論じられる。これが今も続く戦後日本の歴史教育です。

国共内戦、朝鮮戦争から中ソ対立へ

日本がアメリカに敗れて中国から引き揚げると、国民党と共産党の内戦（一九四六～四九年）が始まりました。ところが不思議なのは、あれほど蔣介石を支援してきたアメリカが、急に国民党に冷たくなるのです。ほとんど援助もしません。

ここにもアメリカの民主党政権内に巣くう親ソ派の明確な意思が働いていたのでしょう。彼らはソ連のスターリンと世界を分割し、中国を毛沢東に委ねることを決定したのです。

西側諸国がここまで左傾化した最大の原因は、世界恐慌の影響だと私は思います。世界恐慌で資本主義の限界があらわになり、西側のエリートの間に「資本主義は終わった」論が広がったのです。ソ連の計画経済をモデルにして国をつくり直さなければいけない。そう考えるエリートが世界中にいました。それが、アメリカのニューディーラーであり、日本の革新官僚だったのです。

日本でも東京帝国大学の教授、高級官僚、政治家、陸軍士官学校出の青年将校……エリートであればあるほど、その思いは切実でした。

第二次世界大戦でアメリカは、中国というマーケットを確保するために蔣介石を支援して日本を叩き出すことに成功しておきながら、その次はやすやすと毛沢東に中国を明け渡してしまったのです。

その毛沢東が、外資を叩き出してすべてを国有化してしまいました。これではアメリカは何のために日本と戦ったのか、わからなくなってしまいました。

その毛沢東の中国と、思わぬ形でアメリカは戦うことになりました。朝鮮戦争（一九五〇～五三年）です。三八度線を越えて南に侵攻してきた北朝鮮軍は、いったん韓国軍・米軍（国連軍）を破って朝鮮半島南端の釜山に迫ります。

韓国防衛のため仁川に上陸した米軍がこれを押し戻し、今度は米軍が三八度線を越えて北上、北朝鮮軍を中朝国境近くまで追い詰めます。

マッカーサーがこれでケリがついたと思ったとき、中国人民解放軍が突如参戦して、米軍を三八度線の南に押し戻し、以後、三八度線沿いの攻防が続きます。中国国内への攻撃や原爆の使用を主張するマッカーサーをトルーマン大統領は解任し、長い交渉の末に休戦協定が成立しました。

中国とアメリカが実際に交戦状態になったのは、この朝鮮戦争だけです。ただし、毛沢東は核保有国であるアメリカとの全面戦争を恐れ、「中国は参戦していない」という立場をとりました。「参戦したのは人民義勇軍であり、わが国人民が自発的に朝鮮人民を助けに行ったもの。国家としての人民共和国は関知していない」というのが毛沢東の言い分です。もちろんこれは嘘で、中華人民共和国の正規軍である人民解放軍が国旗を外して参戦していたのです。

この朝鮮戦争を誘発したといわれているのが、「アチソン・ライン」です。これは一九五〇年一月、米国務長官ディーン・アチソンが演説で示した防衛ラインで、アリューシャン列島から日本、沖縄、フィリピンを結ぶ線の東側を、米国の防衛範囲と規定しました。つまり台湾、朝鮮半島、インドシナ半島などについては、明確な防衛の意思表示をしなかったことから、北朝鮮軍の韓国侵攻を誘引したといわれています。

アチソンを任命したトルーマンは、大戦末期のローズヴェルト大統領の急死によって副大統領から大統領に昇格し、一九四八年の大統領選ではローズヴェルトのニューディール政策の継承を謳って再選されています。前政権から引き継いだ国務省内の親ソ派が、トルーマン政権の外交政策を歪めていた、というのは十分にあり得る話です。

ローズヴェルトの側近で、ヤルタ会談のお膳立てをした国務省高官のアルジャー・ヒスはソ連の工作員であり、アメリカ共産党員であったことが判明しています。アチソンはそのヒスの親友でした。ヒスがスパイ容疑で糾弾されたとき、アチソンはヒスを弁護しています。アチソンが共産党員だったという確証はありませんが、心情的には容共だったと言えるでしょう。

一九三三年にローズヴェルトが大統領に就任して以来、二十年にわたって続いた民主党政権下のアメリカは、共産主義に翻弄され続けていました。スターリンのソ連を国家承認し、第二次世界大戦で莫大な軍事援助を与え、ヤルタ会談ではソ連の対日参戦と、千島・南樺太の領有を承認し、朝鮮戦争ではもたもたしているうちに中国軍の介入を許し、結果的に北朝鮮を存続させたのです。

米国内では民主党政権の弱腰に対する苛立ちが高まりました。そこで登場したのが、一九五二年の大統領選で当選したドワイト・アイゼンハワーです。アイゼンハワーは大戦中、ヨーロッパにおける連合国軍最高司令官として、ノルマンディー上陸作戦を指揮し、ヒトラーを屈服させた軍人です。

その後、アイゼンハワー大統領は反共強硬政策をとり、ビキニ環礁で水爆実験を行うなど、強いアメリカを前面に打ち出します。ソ連ではカリスマ的独裁者スターリンが死去し、ニキータ・フルシチョフが後継者になりました。

核大国アメリカとの全面戦争を恐れたフルシチョフは、一九五六年の第二十回共産党大会でスターリン批判の大演説を行い、西側資本主義陣営との平和共存路線へと転換したことをアピールしました。これは核開発で米国に追いつくための時間稼ぎでしたが、西側諸国は騙され、「雪どけ」ムードになりました。

ところがスターリン流の個人崇拝、独裁路線を継承した毛沢東が、フルシチョフを「日和見」「修正主義者」と糾弾し始めます。この「中ソ論争」により両国の関係が険悪となり、毛沢東はソ連に対抗するため核開発を急ぎました。

東京オリンピック開催中の一九六四年十月、ソ連の制止を振り切って、中国は初の核実験を断行します。さらに一九六九年三月には、国境問題からウスリー江のダマンスキー島（珍宝島）で中ソの軍事衝突が発生し、中ソ対立は先鋭化します。

アイゼンハワーが大統領に就任した一九五三年から、ジョン・F・ケネディおよびリンドン・ジョンソンの民主党政権を経て、共和党のリチャード・ニクソンが大統領に就任する一九六九年あたりまでが、米中関係がもっとも冷え込んだ時期でした。

ベトナム戦争からの撤退に動いたニクソン政権

フランスから独立したベトナムも、朝鮮と同様に分断国家となり、北を中国、南をアメリカが支援しました。アイゼンハワー政権は中国封じ込めの一環として、南ベトナムへの武器提供や小規模な軍事顧問団派遣などの支援を始めます。次のケネディ民主党政権は軍事顧問団を増強して軍事介入を強め、ケネディ暗殺後、ジョンソン政権は大規模な正規軍を派遣して、ベトナム戦争に本格的に参戦しました。

中国は直接参戦していませんが、北ベトナムに対して軍事物資の提供や軍事顧問団の派遣などの軍事援助を行っています。

民主党政権が参戦したベトナム戦争は拡大の一途をたどり、泥沼化していきます。同時に、米国内での反戦運動は過激化していきました。こうした状況のなか、一九六八年の大統領選で「ベトナム戦争からの名誉ある撤退」と「法と秩序の回復」を訴えて勝利したのが、共和党のリチャード・ニクソンでした。

ベトナムから撤退したい。しかし、何もしないで撤退すると、アメリカの負けになってしまう。では、どうすれば「名誉ある撤退」ができるのか。そこで登場したのが、ヘンリー・キッシンジャーです。

キッシンジャーはユダヤ系ドイツ人で、ナチの迫害を逃れてアメリカに移住し、大戦中に帰化しています。ドイツに残った親族は大勢ナチに殺されたといいます。だからキッシンジャーの思考の根底には、「ナチズムは敵であり、ナチと手を組んでいた軍国主義日本も敵だ」という信念があります。

彼はもともと外交史が専門の国際政治学者で、とくにウィーン会議の研究をしていました。ウィーン会議とは、ナポレオン戦争の後始末をした会議です。この会議を主宰したオーストリアのメッテルニヒ外相が目指したのは、一国がヨーロッパを支配するのではなく、当時の主要国であるイギリス、ロシア、プロイセン、オーストリアの四大国がうまくバランスを取って平和を保っていく体制です。つまり、キッシンジャーが目指した体制とは「勢力均衡論」だったのです。

アメリカは第二次世界大戦の勝者として、一九五〇年代には、本当に世界を支配する力がありました。当時のアメリカは、世界の金の八割を保有し、世界の軍備の半分を持つ超大国でした。

ところが、六〇年代になると息切れしてきます。原因の一つは朝鮮戦争、ベトナム戦争で疲れ果てたこと。もう一つは、国内の産業がだんだん弱ってきて、西ドイツや日本の産業に押され気味になったことです。米国産業の一人勝ち状態が崩れ、景気が後退し、税収が減少し、これまでのような軍事費の確保が難しくなるという流れに陥ったのです。

だからもうアメリカは世界の警察をやめる、世界はいくつかの大国が並び立つ「勢力均衡」が望ましい、というのがキッシンジャーの基本的な戦略です。

そして東の大国とはどこか。キッシンジャーはもともと日本を信用していませんから、選択肢は中国しかありません。「中国をアメリカのパートナーとして認め、ソヴィエトの拡張政策に対抗し、同時に、日本の軍国主義復活に対抗する」――これがキッシンジャーの構想でした。ベトナム戦争については、アメリカも撤兵するけれども中国も軍事援助をやめる、という痛み分けに持っていこうとしました。そのためには米中関係を改善する必要があります。そこで「中国にとって真の敵はソ連ですよね。今後、中ソが衝突したときには、アメリカは中国の側に立ちますよ」という線で中国側と話をつけるために、キッシンジャーは北京へ飛んだのです。

キッシンジャーの忍者外交と日本のショック

ローズヴェルト政権以来、アメリカ国務省には、共産主義に理解を示す「容共派」が多数いました。朝鮮戦争でもベトナム戦争でも国務省は及び腰で、話し合えばなんとかなるという考え方が支配的でした。しかしキッシンジャーは違いました。敵と仲良くするのではなく、敵を分断しようというのが、彼の考え方です。ソ連に中国をぶつけようとしたのです。

だから、「ただ仲良く」派のロジャーズ国務長官をキッシンジャーは重要な外交政策から排除します。ニクソンはキッシンジャーを信用していたため、彼を大統領補佐官という立場で、国務長官にも国務省にも知らせず、北京に送り込んだのです。

就任当初は、キッシンジャーへの不信感が政権内部でも強く、米中接近については相当の反対がありました。ニクソンがいきなり訪中して交渉に失敗したら、政権の命取りになります。

そこで一九七一年、キッシンジャーがニクソンの密使として極秘に訪中し、米中首脳会談の下準備をしたのです。

キッシンジャーはアジア歴訪の一つとして、パキスタンを訪れます。パキスタンはアメリカの同盟国なので、大統領補佐官が訪問しても誰も怪しみません。ところがパキスタン大統領との会食中にキッシンジャーは急に体調を崩して席を外し、「四十八時間治療に専念する」といって公の場から姿を消します。じつはその間に、パキスタン大統領専用機で北京入りしていたのです。

キッシンジャーは周恩来首相と会談し、米中和解への道筋をつけ、翌年二月の歴史的なニクソン訪中を成功に導くことになります。キッシンジャーの隠密行動は、のちに日本で「キッシンジャーの忍者外交」と呼ばれました。

周恩来はキッシンジャーとの会談で、「日米安保は中国を敵視するものだ」と、懸念を表明します。それに対してキッシンジャーは、「日本の軍国主義化を抑えるために、米軍が駐留する必要がある」という論法で日米安保を正当化し、周恩来を説得しました。これが有名な「ビンのふた」論です。日本軍国主義というサイダーが吹き出さないように、在日米軍がふたの役割をしているのだ、という論法です。「ビンのふた」論は中国を説得するための方便ではなく、キッシンジャーの本心だったと私は思います。

キッシンジャー帰国後の一九七一年七月十五日、ニクソンは全米向けテレビで、キッシンジャーが極秘訪中して周恩来と米中関係の正常化を協議したこと、自身が翌年五月までに訪中予定であることを発表します。このことが日本側に伝えられたのは、発表のわずか三分前でした。まさに寝耳に水です。

日本はアメリカの同盟国として、中国封じ込め政策に同調してきました。米中関係に重大な変更がなされる場合は、当然、事前協議があると思い込んでいた日本政府は、この突然の発表に衝撃を受けます。これが「第一次ニクソンショック」と呼ばれる所以です（第二次は、ドルと金との交換停止宣言）。

翌一九七二年七月、首相に就任した田中角栄は、日本の頭越しに進められた米中和解に反発し、直ちに日中国交正常化に乗り出します。そしてニクソン訪中から七カ月後の七二年九月、田中首相は訪中し、日中共同声明を発表、アメリカより先に国交正常化を実現してしまいます。米中国交正常化が実現するのは、一九七九年のことです。

田中訪中を知ったキッシンジャーは、「誰の許可を得て北京に行っているのか。これだから日本人は信用できない」と激怒しました。これ以後、自民党の田中派は米国から監視対象となります。米国発のロッキード事件で田中が逮捕され、有罪判決を受けた背景には、対米関係の悪化がありました。

一方、アメリカから和解を提案された中国は、これをどう受け止めたのでしょうか。

先述のように一九五〇年代から中ソは対立関係にあり、一九六九年には珍宝島事件（ダマンスキー島事件）で武力衝突まで起こしています。毛沢東はソ連からの核攻撃に怯え、北京の地下に巨大な防空壕を造らせています。

そこに持ちかけられた米中関係改善の申し出は、毛沢東にとって「渡りに船」でした。地球の反対側のアメリカではなく、国境を接するソ連が中国にとって地政学上、最大の敵となっていたからです。中国が、「敵（ソ連）の敵（アメリカ）」と手を組むことは理に適ったことでした。毛沢東は自らを『三国志』の劉備になぞらえて、「曹操に対抗するために劉備が孫権と手を組んだように、私はアメリカと手を組む」と毛沢東がいったのはこのときです。

ニクソン訪中後、中国は北ベトナムへの軍事援助を停止し、一九七三年には米軍のベトナムからの全面撤退が完了します。以後、ベトナム戦争はベトナム人に任せる、ということです。

結局米軍が撤退した二年後の一九七五年、サイゴンが陥落し、南ベトナムが崩壊、ベトナム戦争は終結しました。南北ベトナムは統一され、サイゴンはホーチミン市と改名されます。

北ベトナムからすれば、自分たちを攻撃していたアメリカと手を組んだ中国は裏切り者だということで、ベトナムと中国の対立が深まり、統一ベトナムはソ連に傾斜しました。南シナ海をめぐる中国とベトナムとの領土紛争もこの時代から始まり、一九七九年には中国軍がベトナム本土に攻め込み、中越戦争へと発展します。

キッシンジャーは一九七三年、ベトナム戦争終結への道筋をつけた功績によりノーベル平和賞を受賞しています。ニクソン辞任後のフォード政権でも国務長官を務めたキッシンジャーは、一九七七年の退任後も、歴代政権への影響力を持ち続けています。

米中関係で中国の利益擁護に多大な貢献をなした巨人を挙げるなら、戦前の宋美齢と戦後のキッシンジャーが双璧といえるのではないでしょうか。

中国共産党内の権力闘争（一九六〇～七〇年代）——文革派vs実権派

ニクソンの対中政策大転換によって米中接近が始まった一九七〇年代前半は、毛沢東（一八九三～一九七六年）の最晩年にあたります。当時、中国は文化大革命に揺れていました。

建国間もない一九五三年、中国はソヴィエトと同じような計画経済を目指して第一次五カ年計画を開始、一九五八年からの第二次五カ年計画では、毛沢東の指導により、十五年以内に農業生産と工業生産でイギリスを追い越すという「大躍進政策」を始めます。しかしこれが大失敗で、この政策によって四〇〇〇万人以上が餓死したともいわれています。一九五九年、毛沢東は失敗を認めて国家主席を辞任し、劉少奇（りゅうしょうき）が第二代国家主席に就任します。

ソヴィエトではスターリンの死後、フルシチョフは独裁を緩めて「市場経済を部分的に取り入れよう」と言い出しました。ソヴィエトが市場経済に向かうのであれば、中国も徐々に市場経済を取り入れよう、と考えたのが劉少奇、鄧小平らの「実権派」です。国家主席となった劉少奇は、大躍進政策で崩壊した経済の再建に、鄧小平とともに取り組みました。

■中国共産党内の権力闘争① 1966~76年 文革派VS実権派

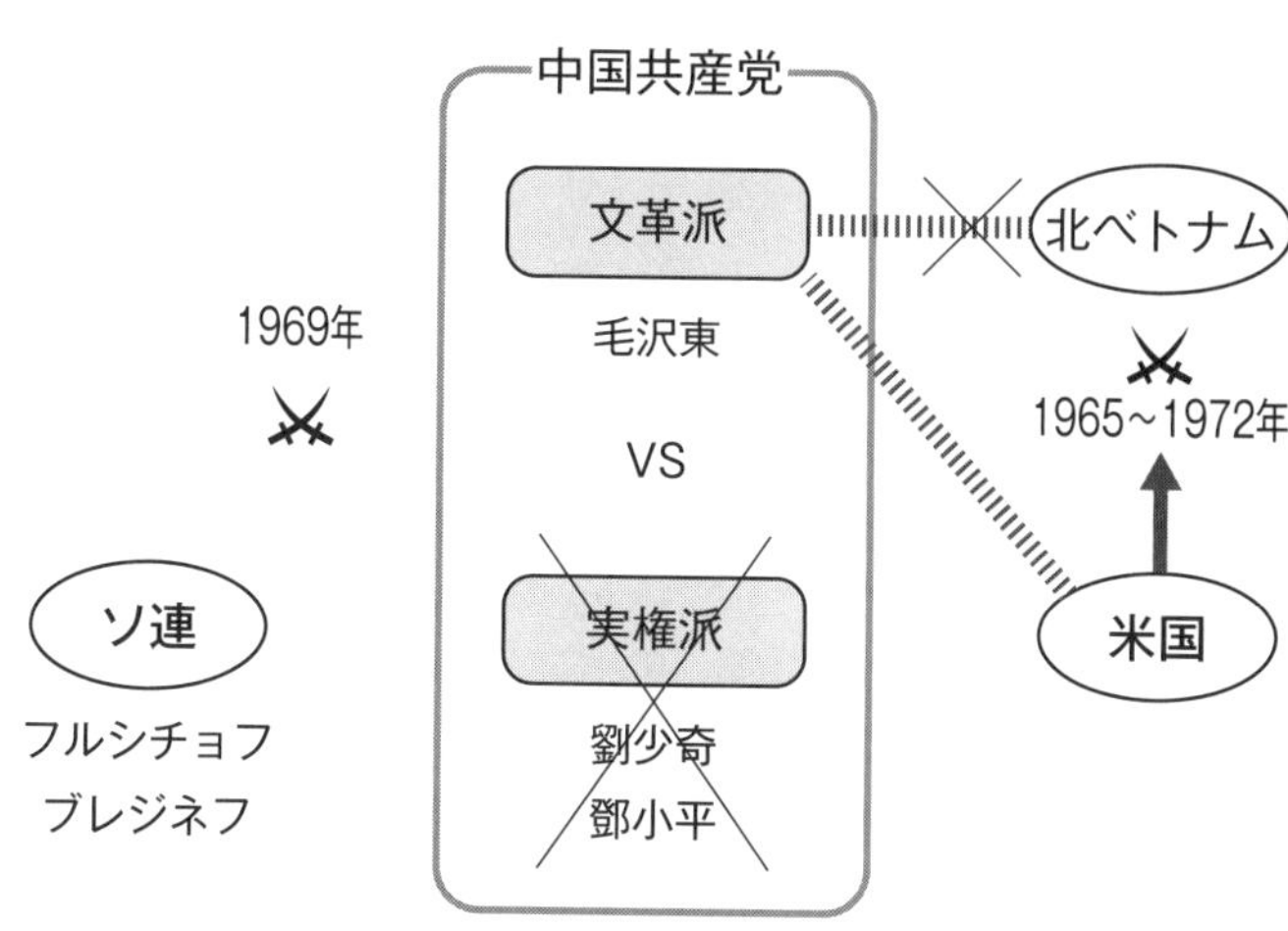

ソ連では、フルシチョフへの権力の移行は、スターリンの死によって比較的スムーズに行われました。しかし中国では、市場経済を認めない毛沢東が健在です。国家主席を劉少奇に譲ったとはいえ、党中央委員会主席と中央軍事委員会主席にはとどまっており、党内序列も毛沢東が一位、劉少奇が二位です。そこで毛沢東は、実権派の追い落としと自身の復権のために大衆を動員して権力闘争を仕掛けました。これが文化大革命（一九六六～七六年）です。

毛沢東は、自分を神のごとく崇める若者たちを「紅衛兵」に組織し、彼らを煽動して「資本主義の道を歩む実権派（走資派）」を攻撃させたのです。実権派や反革命分子と見なされた多くの党員、官僚、知識人が紅衛兵に糾弾され、殺害されました。文化大革命によって二〇〇〇万人以上が虐殺されたとの説もあります。

文化大革命とは、中国独自の革命に固執する毛沢東が、ソヴィエトの修正主義に同調する親ソ派を粛清した権力闘争だったといえます。そこでソヴィエトが毛沢東に圧力をかけるために沿海州の中ソ国境地帯に攻め込んで起こったのが、ダマンスキー島事件です（一九六九年）。

一方、ベトナム戦争では、毛沢東は間接的にアメリカと敵対しています。そして国内では、実権派と戦っている。これら全部を敵にしたら勝てません。勝てないからアメリカと和解し、北ベトナムは見捨てて、ソヴィエトに対抗する——これが米中接近の構図です。

劉少奇は一九六八年に党籍を剝奪され、六九年に病死します。その最期は無残でした。監禁中、持病の糖尿病の薬を与えられず衰弱し、肺炎で寝たきりになっても身の回りの世話もされず、自殺防止のためベッドに縛り付けられ、最期は元銀行の金庫室で死んだといわれています。「劉少奇に次ぐ党内第二の実権派」と目された鄧小平は一九六八年、全役職を追われ、翌年には地方（江西省南昌）に追放されます。

当時、毛沢東は健康状態が悪化していて、のちにALS（筋萎縮性側索硬化症）と判明します。そのためニクソン訪中を取り仕切ったのは、側近の周恩来でした。

その周恩来が鄧小平を高く買っていて、「これからアメリカとの関係を築いていくためには、あの男が必要です」と毛沢東に働きかけます。それが奏功して一九七三年、鄧小平は北京に戻され、要職に復帰します。その頃、周恩来もガンにより体調が悪化していました。鄧小平は病身の周恩来を補佐して、経済の立て直しに着手しました。

一九七六年一月、周恩来は死去します。すると同年四月、天安門広場で行われていた周恩来追悼デモを反革命動乱として、当局が鎮圧します。第一次天安門事件です。鄧小平はデモの首謀者とされて再び失脚、すべての職務を剝奪されてしまいます。

この鄧小平追放劇を画策したのが、江青ら文革強硬派の「四人組」でした。江青は毛沢東の四番目の夫人で、実権派を徹底的に迫害した張本人です。「劉少奇をぶち殺せ！」と叫んでいる録音が残っています。

一九七六年九月、毛沢東が死去すると、四人組は文革路線堅持を主張し、江青は毛沢東の後継者になろうと画策し、それを阻止する華国鋒ら反四人組連合との権力闘争が激化します。結局、反四人組連合が先手を打って北京の警備隊を動かし、十月に四人組を逮捕しました。「四人組裁判」で全員有罪となり、江青は二年間の執行猶予付き死刑判決を受けますが、のちに無期懲役に減刑され、一九九一年に病気治療の仮釈放中に自殺しました。

鄧小平――三度失脚し、三度復活した男

四人組逮捕後、まだ若い華国鋒が党主席と中央軍事委員会主席を兼任し、最高指導者の地位に就きます。華国鋒の権力の源泉は、毛沢東が生前に「あなたがやれば私は安心だ」と「遺言」したことだったため、毛沢東路線を継承する必要があり、脱文革には消極的でした。しかし一

九七七年には経済再建に軸足を移し、鄧小平の復権を決定するとともに、文化大革命の終了を宣言しました。

またしても鄧小平は復活しました。じつは一九三〇年代にも、コミンテルンの指令に忠実な親ソ派が支配する党指導部が、ゲリラ戦を重視する毛沢東路線に従う鄧小平を失脚させたことがあります。このときも鄧小平は、周恩来のとりなしで幹部に復帰しています。つまり、「生涯に三度失脚し、三度復活した男」というわけです。

一九七八年、鄧小平は共産党の実権を事実上掌握し、改革開放路線への歴史的な転換を主導しました。以後、一九九七年に没するまで、二十年にわたって鄧小平時代が続きます。

ちなみに鄧小平は客家（はっか）です。客家とは戦乱のたびに華北から南方に逃げてきた漢民族の一派で、独自の習俗と言語を持っています。南部にもともと住んでいた人たちとの軋轢を避けるために、主に山岳部に住むようになり、農業ができないので、商売や金貸しで生計を立ててきました。そうしたことから、客家は「中国のユダヤ人」ともいわれています。

客家同士のネットワークを活かして商売がうまく、東南アジアに出て行った華僑の多くは、客家でした。また中国、台湾、東南アジアの要人にも、客家出身者が多数います。たとえば、先述の宋家三姉妹もそうですし、人民解放軍初代総司令官の朱徳、第二次天安門事件のときの首相・李鵬（りほう）、台湾では元総統の李登輝や現総統の蔡英文、タイの元首相タクシン、シンガポールの初代首相リー・クアンユー、フィリピンの元大統領コラソン・アキノも客家です。

客家とは流浪の民であり、中国におけるシーパワーといえます。アメリカと国交を回復し、市場経済を導入するというときのリーダーとして、鄧小平は適任でした。そもそも毛沢東が固執した計画経済路線をひっくり返して、市場経済に舵を切ったこと自体、シーパワーの発想です。

毛沢東は何事も自分が命令しないと気が済まない人で、国家主席・党主席・中央軍事委員会主席という国・党・軍のトップを独占していました（前述のように、国家主席の座を奪った劉少奇を抹殺しています）。それにひきかえ鄧小平は、地位も肩書きもいらない人で、国家主席にも総書記にもなろうとせず、法的には政治局常務委員の一人でしかありませんでした。かつて毛沢東と一緒に国民党と戦ったという伝説と個人的なカリスマ性で、鄧小平は人を動かしたのです。しかし、肩書きがなくては何かと不便なので、鄧小平につけられたのが「最高実力者」という通称でした。

鄧小平

これとよく似ているのは田中角栄です。首相を辞め、自民党を離れたあとも、ずっと自民党に君臨して、ついた異名が「闇将軍」。同様に、胡耀邦、趙紫陽、江沢民と表看板は変わっても、後ろにずっと控えて影響力を行使していたのが、最高実力者の鄧小平でした。

なぜ自らが表に出なかったのかというと、文化大革命の悪夢につながった個人崇拝を否定したかったからです。毛沢東は国中に自分の銅像を建てさせて、学校には自分の肖像画を掲げさせました。鄧小平はそれを禁じています。自分は毛沢東になる気はない、私を個人崇拝の対象にするな、ということです。

中国共産党内の権力闘争（一九八〇年代）――保守派VS改革派

一九八〇年代になると、現在につながる共産党内の派閥が生まれてきます。それが保守派と改革派です。ここでいう保守派とは、本来の中国革命の精神を守りたい人たち、要は共産主義イデオロギーに忠実な人たちです。

これに対して、経済発展するなら、どんどん自由にすればいいというのが改革派です。

鄧小平はもともと改革派だったので、改革派を高く買っていて、胡耀邦を党のトップの総書記に据えます。サッチャーとの香港返還交渉も胡耀邦がやりました。

鄧小平政権は、胡耀邦総書記と趙紫陽総理を車の両輪とします。人民公社の廃止や経済特区の導入など改革開放政策を進めていきます。すると若者や知識人の間で、経済の自由化に続いて、言論の自由や一党独裁の見直しなどの民主化を求める声が高まります。とくに一九八五年

■中国共産党内の権力闘争② 1980年代 保守派VS改革派

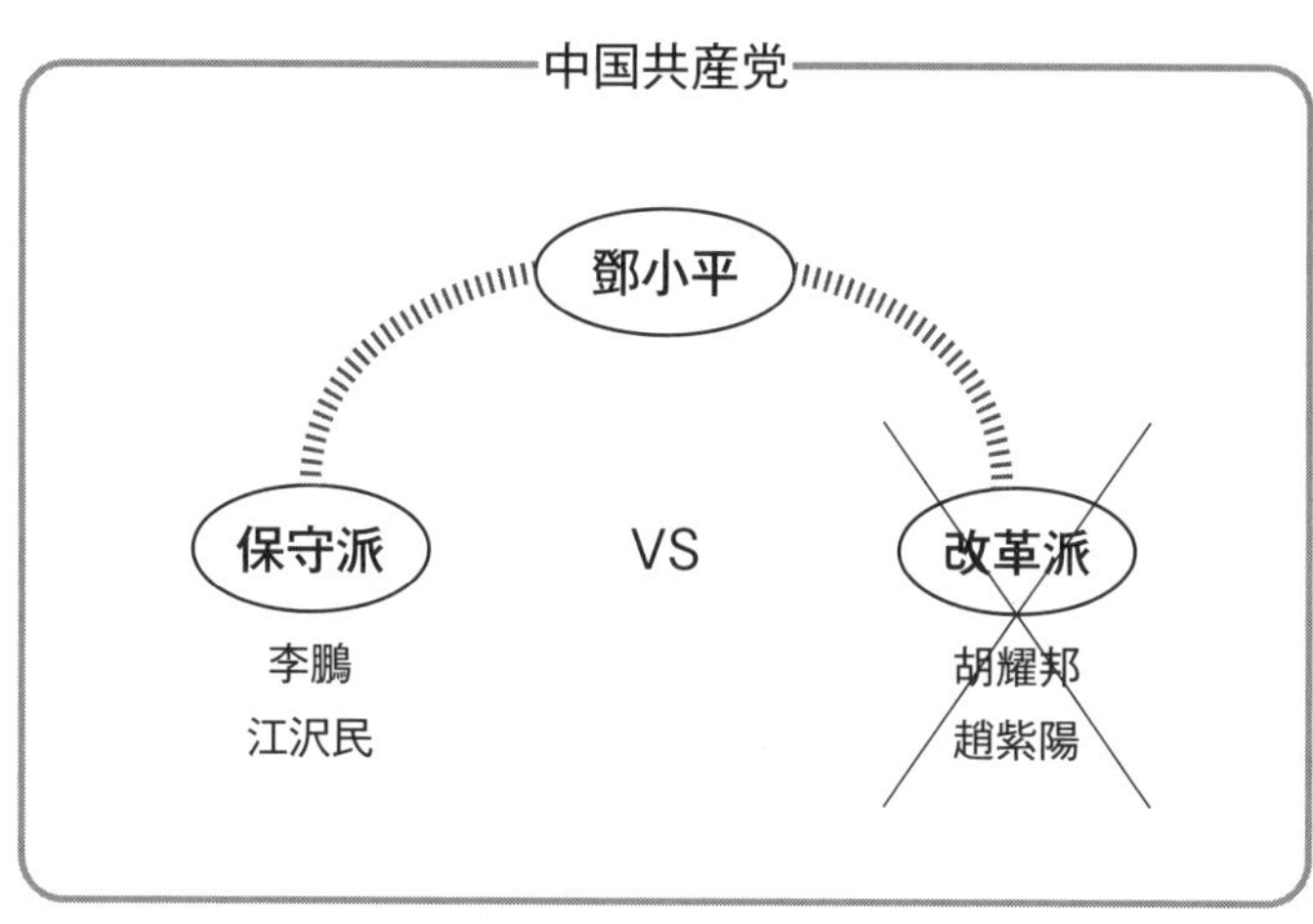

にソヴィエトのゴルバチョフ書記長が始めた改革運動「ペレストロイカ」に刺激を受けて、一九八六年には学生による民主化運動が盛り上がります。

胡耀邦も、「そもそも一党独裁の下での市場経済には無理があって、一部の党幹部が腐敗して賄賂政治が横行しているのもそのためだ。それに若者が怒っているのだから、一定の政治批判を認めるべきだ」と、言論の自由をある程度容認する発言を始めます。こうした胡耀邦の姿勢を保守派は苦々しく見ていました。

一方、学生たちは、「八十歳を超えて老衰が始まっている鄧小平は、もうすぐ退場する。そうなったら胡耀邦が全権を握り、中国におけるゴルバチョフの役割を果たして、民主化に向かうだろう」という期待を持ちます。

ところが一九八七年一月、胡耀邦は保守派から糾弾され、総書記を解任されます。鄧小平は改革派を見限り、保守派を支持したのです。さらに一九八九年には、鄧小平は会議で「お前が生ぬるいから、学生たちが付け上がって騒いでいる」と改革派を吊し上げ、それに反論した直後、胡耀邦は心臓発作で倒れ、四月十五日に死去します。

すると胡耀邦の死を悼み、花を捧げるために学生・市民が北京の天安門広場に集まります。胡耀邦の追悼集会は、やがて天安門広場を占拠する大規模な民主化要求デモへと発展しました。鄧小平は六月四日、人民解放軍を投入して武力でデモを鎮圧します。第二次天安門事件です。

胡耀邦解任後、総書記に就任していた趙紫陽は最後までデモの武力鎮圧には反対していました。鎮圧前、天安門広場を訪れた趙紫陽が、ハンストを続けている学生たちに拡声器で「我々は来るのが遅すぎた」と声を詰まらせながら語りかけ、絶食をやめるよう説得する映像が残っています。趙紫陽が公の場に姿を見せたのは、それが最後になりました。鄧小平は、「デモ隊に甘い」趙紫陽を解任します。

天安門事件については中国当局が徹底的に情報統制を行っており、犠牲者数も含め、事件の詳細はいまだにわかっていません。改革開放政策によって順調に成長してきた中国経済に初めて陰りが差したのがこのときです。西側諸国が一斉に対中経済制裁を発動したからです。第1章で述べたように、この危機を救ったのが、江沢民の求めに応じて、一九九二年の天皇訪中を決定した宮澤喜一内閣であり、宮澤を支える自民党最大派閥・経世会（旧田中派）を率いる小沢一郎でした。

中国共産党内の権力闘争（一九九〇年代以降）――上海閥VS共青団

天安門事件後、鄧小平は総書記を解任した趙紫陽の後釜に江沢民を据えます。江沢民はその後、鄧小平から党中央軍事委員会主席の座を継承し、一九九三年には国家主席に就任します。ここから最高指導者が党総書記と国家主席と党中央軍事委員会主席を兼ねました。これ以前に党と国と軍のトップを兼務していたのは、毛沢東だけです。

上海で市長や党の要職を務めていた江沢民は、総書記に抜擢されたものの、中央政界に地盤がありません。そこで上海からかつての部下などを呼び寄せて中央入りさせ、「江沢民派」ともいうべき派閥を形成します。それが「上海閥（上海幇（パン））」です。

上海閥には思想がありません。中国一の経済都市の党幹部として、改革開放の恩恵を受けた既得権益集団にすぎません。それだけに利権体質の強い派閥です。そもそも江沢民自身が上海時代、外資とズブズブの関係にあった人物です。

そこで鄧小平は利権体質に批判的なグループを引き立てて、党内野党のような存在とします。それが中国共産主義青年団（共青団）、正確にいえば、その出身者からなる派閥です。共青団とは中国共産党の青年組織で、団員からの入党は共産党のエリートコースとされています（共

■中国共産党内の権力闘争③ 1990年代以降 上海閥VS共青団VS習近平

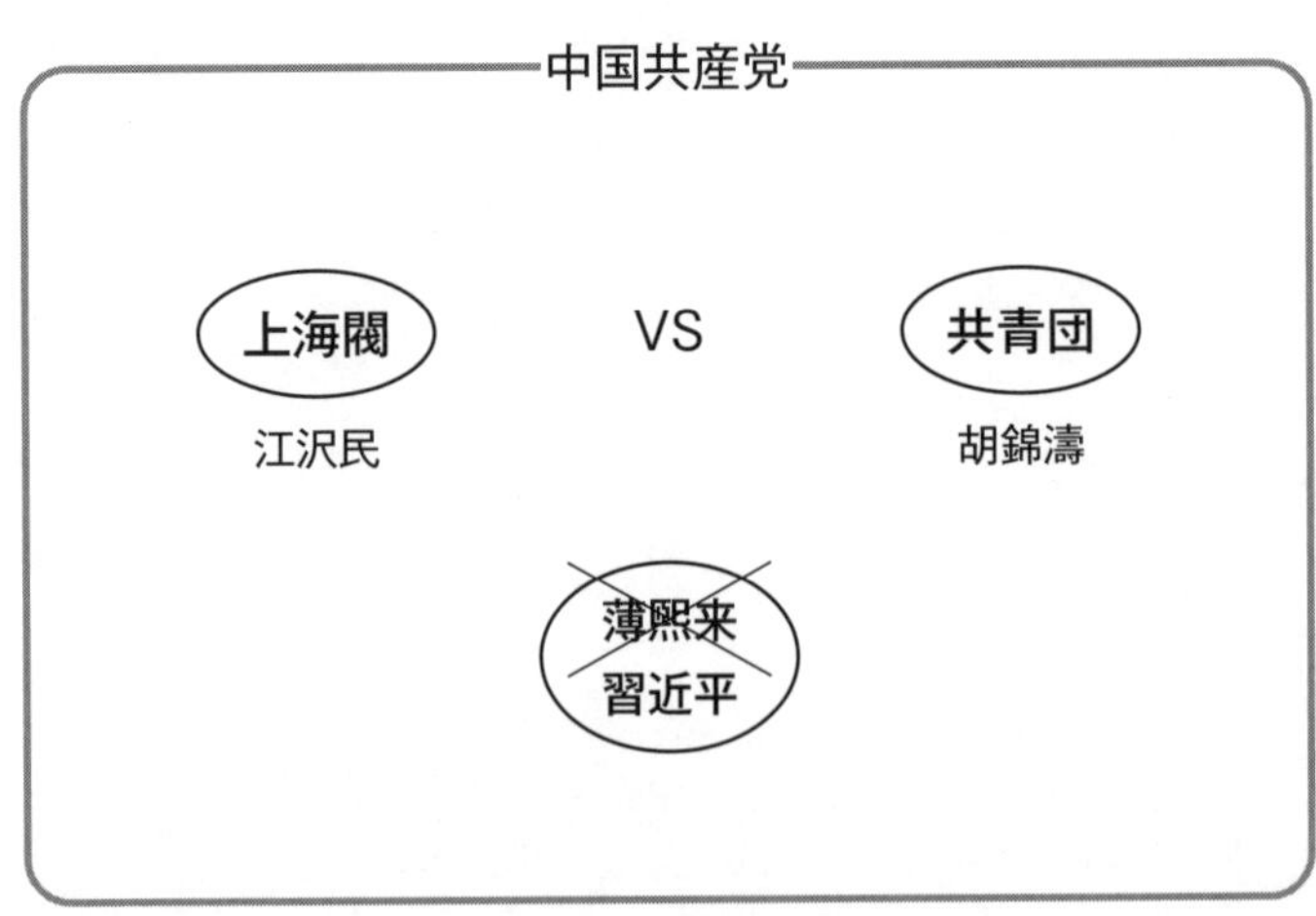

青団出身者は党内で「団派」と呼ばれます)。つまり、共青団出身の正統派エリート集団を鄧小平は上海閥の対抗馬として立てたのです。

江沢民を自分の後継者に指名したとき、鄧小平は「今回はお前をトップに据えるが、お前の次は共青団の胡錦濤にトップをやらせるからな」と念押しします。鄧小平はそれ以後、上海閥と共青団から交代で最高指導者を出させようとしたのです。特定の派閥が権力を握り続けると腐敗して汚職が蔓延するから、それを防止するためです。

共青団出身者の中でも、共青団のトップである第一書記を務めた団員は超エリートと見なされ、のちに党指導部入りする者も少なくありません。民主化問題で失脚した胡耀邦も、鄧小平が江沢民の次の最高指導者に指名した胡錦濤も、共青団の第一書記を務めた超エリートでした。

胡錦濤は胡耀邦の次の世代にあたります。

江沢民が二期十年の国家主席の任期を終えた二〇〇二年、胡錦濤が次の最高指導者となりました。鄧小平は一九九七年に死去しましたが、彼が予定したとおり、上海閥から共青団への権力移行が実現したのです。ところがその後、鄧小平の想定していなかった事態が起きます。胡錦濤政権が二期十年続くうち、団派の腐敗が目立つようになり、共青団も上海閥と「同じ穴のムジナ」になっていたのです。

第三勢力・薄熙来の失脚と伏兵・習近平の成り上がり

そこで第三勢力として出てきたのが、薄熙来(はくきらい)であり、習近平です。本来であれば、この薄熙来が今ごろ国家主席になっていたはずです。

薄熙来は大連の市長として、同市を大発展させたことで注目されました。その後、重慶市のトップ（重慶市共産党委員会書記）として手腕を発揮し、最高指導部（党中央政治局常務委員会）入りも取り沙汰されていた人物です。

薄熙来はまず、乏しかった外資の投資を飛躍的に拡大させて、目覚ましい経済成長を実現します。格差の拡大や横行する役人の腐敗などに対する大衆の不満を受け止め、さまざまな対応策を実行します。たとえば、組織犯罪撲滅キャンペーン「打黒」を展開して、大規模汚職事件の摘発に乗り出し、数千人を摘発します。また、大衆を動員して毛沢東時代の革命歌を歌わせるキャンペーン「唱紅」は、格差の小さかった古き良き時代を懐かしむ懐古ブームを巻き起こします。党中央の幹部の間でも、薄熙来の実績を評価する声が高まっていました。

二〇一二年、薄熙来の中央入りも間近と思われていたとき、突如として数々のスキャンダルが噴き出します。薄熙来の妻による英国人実業家殺害事件、不正蓄財疑惑、「打黒」キャンペーンでの拷問疑惑などです。同年、薄熙来は失脚し、二〇一三年に無期懲役の判決が確定しました（二〇一七年には肝臓癌の治療のために仮出所したとの報道あり）。

これを見て、習近平は学習します。長老を批判してはいけない、権力を掌握するまで権力に歯向かってはいけない、と。そこで習近平は人畜無害なふりをして、ひたすら共青団の長老にすり寄ります。

二〇一二年は胡錦濤政権最後の年でした。鄧小平の決めた順番に従えば、共青団の胡錦濤は上海閥に政権を渡すことになっています。しかし、共青団と上海閥は、もはや政敵同士です。政権を上海閥に渡したくなかった胡錦濤は、自分がコントロールしやすそうな習近平を後釜に据えたのです。そうしたら「手なずけたはずのプーさんが、手に負えないヒグマになってしまった」というわけです。ちなみに、習近平がディズニーの人気キャラクター「くまのプーさん」に似ているという話題は、中国ではタブーになっています。

なお、薄熙来や習近平が「太子党」という括りで報じられることがありますが、太子党というのは派閥ではありません。これは中国共産党の高級幹部の子弟を指す言葉で、「親の七光で優遇されている特権階級」といった意味です。批判的に使われる言葉で、自ら太子党を名乗ることはありません。日本でいえば、「二世議員」といったところです。薄熙来も習近平も、たまたま太子党だったというだけで、横の結びつきはや緩やかです。

共産党内の権力闘争の構図は、今も前掲の図「上海閥vs共青団vs習近平」から変わっていません。「習近平」がだんだん大きくなって、「上海閥」と「共青団」の両方を叩いているのが現在の状況です。

習近平は二〇一八年に憲法を改正し、二期十年という国家主席の任期制限を撤廃しました。「権力の座は誰にも渡さない」と、内外に宣言したのです。

クリントン政権で完成した「親中トライアングル」

ここで米中関係史の話に戻ります。ニクソン訪中によって米中関係が改善して以降、米中関係にもっとも大きな影響を及ぼしたのが、クリントン政権（一九九三〜二〇〇一年）でした。

クリントン政権の特徴の一つは、冷戦が終了したことで、国防総省の現実主義者の発言力が低下する一方、これからは話し合いの時代だということで、国務省の理想主義者たちの発言力が強まったことです。

また、ウォール街の発言力が飛躍的に強まったのも、クリントン政権からです。それを象徴しているのが、ウォール街を代表する金融機関ゴールドマン・サックスのトップ、ロバート・ルービンが、財務長官に就任したことです。それ以降、ヘンリー・ポールソン（ブッシュ・ジュニア政権）、スティーブン・ムニューシン（トランプ政権）など、ゴールドマン・サックス出身者が財務長官に就任するようになりました。

つまり、国務省とウォール街とアメリカ民主党政権の「親中トライアングル」ができたのが、クリントン政権です。「親中トライアングル」は〝お花畑的発想〟の「関与政策」を主導します。それは、「貿易や投資を通して中国の経済成長に協力すれば、豊かになった中国は自由で開かれた国に変わり、国際社会の責任ある一員になる」という政策であり、アメリカの対中政策の基本として確立しました。

ブッシュ・ジュニアの共和党政権になっても、この対中政策は変わりませんでした。ブッシュ大統領はアフガニスタン侵攻やイラク戦争などの中東問題で頭がいっぱいで、中国とは事を荒立てたくないため、クリントン政権の対中政策をそのまま踏襲したのです。その次のオバマ民主党政権では、「親中トライアングル」が復活します。

結局、クリントン政権で確立した対中政策は、オバマ政権まで継承されることになりました。クリントン政権、ブッシュ・ジュニア政権、オバマ政権を通して、中国はやりたい放題できたのです。中国が南シナ海にちょっかいを出しても、アメリカからの投資が途切れることはありません。貿易黒字も積み上がっていました。わが世の春が続いたのです。

「アメリカは中国を侵略したことがなく、つねに中国の味方になってくれる良い国だ」という幻想が、ワシントン会議の頃から中国人の間で生まれてきましたが、その後、中国人の対米幻想は、「中国が何をしても、アメリカは最後には許してくれる」というところまでエスカレートしました。クリントン政権以来の「親中トライアングル」が、新たな幻想を振りまいたのかもしれません。二〇一六年の米大統領選挙で民主党のヒラリー・クリントンが選ばれていたら、今も米中の蜜月が続いていたのです。しかし当選したのは共和党のドナルド・トランプでした。

ところが二〇一八年、ペンス副大統領は「中国の不正を許さない」と断言しました。トランプ政権は、中国人が勝手に抱いていた「アメリカは最後には許してくれる」という幻想を叩き壊し、冷戦を仕掛けたのです。

二〇二〇年、中国発の新型コロナウイルス感染症の流行が世界経済に大打撃を与え、米中関係の悪化は抜き差しならない事態に立ち至りました。もはや「米中激突」というべき新たな段階(フェーズ)に入ったのです。

終章

日本の戦略

大国に挟まれた日本の生きる道

新冷戦の行方は大統領選の結果次第

二〇一八年のペンス演説によって始まった米中新冷戦は、この先どうなるのでしょうか？

アメリカの中にはつねに二つの考え方があります。一つは、中国はパートナーであって、対中投資をどんどん進めていこうというもの。この考え方を代表するのが、民主党と金融資本と大手メディアです。

もう一つは、中国は本質的にアメリカの敵であり、対決して封じ込めるしかない、というもの。共和党トランプ政権は、こちらの側に舵を切りました。中国製品の流入で衰退しつつあったアメリカの製造業と雇用機会を失った労働者は、この政策を支持しています。

民主党＋金融資本＋大手メディア

vs

トランプ共和党政権＋製造業

というのが、現在のアメリカの構図です。

しかし民主党の支持基盤は二重構造で、票を持っている労働組合と、カネと情報を握っている金融資本・大手メディアに分かれます。

米中関係の行く末は、二〇二〇年の大統領選の結果によって、まったく違ってくるということです。この選挙で民主党の候補に選ばれたジョー・バイデンは、典型的な「金融資本＋大手メディア」派です。大手メディアは新型コロナ報道で、あるいは黒人差別撤廃運動（BLM）の報道で、トランプ政権の失態を叩き続け、バイデンを利する報道を続けてきました。この結果、世論調査ではバイデン支持がトランプ支持をつねに上回る結果が出ています。

選挙戦では、トランプ大統領もバイデン候補も、ともに対中強硬姿勢を強調しています。トランプが「バイデンは北京寄り」と批判すれば、バイデン陣営は「トランプ大統領のほうが中国に対して弱腰だ」と反論します。両陣営とも選挙広告では相手候補を「中国に甘い」と批判し合っているのです。これは反中感情の高まりを示す世論調査の影響も大きいと思われます。

しかし、バイデンの「反中」は選挙用のカムフラージュであり、もし彼が当選すれば、トランプが始めた米中新冷戦の軌道修正を図るだろうと私は確信しています。

彼はトランプ政権が否定したオバマ路線の多くを復活させるでしょう。たとえばトランプが厳格化した移民政策を緩和したり、離脱を正式に通告した「パリ協定」（地球温暖化対策の国際的な枠組み）やWHOへの復帰を図ったりするでしょう。

対中政策については、バイデン政権ではオバマ時代どころか、民主党・国務省・ウォール街の「親中トライアングル」が確立していたクリントン時代に戻る可能性が高いと考えられます。

日本の頭越しに米中で世界を仕切る「米中２Ｇ体制」路線に向かう可能性すら、否定できません。こうなれば習近平は高笑いです。

一方、トランプ大統領が再選すれば、米中対決状態がこのまま続くことになるでしょう。

日本はこれからどうすればいいのでしょうか。

トランプ大統領が再選されて「米中新冷戦」が続くにしろ、バイデン民主党政権が誕生して、最悪、「米中２Ｇ体制」へ戻るにしろ、確かなことは、日本人にアメリカ大統領選の投票権はないということです。日本は独立国として、なすべきことを着実に実行していくだけです。

感染症対策に見る日本の強さと弱さ

まず日本がなすべきことは、感染症対策の抜本的な見直しです。現在の新型コロナウイルス対策は、国が責任を果たしていません。ほとんどの国では政府が非常事態宣言を発令し、外出規制（ロックダウン）を実行したのに、日本政府だけは「自粛要請」しかできないのは、どう考えても異常です。

それにもかかわらず、日本が諸外国のような医療崩壊を起こさずに済んでいる（二〇二〇年七月現在）のは、清潔と自粛を好む国民性によるものでしょう。

じつは江戸時代から、日本政府（幕府）は感染症対策を民間に任せていました。たとえば天然痘の流行が何度も起こっていますが、幕府は無策で、民間の蘭学者（蘭方医）たちが懸命に対処しました。

日本近代医学の祖といわれる緒方洪庵は、長崎・出島のドイツ人医師オットー・モーニッケが輸入した痘苗（天然痘ワクチン）を入手し、一八四九年（嘉永二）には大坂に「除痘館」を開いて牛痘による種痘を始めます。牛痘というのは、英国人医師ジェンナーが開発した牛痘ウイルスを用いた予防接種のことです。

当時は「種痘を受けると牛になる」という迷信があってなかなか普及しませんでしたが、洪庵は患者から治療費を取らない代わりに種痘を受けるように頼むなど、私財を投じて種痘の普及に努めます。

蘭方医は全国規模のネットワークを形成し、除痘館を広めていきました。ところが将軍のお膝元の江戸では、既得権益を守りたい漢方医らの働きかけにより「蘭方医禁止令」が出され、除痘館の開設が遅れました。

ペリー来航後、蘭方医術が解禁された一八五八年（安政五）、江戸には「お玉ヶ池種痘所」が設立されました。この種痘所開設に奔走した蘭方医の一人が、緒方洪庵の適塾に学んだ手塚良仙（りょうせん）でした。その曾孫にあたる手塚治虫は、手塚良仙を主人公の一人として、長編漫画『陽だまりの樹』を描き、幕末の日本を活写しています。

肥前大村藩に代々仕える漢方医の家に生まれた長與專齋（ながよせんさい）は緒方洪庵の適塾に学び、福澤諭吉

長與専齋

の後任として塾頭を務めています。長與専齋はその後、長崎に赴き、医学伝習所でオランダ人医師ポンペに師事して西洋医学を修めています。

明治維新後、文部省に出仕した長與専齋は、一八七一年（明治四）、岩倉使節団の一員として渡欧し、ドイツやオランダで医学および衛生行政を視察、帰国後の七四年には、文部省医務局長、東京医学校（現東京大学医学部）の校長を兼務します。

一八七五年、医務局が文部省から内務省に移管されて衛生局と改称されると、長與専齋は初代局長に就任します。

じつは内務省への移管を内務卿の大久保利通に進言したのも、そのとき「衛生」という言葉を採用したのも長與専齋でした。この移管について、政治思想史が専門の片山杜秀（もりひで）慶應義塾大学教授は次のように述べています。

《彼はもともと医者だったので、医療と国家や社会の関係を考え、どのように医学が国家と結びついていくのかをヨーロッパで学びました。そこで、一つの発見をしました。われわれが文明国だと見なしているヨーロッパには、国民の衛生に特化し、しかも疫病を阻止するためのセクションがあり、それが警察力と結びつくようにデザインされていた。そのことに、長與專齋は気づいたのです。そして、日本もそうすべきだと大久保利通に進言しました。……明治政府は当初、医学は学問であると考えていました。そのため、医学は文部省の管轄でした。……しかし長與專齋は、医学は文部省の下にあってもダメだと考えました。政治と医学を考えた場合、医学は文部省にあるべきではなく、内務省にあるべきだと考えたのです》（片山杜秀「新型コロナウイルス問題を日本の疫病対策の歴史から考える」テンミニッツTV〈https://10mtv.jp/〉。傍線部は引用者）

こうして内務省衛生局初代局長の長與專齋は、日本の衛生行政の基礎を築いたのです。衛生局は社会局とともに一九三八年（昭和十三）、厚生省として、内務省から分離独立しました。以来、衛生行政は厚生省（二〇〇一年以降は厚生労働省）の管轄となっています。

「防疫」から人権重視の「感染症法」へ

長與專齋によって始まった日本の疫病対策の一つの到達点が、一八九七年（明治三十）成立の「伝染病予防法」でした。長與專齋のヨーロッパ視察から四半世紀、日本でもようやく「文明国」にふさわしい疫病対策が法的に可能となったのです。

たとえば、伝染病予防法の第十九条の第二項と三項にはこうあります（原文はカタカナ）。

第十九条　地方長官は伝染病予防上必要と認むるときは左の事項の全部又は一部を施行することを得。

二　市街村落の全部又は一部の交通を遮断すること。

三　祭礼、供養、興行、集会等の為人民の群集することを制限し若は禁止すること。

つまり、伝染病を予防するために必要であれば、知事は交通を遮断したり、人々が群集することを制限もしくは禁止したりできるという規定です。今の言葉でいえば、ロックダウンが可能でした。伝染病予防に当たり前のことが、当たり前にできたということです。

伝染病予防法は改正を重ねながら、一九九九年に廃止されるまで、百年以上にわたって存続しました。伝染病予防法に代わって制定されたのが、「感染症法」（感染症の予防及び感染症の患者に対する医療に関する法律〈一九九八年制定〉）でした（以下、伝染病予防法を感染症法に代えたことの問題点についても、片山教授の前掲動画を参考にしました）。

伝染病予防法を廃止し、新たに感染症法を制定するにあたり、公衆衛生審議会の伝染病予防部会基本問題検討小委員会が「新しい時代の感染症対策について」という報告書を提出しています（一九九七年十二月）。その中で、なぜ法改正が必要なのかについて次のように記されています。

「現行法（伝染病予防法）は、コレラの年間患者数・死亡者数が一〇万人を超える年もあるといった制定当時の状況を背景に、伝染病の拡大防止といった集団の感染症予防に重点を置いており、患者・感染者が良質かつ適切な医療の提供を受け、早期に社会生活に復帰できるようにするといった発想は乏しかった。しかし、今日にあってはワクチンや抗生物質の開発に代表される医学・医療の進歩、公衆衛生水準の向上等に伴い、多くの感染症の予防・治療が可能になってきている。このため、個々の国民の感染症予防及び良質かつ適切な医療の提供を通じた早期治療の積み重ねによる社会全体の感染症予防の推進に重点を置くことが必要である」

要するに、明治三十年の伝染病予防法が制定された当時は、集団感染症の予防に重点を置いていたが、現在では医学・医療の進歩により、そういうことはなくなったので、伝染病予防法は時代に合わなくなったというのです。この根拠のない自信は、今回の新型コロナ肺炎の蔓延で吹き飛びました。

「（従来の）伝染病予防法は、集団の感染症予防に重点を置いてきたことから、人権の尊重に配慮した法律とは言い難い。今回の見直しに当たっては、患者・感染者を社会から切り離すといった視点で捉えるのではなく、患者の人権を尊重し、差別や偏見なく一人一人が安心して医療を受けて早期に社会に復帰できる等の健康な生活を営むことができる権利、個人の意思の尊重、自らの個人情報を知る権利と守る権利等に配慮することが重要である」

従来の伝染病予防法は感染者の人権を蔑ろにしていたから、もっと個人の人権に配慮する法律に改める必要があるというのです。こうして「集団感染症予防」という「公共の福祉」を優先した伝染病予防法は廃止され、「個人の人権」を何よりも優先する、現行の感染症法が制定されたのです。

この法律では、感染者・発症者を入院させることはできても、一般の人々の行動を制限することはできません。だから都道府県知事は、「自粛要請」しかできなくなったのです。

「緊急事態宣言」下でも、該当都道府県の知事ができるのは要請だけであり、罰則を伴う禁止はできません。外出するかどうかは個々人任せ、店を営業するかどうかは店任せ。すべて民間任せだった江戸時代に戻ったかのようです。

安倍晋三首相が四月十六日、「緊急事態宣言」を全国に拡大したとき、海外メディアの主な論調は「遅すぎる、緩すぎる」というものでした。「強制力を伴わない緊急事態宣言に何の意味があるのか」という指摘も、内外で数多く見られました。もっともな指摘だと思います。

明治時代に長與専齋をはじめとする先人たちが、西洋の叡智に学びながら達成したような、〝文明国並み〟の感染症対策が可能となる法整備を至急進める必要があります。

日本は、自然災害大国です。気候変動の影響か、台風や大雨の猛威は年々激しさを増し、専門家は首都圏直下型地震や南海トラフ地震の発生も予想しています。アメリカの国土安全保障省あるいは疾病予防管理センター（ＣＤＣ）のような、非常時に特化した組織の創設も急務でしょう。政府が緊急事態を発令できるよう憲法改正も必要ですが、それ以前にできることがたくさんあると思うのです。

中国の「マスク外交」に見るしたたかな宣伝力

新型コロナウイルス問題を見ていて改めて痛感するのが、中国の宣伝力のしたたかさです。中国がこの災厄を世界中にばらまいたことの責任は一切認めることなく、当初は国家ぐるみ、困難に立ち向かって頑張っている姿をアピールし、いつのまにか勝者の側に立って、困っているなら助けてあげましょうか、という上から目線で世界を睥睨（へいげい）しています。

たとえば、中国政府は欧米諸国や途上国に医療機器を援助する「マスク外交」を展開し、「世界に恩恵を施す中国」を内外にアピールしています。二〇一九年にＧ７先進国の中で初めて一帯一路に参加し、ヨーロッパで最初に新型コロナウイルスの深刻な被害を被ったイタリアに、中国は医療団を派遣して、中国とイタリアの連帯を大々的に宣伝しています。

一方で、中国共産党のスポークスマンである外交部報道局の定例記者会見で、趙立堅・副報道局長は中国の責任を追及するアメリカ側の見解を非難するだけでなく、「新型コロナウイルスを武漢に持ち込んだのは米軍かもしれない」などとTweetしています。趙立堅は二〇一〇年からTwitterを利用して、英語で情報を海外発信していますが、中国外交部は趙立堅のTweetが共産党の正式見解かどうか明らかにしていません。

明らかな嘘を世界中に発信するのは論外ですが、中国の情報発信のしたたかさは、日本も大いに見習うべきです。

日本は多額の政府開発援助（ＯＤＡ）を途上国に提供しており、日本のＯＤＡによって整備されたインフラは世界各国にありますが、それらが日本の援助で建設されたことが、被援助国の国民に広く知られているのでしょうか。「日本の援助」をアピールすることを外務省は、品位に欠ける、はしたない行為と思っているかのようです。

日本は中国に二国間援助の累積総額で最大の援助を提供しています。それによって、中国の反日政策や反日教育が改められることはありません。そもそも、中国政府は日本の協力によるインフラ整備の実態を国民に知らせず、日本側もそれを承知で援助を続けてきました。

中国へのＯＤＡが終了したのは、何と二〇一八年度のことです。日本のＧＤＰを中国が抜いて世界第二位の経済大国になったあとも、途上国向けの経済援助であるＯＤＡは続けられていたのです。改革開放政策が始まった一九七九年以降、約四十年間に円借款、無償資金協力、技術協力といった形で中国に提供されたＯＤＡの累計は、約三兆六五〇〇億円にも上ります。それだけの巨額の援助が、相手国の国民に知られることなく、もちろん感謝されることもなく続けられたのです。

二〇一〇年には、民主党政権内にすら対中ＯＤＡに批判的な意見があるなか、北京駐在の丹羽宇一郎大使（元伊藤忠商事会長）は、中国へのＯＤＡを増額するよう外務省に意見具申していたことが明らかになっています。「丹羽氏は9月の沖縄・尖閣諸島沖での中国漁船衝突事件で悪化した日中関係の改善に向け、他の予算を削減してでも対中ＯＤＡ予算の『増額』が効力を発揮すると判断したようだ」（「産経新聞」二〇一〇年十二月十九日）。

中国共産党政権のご機嫌を取って経済的見返りにあずかろうという丹羽大使の露骨な朝貢外交は、国益より企業の利益を優先する財界出身者として当然の成り行きだったのかもしれません。こういう人物を中国全権大使に抜擢したのは、民主党の菅直人首相でした。

いずれにせよ、主張も宣伝もせず、ただ金をばらまくだけという日本のＯＤＡのあり方は異常です。それに比べれば、露骨に恩を売る中国の「マスク外交」のほうがまともに見えるほどです。もっとも、少しばかり消火を手伝ってくれたからといって、詫びの一つもない出火元に感謝する類焼の被害者がどれほどいるのか、今のところ未知数です。

情報発信力のお手本──ローズヴェルトの「炉辺談話」

二〇二〇年の四月から五月にかけて、七都府県に安倍首相の「緊急事態宣言」が発令され、日本全国を重苦しい空気が包んでいたとき、果たして日本のリーダーの声は国民に届いたのでしょうか。

四月七日の会見から、宣言の解除を発表した五月二十五日の会見までの間にも、何度か新型コロナ問題に関する安倍総理の記者会見が開かれ、テレビ中継もされています。しかし、総理の声は国民の心には届かなかったと思います。多方面に配慮しながら官僚が作成した草稿に基づいた会見は空々しく、むしろパフォーマンスに長けた小池百合子東京都知事の情報発信のほうが、ストレートに受け手に届いたように思えました。

非常時に国民に語りかけ、支持を得たリーダーとして思い浮かぶのが、フランクリン・ローズヴェルト大統領です。世界恐慌後の混乱が続く中で大統領となったローズヴェルトは、就任八日後の一九三三年三月十二日に初めてラジオで国民に語りかけました。テーマは「銀行危機について」でした。

当時、金融不安から銀行の取り付け騒ぎが起こっており、ローズヴェルトは大統領就任直後、すべての銀行を休業させていたのですが、彼はラジオで、一週間以内にすべての銀行の実態を調査させ、預金の安全を保障すると約束したのです。

「皆さんのお金を保管するなら、マットレスの下より、再開する銀行のほうが安全だと私は保障できます」と、わかりやすい言葉で国民の不安を払拭しました。最後に、ローズヴェルトは金融危機を克服するために、こう呼びかけました。

「われわれの金融システムの立て直しには、通貨よりも金（Gold）よりも重要な要素があります。それは国民の信頼です。信頼と勇気がわれわれの計画を実行するうえでの成功の本質です。……団結すれば、われわれが失敗することはあり得ません」

銀行の取り付け騒ぎは収束に向かいました。

ローズヴェルトは、一九二〇年代に普及し始めたラジオという新しいメディアを本格的に活用した最初の大統領でした。これ以後、不定期ながらローズヴェルトのラジオ談話が放送されるようになります。"My friends"の第一声で始まる大統領の談話は、暖炉の傍らで行われるくつろいだ四方山話という意味で「炉辺（ろへん）談話（Fireside Chat）」の

「炉辺談話」直後のフランクリン・ローズヴェルト：民主党出身の第32代大統領

名で親しまれるようになりました。

一九三九年九月一日、ドイツ軍のポーランド侵攻で第二次世界大戦が始まると、九月三日には「ヨーロッパの戦争について」と題された炉辺談話でローズヴェルトは、合衆国は参戦の意思がないことを明らかにします。

しかし、ナチスドイツがヨーロッパを席巻するに及んで、ローズヴェルトの政策は戦争への関与に傾いていきます。一九四〇年十二月二十九日に放送された「民主主義の兵器廠について」と題された炉辺談話の中で、アメリカはイギリスを中心とする連合国に武器を提供する「民主主義の兵器廠」にならなければならないと訴えます。この方針は翌一九四一年三月の「武器貸与法（レンドリース法）」として具体化します。

ただし談話の中で、「アメリカの遠征軍を国境の外に送る必要はありません」「唯一の目的は、わが国と国民を戦争から遠ざけることです」と述べています。あくまでも「参戦はしない」というのが、この時点でのローズヴェルトの建前でした。

しかし、一九四一年十二月七日（ハワイ時間）の日本軍による真珠湾攻撃を受け、翌日、彼はついに日本に宣戦布告します。十二月九日の「日本との戦争について」と題する炉辺談話では、冒頭「太平洋において日本によってなされた突然の犯罪的な攻撃は、国際的な不道徳に満ちたこの十年間のクライマックスといえます」と述べ、一九三一年の満洲事変以降、日本、ドイツ、イタリアが「警告なしに」行った侵略行為を列挙し、敵は日独伊の枢軸国であることを明らかにし、アメリカ国民の団結を求めたのです。

十二月十一日にはドイツとイタリアもアメリカに宣戦布告し、アメリカは晴れて連合国の一員として、日独伊の枢軸国との戦争に正式に参戦することとなりました。

第1章で紹介したように、ローズヴェルトは一九三七年の「隔離演説」で日独伊の三カ国を、アメリカが戦うべき敵と定めていました。彼はラジオで国民に語りかけることによって、孤立主義の国民世論を動かし、ついにアメリカを参戦へと導いたのです。つまり、炉辺談話はラジオという新しいメディアを活用した「世論操作」の手段であったといえます。

日本からすれば、フランクリン・ローズヴェルトは、日本への石油を止めたばかりかハル・ノートで日米交渉を決裂させ、日米開戦に追い込んだ最悪の大統領です。

同時に彼は、米国史上唯一、四選を果たした大統領です。その原動力が炉辺談話でした。世界恐慌で明日のパンにも事欠く人たちが溢れる時代に、「大丈夫ですよ、私がこういう法律を通しますから、絶望しないで頑張りましょう」と、国民を勇気づけたローズヴェルトの卓越した情報発信力は、「敵ながらあっぱれ」というべきでしょう。

日本のリーダーも、このような情報発信力を身につけてもらいたいものです。

「国際機関＝公正中立」信仰を捨てよ

新型コロナウイルス問題で日本が学ぶべきことはまだあります。国連を中心とする国際機関への無批判な信仰を持つべきではない、ということです。国際機関が中立を保っている保証はまったくなく、特定勢力の影響下にある例は枚挙にいとまがありません。

その原因の一つが、国際機関のトップが途上国から選ばれるという奇妙な慣例にあります。途上国の多くは経済的な支援を必要としており、そのような支援を提供できる大国は、途上国の政治家を影響下に置き、彼が統率する国際機関を支配下に置くことができます。

その典型がＷＨＯとテドロス・アダノム事務局長でした。

テドロスはエチオピア人ですが、一九七〇年代から共産主義者の革命政権が続いてきました。エチオピアへの海外からの投資の六割が中国からで、チャイナマネー漬けの国として有名です。その結果、テドロスのみならず、ＷＨＯそのものまでが、中国の代理店状態になってしまったのです。テドロス個人と中国の癒着も噂されています。

トランプ大統領は二〇二〇年四月十日の記者会見で、「アメリカはＷＨＯに毎年三億ドルから五億ドル拠出しているのに、中国は四〇〇〇万ドル以下しか拠出していない。にもかかわらずＷＨＯは中国寄りでアメリカ国民に対して不公平だ」と批判し、ＷＨＯへの拠出を見直す考えを披露しています。

中国のコロナ対策を称賛し、コロナ制圧にもっとも成功している台湾を排除し続けるテドロス事務局長に対し、トランプ大統領は警告を発し、改善が見られないと判断するとＷＨＯ脱退を通告しました（二〇二〇年七月）。

テドロスのように途上国出身の国際機関のトップを取り込むのも中国の常套手段ですが、もっと手っ取り早く、中国人をトップに送り込むことにも熱心です。ＷＨＯの前事務局長は香港出身のマーガレット・チャンで、北京政府の意向を受けて、オブザーバー加盟していた台湾の参加を拒絶しました。公正中立を守るどころか、中国共産党の政治的主張、経済的利益を国際機関に持ち込んでいるのです。

習近平政権発足後、国連の専門機関のトップに中国人を据える動きが活発化しています。二〇二〇年三月末時点で、国連の一五の専門機関のうち、以下の四つの機関で、中国人がトップを務めています。

- 国連食糧農業機関（ＦＡＯ）
- 国連工業開発機関（ＵＮＩＤＯ）
- 国際電気通信連合（ＩＴＵ）
- 国際民間航空機関（ＩＣＡＯ）

たとえばＩＣＡＯは中国人がトップになってから総会への台湾の参加を認めなくなり、ＩＴ

Uでは、中国出身のトップが、一帯一路との連携を主張しているといいます（「読売新聞オンライン」二〇二〇年三月十四日）。

二〇二〇年三月には、世界知的所有権機関（WIPO）の事務局長選挙が行われました。WIPOというのは知的財産の保護についての国際的なルールづくりや特許の運用を担う国連の専門機関です。その次期事務局長として有力視されていたのが、中国人候補でした。知的財産の侵害や技術移転の強要が問題視されている中国の推す候補が、世界知的所有権機関のトップになるというのは、悪い冗談としか思えません。

欧米諸国は、中国人が事務局長に就任すれば、WIPOの施策や運営が中国の意向に沿ったものになりかねないと懸念し、中国人候補の当選を阻止するためにシンガポール人候補への支持を呼びかけました。日本も同調した結果、シンガポール人候補が大差で勝利し、中国人事務局長の誕生を阻止することができました。

習近平政権は明らかに、中国人を国連の専門機関のトップに据えることで、国連における中国の影響力を強化しようとしています。それを可能としているのが、加盟一九三カ国が平等な権利を持っているという国連の原則です。国連では、国の規模や経済力にかかわらず、一国が一票の投票権を持っているのです。

中国は、経済援助を通じて途上国への影響力拡大を強めているのです。その有力な手段となっているのが、一帯一路構想です。要するに、途上国の票をチャイナマネーが買い漁っているようなものです。

国際機関の「公正中立」を信じることが、いかにお花畑であることか、よくわかると思います。WHOなどの国際機関が特定の大国に支配されているのなら、それとは別の新たな国際機関をつくるしかないのかもしれません。

自由と繁栄を求めるシーパワー連合のパートナーとして

覇権国アメリカの地位は、この先もしばらくは揺るがないでしょう。しかし、非常に長いスパンで考えると、アメリカは衰退に向かっていくと思われます。米中の指導者もそれはある程度、わかっているのではないでしょうか。

二〇〇七年五月、米太平洋軍のティモシー・キーティング司令官が訪中した際、中国海軍幹部から「将来、太平洋を分割して、ハワイより東の海域をアメリカが、西の海域を中国海軍が管理し、情報を共有するのはどうだろうか。そうすればアメリカはハワイの西にまで海軍を配備する労力を省けるはずだ」と〝真顔〟で持ちかけられたと公聴会で証言しています。

それについてキーティング司令官は、「正当な考えとは認められないが、中国軍が抱いているかもしれない戦略的な思考の一端を示している。……中国は明らかに影響力が及ぶ範囲を拡大したいと考えている」と述べています。中国側は、観測気球を上げたものと思われます。

その後、大統領に就任したオバマは「アメリカはもはや世界の警察官ではない」と公言して、世界に混乱をもたらしました。それを見て、東シナ海・南シナ海に勢力を拡大し、さらにアメリカに代わって中国を覇権国にしようと攻勢に出ていたのが習近平でした。

これに対し「いい加減にしろ、覇権は渡さない」と中国を抑え込み、新冷戦の開始を宣言したのが、二〇一八年のペンス演説でした。新型コロナウイルス問題や香港問題で米中対立がより先鋭化しているというのが、二〇二〇年夏の状況です。

アメリカは衰退に向かうといいましたが、それはあくまでも長期的なスパンでのことであり、当面は軍事的にも経済的にも技術的にも、圧倒的にアメリカが優勢です。近年、海軍力を大幅に増強にしているとはいえ、ランドパワー中国の海軍は、これまで一度も戦闘で勝ったことがない海軍です。太平洋の米中分割案をアメリカが受け入れることは、しばらくなさそうです。

とはいえ、アジア太平洋地域はこの先、アメリカのプレゼンス低下に伴い、ブロック化していかざるを得ないと思います。すなわち「専制官僚主義・ランドパワー」連合と「自由主義・シーパワー」連合の対立構造が、長く続くと予想されます。

そのとき日本は、「自由主義・シーパワー」連合のパートナーとして中心的な役割を果たす覚悟があるでしょうか。

それは日本単独ではできません。日本単独でやろうとして失敗したのが、先の大戦の教訓でした。

これから日本が果たすべき役割とは、台湾を含む海洋アジア諸国を束ねて、ＴＰＰ（環太平洋パートナー協定）を経済協力機構から安全保障機構に発展させ、ＮＡＴＯのようなアジア太平洋地域の集団安全保障機構を構築することだと私は確信します。

ＴＰＰへの関心を表明しているイギリスとのシーパワー同盟結成も重要な選択肢となるでしょう。日本は「アメリカを頼るか」「中国にすがるか」という二者択一の〝依存症〟的思考をそろそろ改め、将来、アメリカが東アジアから退くときに備えて、自立の準備を今から進めておく。米中新冷戦が始まった今が、その絶好のチャンスなのです。

おわりに

本書の脱稿が迫った二〇二〇年六月三十日、習近平政権は北京の全人代（共産党が議員を任命する立法機関）で香港国家安全維持法（通称「国安法」）を可決、即日公布しました。

イギリスとの香港返還協定に基づき、「中国本土の法は香港特別自治区では適用しない」というのが「一国二制度」の本質でした。本土ではデモや集会、言論の自由はありませんが、香港ではそれが自由でした。二〇一九年には香港で逮捕した容疑者を本土に送還できるようにする「逃亡犯条例」に抗議する二〇〇万人デモが起こりましたが、これも一国二制度のもとでは完全に合法だったのです。

この反北京デモに対して習近平は、「法の支配と社会秩序を踏みにじる暴力行為」と非難し、新たな立法に着手しました。

今回、成立させた「香港国家安全法」では、

1．香港に、北京政府の出先機関である「国家安全維持公署」を置き、法の執行を直接行う。

2．香港政府の中に、「国家安全維持委員会」を設置し、キャリー・ラム行政長官が主席を担

うが中央政府（国務院）の監督と問責を受ける。

3．香港独立を煽る「国家分裂罪」、北京政府に反対する「国家転覆罪」、デモや抗議活動など「テロ活動罪」、「外国勢力との結託罪」の四つを新たに犯罪と規定し、取り締まる。

4．国家安全法は、従来の香港の法に優先する。

と定めました。

これは、香港の本土化であり、「一国一制度」への変更です。二〇四七年まで保障されていたはずの「一国二制度」は、二〇二〇年に終わりました。

トランプ政権は「香港はもはや中国本土と同じになった」と見なし、対抗措置として香港にだけ認めてきた投資や貿易上の特権を剝奪しました。

イギリスのジョンソン政権は、「香港返還協定違反である」と非難し、英国パスポートを保持する香港住民に英国市民権を与え、亡命者として受け入れることを決定しました。

香港の富裕層は英国へ亡命し、外国から香港への投資は止まります。対中投資の七〇％が香港経由でしたから、これは中国経済にも大打撃を与えます。

これらすべてのことを承知したうえで、習近平は国安法の制定に踏み切ったのです。彼はもはや経済的得失で動いているのではありません。

香港人が享受してきた「自由」というイデオロギーが中国本土に浸透し、共産党の専制官僚体制が覆されることを本気で恐れているのです。

香港の運動は敗北したように見えます。しかし、本当に敗北したのは、専制官僚国家の側なのです。中国共産党は革命という暴力によって生まれ、暴力と脅迫によってしか統治できないという冷厳な事実を、習近平本人が白日のもとに晒したのでした。

中国共産党をここまで追い詰め、傷つき、倒れた香港の若者たちを称え、本書を捧げます。

自由香港　永久（とわ）にあれ
香港に　栄光あれ

——願栄光帰香港（香港民主化運動の歌）

謝　辞

本書は、コロナ禍が猛威を振るう二〇二〇年三月、ネット回線で編集部とつなぎ、リモート・インタビューという形でお話しした内容を文字起こしし、加筆したものです。リモートワークは私にとっても初めての試みで、新しい可能性を体感できました。

経験豊富なライターの篠崎哲哉さんに原稿の整理を手伝っていただき、また多くの示唆を得ることができました。ありがとうございました。

前著『日本人が知るべき東アジアの地政学』に続く㈱悟空出版の企画でしたが、コロナ禍の影響を受けて出版も危ぶまれる状況でした。このたびワック株式会社が引き継ぐ形で本書を世に問うことができました。

佐藤幸一前悟空出版社長・現ワック株式会社常務執行役員（出版担当）、原田明同特別編集委員、関係者の皆様に、心より御礼申し上げます。

二〇二〇年　令和二年の文月吉日

茂木　誠

茂木誠◆駿台予備学校世界史科講師
歴史系YouTuber、著述家、予備校講師。駿台予備学校、ネット配信のN予備校で世界史を担当し、iPadを駆使した独自の視覚的授業が好評。世界史の受験参考書のほか一般向けの著書に、『経済は世界史から学べ!』(ダイヤモンド社)、『世界史を動かした思想家たちの格闘』(大和書房)、『世界史で学べ! 地政学』(祥伝社)、『ニュースの"なぜ?"は世界史に学べ』シリーズ(SB新書)、『超日本史』(KADOKAWA)、『日本人が知るべき東アジアの地政学』(悟空出版)、『「戦争と平和」の世界史』(TAC)など。
YouTubeもぎせかチャンネルで時事問題について発信中。連絡先:mogiseka.com

「米中激突」の地政学

2020年8月23日発行

著者◆
茂木誠

発行者◆
鈴木隆一

編集人◆
佐藤幸一

発行所◆
ワック株式会社
〒102-0076東京都千代田区五番町4-5 五番町コスモビル 〔電話〕03-5226-7622 http://web-wac.co.jp/

印刷製本◆
大日本印刷株式会社

ISBN978-4-89831-496-8